울트라러닝,
세계 0.1%가 지식을 얻는 비밀

Ultralearning:
Master Hard Skills, Outsmart the Competition,
and Accelerate Your Career
by Scott H. Young
Originally Published by Harper Business,
an imprint of HarperCollins Publishers, New York.

| 짧은 시간에 가장 완벽한 지식을 얻는 9단계 초학습법 |

울트라 러닝,

세계 0.1%가 지식을 얻는 비밀

스콧 영 지음 | 이한이 옮김

비즈니스북스

옮긴이 **이한이**

출판기획자이자 번역가로 활동하고 있다. 옮긴 책으로 《몰입, 생각의 재발견》, 《New》, 《디지털 시대, 위기의 아이들》, 《킬러 넥스트 도어》, 《아주 작은 습관의 힘》, 《지옥에서 보낸 한철》 등 다수가 있으며 지은 책으로 《문학사를 움직인 100인》이 있다.

울트라러닝, 세계 0.1%가 지식을 얻는 비밀

1판 1쇄 발행 2020년 2월 12일
1판 18쇄 발행 2024년 11월 18일

지은이 | 스콧 영
옮긴이 | 이한이
발행인 | 홍영태
편집인 | 김미란
발행처 | (주)비즈니스북스
등 록 | 제2000-000225호(2000년 2월 28일)
주 소 | 03991 서울시 마포구 월드컵북로6길 3 이노베이스빌딩 7층
전 화 | (02)338-9449
팩 스 | (02)338-6543
대표메일 | bb@businessbooks.co.kr
홈페이지 | http://www.businessbooks.co.kr
블로그 | http://blog.naver.com/biz_books
페이스북 | thebizbooks
ISBN 979-11-6254-128-9 03190

'울트라러닝'Ultralearning은 지금 같은 무한경쟁 시대에 마치 슈퍼파워 같은 힘이다. 이 책을 읽는 순간 당신의 삶은 달라질 것이다!

_칼 뉴포트(조지타운대학 컴퓨터과학과 교수, 《딥 워크》 저자)

어떻게 하면 어려운 주제를 학교에서 엉덩이를 붙이고 앉아 몇 년간 배우는 것보다 빨리 배울 수 있을까? 한정된 시간 내에 어려운 주제를 체계화하고 습득하는 법을 알고 싶다면 반드시 이 책을 읽어라!

_로버트 포즌(MIT 슬론경영대학원·하버드 경영대학원 교수,
《그는 어떻게 그 모든 일을 해내는가》 저자)

이 책은 짧은 시간에 복잡하고 어려운 기술을 익히는 데 매우 귀중한 도구가 되어줄 것이다. 당장 읽고 당신 삶의 수준을 업그레이드하라!

_크리스 길아보(작가, 《100달러로 세상에 뛰어들어라》 저자)

내가 읽은 공부법 책 중 단연 최고다! 매우 유려하게 잘 쓰였고 아주 현명하게 조사한 자료를 바탕으로 지금 바로 쓸 수 있는 조언들이 가득한 걸작이다. 만약 당신이 뭔가를 배우는 데 필요한 조언을 찾고 있다면, 이 책이 그 답이 되어줄 것이다.

_**바버라 오클리**(오클랜드대학 공학부 교수, 《나쁜 유전자》 저자)

한눈에 관심을 사로잡는, 유용하고 실용적이며 자신의 방식으로 뭔가를 배울 준비가 된 사람들을 위한 책이다. 울트라러닝은 우리가 가능하다고 생각한 것보다 훨씬 더 잘 배울 수 있는 바로 그 방법을 보여준다!

_**데릭 시버스**(음악가·기업가, 《당신이 원한다면》 Anything You Want 저자)

2014년 7월 초 처음 한국을 방문했다. 수많은 도전을 시도했던 한 해의 마지막 여정지였다. 나와 내 친구는 스페인, 브라질, 중국을 거쳐 한국을 찾았고, 당시 '영어 없이 1년 살기' 프로젝트로 고군분투 중이었다. 말하자면 가급적 영어(모국어)를 쓰지 않고 각 나라의 언어로 대화할 수 있을 만큼 최대한 효율적으로 습득하는 프로젝트였다(이 규칙은 현지에서 만난 사람들뿐 아니라 우리 서로에게도 적용했다).

그런데 서울에 도착하자마자 어려운 상황에 봉착했다. 3개월간 머물기로 한 멋진 아파트형 기숙사에 도착했는데 건물 관리자가 어떤 서류에 사인을 요청해온 것이다. 인사말 수준의 한국어만 알고 있을 때라 이 문제를 해결하기 위해 치러야 했던 의사소통은 엄청난 도전 과제와도 같았다. 나중에야 알게 된 사실이지만 그 관리자는 중국에서 수년간 살아본 적이 있었다. 서류 문제가 발생한 당시 소통 가능한 다른 언어가 있었지만 서로 중국어를 쓸 수 있을 거라곤 상상하지 못한 것이다! 다소 좌충우돌했지만, 한국어를 좀 더 익히게 된 유용한 경험이었다.

한국에 머무는 동안 많은 사람을 만나고 여러 친구들을 사귀었다. 그러면서 알게 된 한국 문화와 언어에 점점 감탄하게 됐다. 한국은 무척이나 역동적이고 창조적인 나라다. 특히 교육과 학습을 중시한다는 인상을 받았는데, 이 점이 내가 가장 찬탄하는 부분이기도 하다. 하지만 이와 동시에 과도하게 경쟁적인 교육 시스템의 어두운 면을 보기도 했다. 학교에서든 취업에서든 시험이 미래의 많은 부분을 결정해서, 한국의 학생들은 깨어 있는 시간 동안 온통 시험 대비에 몰두해 공부했다. 방과 후에도 학교와 숙제에 치여 사는 듯 보였다.

어마어마한 양의 학습 시간은 공부에 대한 한국 학생들의 기본적인 의식과 성실함을 그대로 보여주었지만, 그들이 취하는 전통적인 공부 방법 중 대부분은 매우 비효율적으로 보였다. 주로 기계적 암기와 보충 수업, 반복적인 복습이었는데, 이는 서구 교육에서도 마찬가지다. 그 어느 때보다 치열한 경쟁 사회 속에서 시간에 쫓기며 공부하는 학생들뿐 아니라 우리 모두가 무언가를 배우는 데 더 나은 방법은 없는 걸까?

내가 직접 독학을 통해, 또 각 분야의 세계 0.1%가 지식을 얻는 방법들을 면밀히 조사·분석해 발견한 것이 바로 '울트라러닝'이다. 울트라러닝이란 자신에게 필요한 지식이나 기술을 새로이 습득하기 위해, 혹은 실제 활용할 수 있는 지식과 기술로 업그레이드하기 위해 짧은 시간 동안 스스로 설계한 배움의 경로로 완벽히 정복해내는 고효율·고강도 학습법을 말한다.

내가 이 책을 쓴 두 가지 목적 중 하나는 울트라러닝을 시도한 사람들의 낯설지만 인상적인 위업과 달성 과정을 전해주는 것이다. 홀로 사업을 일으키고, 언어를 배우고, 대회에서 수상을 하고, 이직을 하는 등 스스로 고안한 고강도 울트라러닝 프로젝트를 통해 어려운 주제와 기술을 완벽히 습득해낸 사람들이 있다.

우리는 종종 무언가를 배우는 가장 좋은 방법은 학교에서 수업을 듣는 거라고 생각한다. 하지만 당신의 목표가 지금 당장 쓸 수 있는 고난도 기술에 능숙해지는 것이라면, 이 책에 언급된 울트라러닝의 여러 사례가 아주 큰 도움이 될 것이다. 세상에는 우리가 생각하는 것보다 훨씬 많은 선택지가 있다. 이미 시도된 다양한 울트라러닝 프로젝트가 당신이 고난도 기술을 배우는 데 필요한 새로운 아이디어를 주고, 당신의 상상력에 불꽃을 튀길 영감을 불어넣어 줄 것이다. 인생을 좌우할 큰 시험을 앞두고 있든, 자신의 분야에서 최고가 되고 싶든 내가 전하는 사례들로 당신은 울트라러닝에 눈을 뜨게 될 것이다.

두 번째 목적은 저명한 인지 과학자들이 연구·조사한 가장 유용하고 효율적인 학습 전략들을 정리해 엮는 것이다. 우리가 아는 수많은 학습 방법 대부분이 끔찍하리만큼 비효율적이다. 과학적 조사를 통해 밝혀진 체계적이고 실용적인 9가지 학습 법칙(메타 학습, 집중하기, 직접 하기, 특화 학습, 인출, 피드백, 유지, 직관, 실험)을 이해함으로써 우리는 고되거나 단조롭지 않게(말하자면 고루한 전통적인 학습법과는 달리) 단시간에 더 많은 지식을 얻을 수 있을 것이다.

세계 경제는 빠르게 변하고 있다. 과거에는 학교에서 배운 지식과 기술이 좋은 직업을 보장했다. 하지만 이제 전통적인 교육기관에서 얻는 지식은 이를 '숙련'mastery하는 긴 과정의 첫 단계일 뿐이다. 지식과 기술을 진정으로 습득하는 법을 아는 것은 공부하는 청소년들뿐 아니라 직장 생활을 하는 성인들에게도 무척이나 중요하다. 차이가 있다면, 인생에는 지식과 기술을 시험할 최종 기말고사가 없다는 점이다.

경쟁적인 교육 시스템에는 분명 어두운 측면이 있다. 하지만 더 많이 배우고자 하는 욕구는 놀랄 만큼 강력한 힘이자 삶의 무기가 된다. 내가 한국에 찬사를 아끼지 않는 가장 큰 이유가 바로 학습에 큰 가치를 부여한다는 점이다. 나 또한 마찬가지다. 성인이 된 후 내 삶의 대부분을 지배해온 주제인 울트라러닝, 즉 한정된 시간 안에 보다 효율적으로 공부할 수 있는 몇몇 아이디어와 제안들을 담은 이 책을 부디 즐겁게 읽어주길 바란다.

이 책이 시험에 통과해야 한다는 압박 말고 호기심과 새로운 지식을 채워가는 학습의 즐거움과 기쁨을 상기시키길 바란다. 성공을 향해 달려가는 인생의 레이스에서 우리는 종종 우리를 둘러싼 세상이 얼마나 멋진지, 그 세상 속에서 대단한 일들을 해내고 이해하는 우리의 능력은 얼마나 더 놀라운 것인지 잊곤 한다. 모쪼록 이 책이 지금부터 시작될 당신의 배움의 길에 조금이나마 도움이 된다면 기쁘겠다.

스콧 영과 인연을 맺은 것은 2013년 중반 무렵이다. 그해 7월 10일 나는 그에게 다음 달쯤 만날 수 있느냐는 메일을 보냈다. 이 메일을 쓰기 며칠 전, 우리는 한 컨퍼런스에서 만났고 많은 대화를 나눴었다. 그때 나눴던 대화를 계속 이어나가고 싶었고, 그래서 메일을 보낸 것이다. 곧 그에게서 답신이 왔다.

"글쎄요. 가능하다면요. 전 그때 스페인에 있을 것 같습니다. 다음 프로젝트가 언어 학습인데, 그 일을 먼저 하려고요."

바라던 답변은 아니었지만 그의 입장에서는 그럴 수밖에 없었다. 그가 해외여행을 하는 동안은 전화를 주고받기 힘들 테니까. 그렇다고 그가 빠른 시일 내에 돌아올 수도 없었다. 스케줄을 변경할 수도 없고, 인터넷에 자주 접속하기도 어려우므로 우리의 대화는 나중을 기약해야 했다. 더군다나 그는 '1년 동안 영어를 쓰지 않고' 지낼 계획이었기 때문이다.

그 후 12개월 동안 스콧은 스페인, 브라질, 중국, 한국을 여행했다. 우리 두 사람은 이따금 메일을 주고받았는데, 스콧의 언어 학습 프로젝트에 따라 그가 당시 머물던 나라의 언어로 이메일을 썼다. 스콧은 자신이 한 말을 지켰다. 그러니까 우리가 정기적으로 시간을 내서 연락하고 몇 달에 한 번씩 수다를 떨기 시작한 2014년 여름까지 그는 영어를 한 마디도 쓰지 않았다!

나중에 스콧과 통화하면서 정말로 즐거웠다. 글을 쓰는 사람으로서 나는 좋은 습관을 세우고 나쁜 습관은 버리는 과학적 방법에 관심이 많다. 스콧처럼 습관에 통달한 사람이라면 내게 한두 가지쯤 알려줄 게 있을 거라고 생각했다. 그리고 정말로 그랬다. 스콧과의 통화는 늘 내게 깨달음을 주었다.

그의 통찰력에 놀랐다는 말이 아니다. 2013년 컨퍼런스에서 만나기 전에 스콧은 이미 내 레이더에 들어와 있었다. 2012년에 스콧은 MIT의 컴퓨터과학 학사 과정을 12개월도 채 안 되어 완수하고 기말고사까지 모두 통과하며 인터넷에서 스타가 되었다. 나는 그의 이야기를 테드엑스 토크_{TEDxTalk}를 통해 접했고, 컨퍼런스 전에 그의 공부법과 자기계발법에 관한 기사를 몇 개 읽었다.

1년 만에 MIT 학사 과정을 끝내거나 3개월마다 새로운 언어를 하나씩 배우는 등 그의 야심찬 프로젝트는 많은 사람을 들뜨게 했다. 나도 그의 대범한 도전에 매력을 느꼈다. 하지만 스콧의 프로젝트에는 내 마음 깊은 곳을 뒤흔드는 좀 더 특별한 뭔가가 있었다. 바로 '행동한다'는 사실이었다.

행동하기, 즉 스콧의 도전 방식을 나는 인정하지 않을 수가 없다. 아마 독자 여러분도 그러리라 생각한다. 스콧은 단순히 지식을 흡수하는 것이 아니라 흡수한 지식을 이용한다. 그의 공부법의 특징은 '높은 강도'와 '전념'이다. 내가 이런 방식에 끌리는 건 아마도 내 일상과 직업도 이와 패턴이 유사하기 때문일 것이다. 내가 이뤄낸 것 중 가장 의미 있었던 일들은 대개 강도 높은 자기주도 학습의 결과였다.

당시에는 이 개념을 몰랐지만, 내가 처음으로 '울트라러닝'이라고 부를 만한 프로젝트를 실행했던 것은 사진을 배울 때였다. 2009년 말, 몇 달 동안 스코틀랜드에서 살았을 때였다. 처음으로 해외에 나가 살아봤는데, 아름다운 하일랜드(스코틀랜드의 북부 지방)의 경치를 보니 제법 괜찮은 카메라 한 대를 사고 싶어졌다. 그때까지 단 한 번도 사진 찍는 걸 좋아하게 되리라고는 생각해본 적이 없었다. 하지만 그 시간은 지금까지 내 인생에서 가장 창조적인 시기 중 하나였다.

나는 다양한 방식으로 사진을 배웠다. 먼저 유명한 사진작가들의 포트폴리오를 낱낱이 공부했고, 멋진 풍경을 찾아 곳곳을 다니기도 했다. 하지만 무엇보다 간단하고 좋은 방법은 사진을 찍기 시작한 첫해에 무려 10만 장의 사진을 찍은 것이었다. 그전에 나는 사진 강좌를 들은 적이 없었다. 사진을 더 잘 찍는 방법을 알려주는 책을 읽은 적도 없었다. 그저 찍고 또 찍었다. 이렇게 '실행'으로 습득하는 방식은 스콧의 울트라러닝 세 번째 법칙인 '직접 하기'에 해당한다. 나는 이 책의 많은 부분을 좋아하지만 이 부분이 특히 마음에 든다.

직접 하기는 말 그대로 배우고자 하는 것을 직접 해봄으로써 배우는 방식이다. 수동적인 학습이라기보다는 활동적인 연습 행위를 통한 학습이다. '새로운 것을 배운다'는 말과 '새로운 것을 연습한다'는 말은 언뜻 비슷하게 들리지만 매우 다른 결과를 만들어낼 수 있다. 수동적인 학습은 지식을 창출하지만 활동적인 연습 행위는 기술을 창출한다.

스콧이 제6장에서 말하는 내용이 바로 이것이다. 직접 하기는 기술을 발전시킨다. 우리는 벤치프레스를 잘하는 방법에 관한 동영상이나 자료를 찾아볼 수 있지만 실제로 근력을 키우는 건 벤치프레스를 들어 올리는 것뿐이다. 영업 기술과 관련된 베스트셀러를 모조리 읽을 수는 있지만, 실제로 고객을 유치하는 건 고객을 찾아가거나 전화를 하는 행동뿐이다.

물론 학습은 무척이나 유용하다. 하지만 새로운 사실들을 흡수한다고 해서 새로운 기술을 연마하는 과정을 건너뛸 수는 없다. 우리가 어떤 산업 분야에 대해 모조리 알고 있을 수는 있지만, 그럼에도 여전히 현실 세계에서 전문가가 되지 못하는 까닭은 기술을 연습하지 않았기 때문이다.

스콧은 새로운 기술을 실제로 배우는 일이 얼마나 어려운지 아는 사람이다. 내가 그를 존경하는 건 그가 글을 잘 쓰기도 하지만 자신의 생각을 실행하는 사람이기 때문이다. 그는 게임 속으로 걸어 들어간다. 이것이 얼마나 중요한지는 아무리 설명해도 부족하다. 많은 아이디어가 종이 위에서는 무척이나 멋져 보이지만 현실 세계에서는 번번이 실패한다. "이론상으로 이론과 연습 사이에는 차이가 없다. 하지만 실제로는 차이가 있다."라는 말처럼 말이다.

사진을 배울 때 나는 연습에 전념해 성과를 올리기까지 그리 오랜 시간이 걸리지 않았다. 카메라를 구입하고 나서 몇 달 후 노르웨이로 여행을 떠났고, 오로라를 담으려고 북극권 한계선까지 갔다. 그리고 거기서 찍은 북극광 사진 덕분에 '올해의 여행 사진가' 결선에 올랐다. 놀라운 결과였다. 이는 짧은 시간 동안 강도 높은 학습이 얼마나 큰 발전을 이룰 수 있는지 깨달은 경험이었다.

나는 사진작가가 되려고 한 것이 아니었다. 사진 찍기는 재미있고 개인적으로 만족감을 느꼈던, 의도하지 않은 울트라러닝 프로젝트였다. 몇 년 후 스콧을 만나고 나는 울트라러닝으로 얻은 결과들을 떠올리며 강도 높은 학습을 한 번 더 해보기로 결심했다. 당시 나는 사업을 하고 싶었는데, 글쓰기가 나를 그곳으로 데려가주리라고 생각했다.

나는 도메인 하나를 사서 작지만 공식적인 경험을 시작했다. 우리 가족 중에는 사업하는 사람이 없었고 나는 평범한 단과대학에서 영어를 공부했을 뿐이었다. 하지만 스콧이 쓴 이 책을 읽으면서 그가 설명했던 울트라러닝의 법칙을 발견하기 시작했다. 내가 글쓰기를 통해 사업을 일구고 나아가 베스트셀러 작가가 되기까지는 다음과 같은 단계별 행동이 있었다.

[법칙 1] 메타 학습
먼저 인기 있는 블로거나 작가들을 조사했다. 그들의 학습 방식은 성공한 작가가 되려면 무엇을 해야 할지 지도를 그릴 수 있게 해주었다.

[법칙 2] 집중하기
나는 글을 쓰기 시작하면서 거의 전업 작가로 생활했다. 공과금을 낼 수 있게 해주는 몇 가지 일감들(이미 계약된 일들이었다)을 한옆에 치워두고, 대부분의 시간을 글을 읽고 쓰는 데 할애했다.

[법칙 3] 직접 하기

나는 '글을 씀으로써' 글쓰기를 배웠다. 매주 월요일과 화요일에는 새로운 기고문을 썼고, 첫 2년 동안 130편 이상의 기고문을 썼다.

[법칙 4] 특화 학습

먼저 기고문을 구성하는 부분들을 체계적으로 잘게 쪼갰다. 헤드라인, 도입부, 전환부, 핵심 이야기 등으로 나누고 각 부분의 사례들을 스프레드시트에 모았다. 그런 다음 글을 한 부분씩 쓰면서 나의 글쓰기 능력을 시험하고 개선해나갔다.

[법칙 6] 피드백

개설한 웹사이트의 초기 구독자 1,000명 모두에게 인사말과 함께 내 글에 대한 피드백을 요청하는 메일을 보냈다. 이는 시작 단계에서 많은 도움이 되었다.

이런 식으로 나는 그 밖의 울트라러닝 법칙도 따랐다. 내 말은 스콧의 방식이 통했다는 것이다. 그가 이 책에서 소개한 기법들을 통해 나는 작가라는 직업의 토대를 닦았고 사업에 성공했으며 〈뉴욕타임스〉 베스트셀러가 된 책을 썼다. 《아주 작은 습관의 힘》은 내가 몇 년 동안 집중적으로 울트라러닝을 행한 결과물이었다.

1년 동안 베스트셀러 책을 쓴다거나 4개 국어를 배운다는 건 절대 쉬운 일이 아니다. '그런 건 그 사람이니까 하는 거지' 하는 생각이 들 것이다. 하지만 나는 이 생각에 동의하지 않는다. 가치 있는 뭔가를 빠르게 성공적으로 해내는 건 몇몇 천재들에게만 허용된 일이 아니다. 누구나 할 수 있는 과정이다. 그저 대부분의 사람이 그 일을 하지 않을 뿐이다.

그 이유는 어떻게 해야 하는지 보여주는 대본이 없기 때문이다. 지금 이 순간까지도.

개인적으로든, 직업적인 흥미에서든 어떤 프로젝트를 실행하려고 한다면 울트라러닝을 권한다. 그 이유는 다음과 같다.

첫째, 울트라러닝은 삶에 목적을 부여한다. 기술을 개발하는 것은 의미 있다. 그것은 '어떤 일을 잘한다'는 좋은 기분을 안겨준다. 울트라러닝은 내가 발전하고 있고, 스스로 내 삶의 대부분을 만들어나가는 능력이 있음을 입증한다. 이로써 나는 마음먹고 실행하려는 일들을 달성할 수 있다는 자신감이 생긴다.

둘째, 울트라러닝은 거대한 보상을 준다. 우리는 대부분 자신이 흥미 있어 하는 분야를 강도 높게 공부하지 않는다. 그러나 몇 달 만이라도 그렇게 한다면 곧 두각을 드러낼 것이다. 일단 두각을 드러내면 더 나은 직업을 얻고, 연봉을 더 높게 협상하고, 여가 시간이 더 많아지고, 더 흥미로운 사람들과 인맥을 쌓고, 일상과 직업에서 한 단계 나아갈 수 있다. 울트라러닝은 어디서든 다양하게 사용할 수 있는 지렛대를 개발하도록 도와준다.

마지막으로, 울트라러닝은 누구나 할 수 있다. 유명한 기업가이자 투자자인 폴 그레이엄Paul Graham은 2014년 자신의 블로그에 이렇게 썼다. "많은 분야에서 여러 가지 일에 신경 쓰는 것 보다 어떤 한 가지 일에 집중하며 1년을 보내는 것이 낫다." 1년간(혹은 몇 달이라도) 집중적으로 학습해서 얼마나 많은 일을 달성할 수 있는지 알면 놀라지 않을 수 없을 것이다. 강도 높은 자기주도 학습 과정은 자신이 개발할 수 있으리라고 생각조차 못 했던 기술들을 실행하게 해준다. 한마디로 울트라러닝은 우리가 잠재력을 100퍼센트 발휘하도록 도와준다. 어쩌면 이것이 우리가 울트라러닝을 해야 할 가장 큰 이유다.

나는 글쓰기와 사진을 집중적으로 공부해서 나름대로의 성공을 이뤘다. 하지만 이 프로젝트들은 닥치는 대로 행해진 것이다. 나는 어떤 안내나 표지판도 없이 그저 집중적으로 실행했고, 때문에 수없이 실수를 저질렀다. 그때 이 책이 있었더라면 얼마나 좋았을까? 그랬더라면 얼마나 많은 시간과 에너지를 절약할 수 있었을까 싶다.

스콧이 제안하는 울트라러닝은 무척 재미있고 영감을 준다. 스콧은 그 무엇보다 빠르게 학습할 수 있는 실행 가능한 전략들을 캐냈다. 그의 노력의 산물은 이제 여러분의 것이다. 내가 그랬듯이 여러분도 이 책을 재미있게 읽길 바란다. 무엇보다 여러분이 이 책의 아이디어들을 통해 자신의 야심을 달성하고 삶을 흥미롭게 만들어나가길 바란다. 스콧이 이 책에서 공유한 이야기와 전략들로 당신의 지식이 무한히 늘어나기를 바란다. 남은 건 오직, 행동뿐이다.

제임스 클리어
《아주 작은 습관의 힘》 저자

─────────── ┤ 제1장 ├ ───────────

MIT에 가지 않고 MIT 4년 정복하기

────────────────┤ 제11장 ├────────────────

법칙8_직관

: 뼈대를 세우기 전에 깊게 파라

────────────────┤ 제12장 ├────────────────

법칙9_실험

: 자신의 안전지대 밖을 탐험하라

────────────────┤ 제13장 ├────────────────

나의 첫 울트라러닝 프로젝트 시작하기

울트라러너는 어떻게 탄생하는가

ULTRALEARNING

— 제1장 —

MIT에 가지 않고
MIT 4년 정복하기

이제 몇 시간 남지 않았다. 새벽 동이 트고 햇빛이 건물들 사이로 쏟아지고 있었다. 나는 창에 비친 내 모습을 뚫어져라 보았다. 햇빛이 바삭바삭하게 부서지는 가을이었다. 비 내리는 것으로 유명한 도시에 해가 쨍하니 떴다. 창 아래로 정장을 차려입고 서류 가방을 든 남자가 지나가고, 멋진 옷차림의 여자가 강아지를 산책시키고 있었다. 주말이 오기 전, 마지막으로 버스들이 꾸물대는 통근자들을 시내로 실어 날랐다. 바야흐로 도시가 단잠에서 깨어나고 있었다. 하지만 나는 동트기 전부터 깨어 있었다.

'헛생각을 할 때가 아니야.'

나는 정신을 차리고 앞에 놓인 노트에 적힌 수학 문제로 눈을 돌렸다.

단위구의 한 유한한 회전에 대한 다음 식을 증명하라.

$$\iint_R \mathrm{curl}\, F \cdot \hat{n}\, dS = 0$$

MIT의 다변수 미적분학 수업 문제였다. 기말고사가 곧 시작되는데 준비할 시간이 별로 없었다. '회전은 무엇인가?' 나는 눈을 감고 머릿속에서 문제를 그림으로 그려봤다. 구가 하나 있다. 마음속에 붉은 공이 번쩍 나타났다. 빈 공간에서 공이 둥둥 떠다녔다.

'자, 이제 $\hat{n}$은 무엇인가? $\hat{n}$은 벡터들에 대한 정규분포를 나타내고…'

나는 공의 표면에서부터 곧장 뻗어나가는 화살표 하나를 떠올렸다. 붉은 공의 표면 전체에 머리털 같은 벡터들이 쭉 뻗어 나오면서 공은 점점 털북숭이가 되기 시작했다.

그렇다면 회전은 무엇인가? 머릿속 그림이 광대한 바닷속에서 요동치는 미세한 화살들의 파도로 바뀌었다. 회전이 작은 고리들 안에서 빙빙 돌며 소용돌이치는 자국을 남겼다. 나는 다시 한번 정전기가 일어난 털북숭이 붉은 공을 떠올렸다. 북슬북슬한 공은 소용돌이형이 아니었고, 그래서 거기에는 어떤 회전도 없는 게 분명하다고 추론했다.

이제 이것을 어떻게 증명할 것인가? 나는 몇 가지 방정식을 휘갈겨 썼다. '한 번 더 확인해야지.' 머릿속에 떠오른 그림은 분명했지만 상징을 풀어내는 건 무척이나 어설펐다. 시간이 얼마 없었다. 일분일초가 흘러가는 게 느껴졌다. 시간이 더 가기 전에 가능한 한 많은 문제를 해치워야 했다.

이런 일은 MIT의 학생들에겐 일상이다. 까다로운 방정식, 추상적 개념, 어려운 증명들…. 이 모두가 세계에서 수학과 과학으로 가장 명망 높은 MIT에서는 일상의 한 부분이다. 그런데 나는 MIT 학생이 아니다. 나는 매사추세츠는 물론 그 근처에도 가본 적 없다. 지금 이 골치 아폰 미적분학 시험 공부는 그곳으로부터 2,500마일(약 4,000킬로미터) 떨어진 캐나다 밴쿠버의 내 침실에서 벌어진 일이다. MIT 학생들이 보통 한 학기에 걸쳐 배우는 다변수 미적분학을 나는 5일 전에 시작했을 따름이다.

MIT 챌린지를 시작하다

나는 MIT에 들어간 적도 없다. 캐나다의 중위권 대학인 마니토바대학교에서 경영을 전공했는데, 그곳이 내 성적으로 들어갈 수 있는 학교였다. 무역학 학사 학위를 받고 졸업한 뒤에야 전공을 잘못 선택했다는 생각이 들었다. 나는 사업을 하고 싶어서 경영을 전공했다. 그것이 나 자신의 관리자가 되는 최선의 길이라고 생각해서였다. 그러나 4년이 지난 후 경영학과가 대기업, 회색 정장, 표준 관리 운용으로 구성된 세계에 입성하기 위한 예비 학교일 뿐이라는 사실을 깨달았다.

그런데 회사를 다니다 우연히 컴퓨터과학을 알게 되었다. 이것은 실제로 뭔가를 만들어내는 걸 배우는 학문이다. 나는 프로그램, 웹사이트, 알고리즘, 인공지능에 몹시 흥미를 느꼈다. 그래서 이런 것을 배우려면 무엇을 해야 할지 고심했다. 재입학을 해서 학교로 돌아갈 수도 있었다. 4년간 학업과 일을 병행하며 두 번째 학위를 딸 수도 있었다. 하지만 또다시 학자금 대출을 받고 대학의 규칙과 관료 체계를 따르느라 인생에서 4년을 더 소모하는 게 내키지 않았다. 배우고 싶은 걸 배울 수 있는 더 나은 방법이 있을 것 같았다.

그 시기에 MIT 강의가 온라인에 올라온다는 걸 우연히 알게 되었다. 강의의 전체 녹화분과 과제, 문제 풀이로 구성된 과정이 올라왔다. 심지어 강의 중에 실제로 치러진 시험들도 해답과 함께 제공되었다. 나는 온라인 강의를 듣기로 했다. 놀랍게도 그 과정은 전에 수천 달러를 내고 대학에서 배웠던 수업들보다 훨씬 나았다. 강의는 반짝반짝 빛이 났고 교수는 열정적이었으며, 수업 내용도 매력적이었다. 게다가 MIT에서 무료로 제공하는 온라인 강의는 수백 가지나 되었다.

　나는 이것이 내 고민에 대한 해결책이 될지 궁금해졌다. 누군가가 MIT의 수업을 무료로 공부할 수 있다면 전체 학사 과정을 끝낼 수도 있지 않을까? 그리하여 나는 'MIT 챌린지'라고 이름 붙인 프로젝트를 시작했다. 그리고 그전에 6개월 정도 집중적으로 사전조사를 했다. MIT 컴퓨터과학부의 실제 교과과정을 살펴보고, 온라인 수강 과정과 내용을 비교해본 것이다.

　불행히도, 세상은 행동하기보다는 말하는 게 더 쉽다. MIT의 강의 내용을 온라인상에 게시하는 'MIT 오픈코스웨어'MIT OpenCourseWare 플랫폼은 실제 수업을 대체할 목적으로 만들어진 것이 아니었다. 어떤 강좌는 교체될 필요가 있었고, 어떤 강좌는 내용이 부실해서 그 과정을 제대로 익힐 수 있을지 의심스러웠다. 심지어 필수 과목 중 하나인 컴퓨터구조학은 회로와 트랜지스터를 이용해 기초 구성 요소부터 컴퓨터를 구축하는 방법을 가르치는 과목인데, 녹화된 강좌나 강의 교재가 올라와 있지도 않았다. 그 수업에서는 강좌에 딸린 슬라이드의 추상적인 기호들을 스스로 판독해야만 했다.

　수업을 모두 듣는 데 있어 빠진 강좌 내용과 애매모호한 평가 기준은 MIT 학생들에게는 별문제가 아닌 듯 보였다. 그들은 그저 단순한 하나의 목적을 위해 수업을 듣는 것 같았다. 바로 기말고사를 통과하는 것이다. 기말고사와 함께 나중에 그 수업들에 관한 프로그래밍 프로젝트도 MIT 학생들이 반드시 통과해야 할 관문이었다.

　이 두 가지 기준이 MIT 학위의 중추였고, 더도 덜도 말고 내가 배우고자 하는 지식과 기술 대부분에 적용되었다. 출석도 확인하지 않았다. 과제 제출 기한도 없었다. 내가 준비됐을 때 언제든 기말고사를 치를 수 있었고, 떨어지면 대체 시험을 치를 수 있었다. 그러자 처음엔 불리한 것 같았던 부분들(말하자면 MIT에 입학하지 않은 것 말이다)이 도리어 장점으로 여겨지기 시작했다. 학교에 들어가지 않아도 비용과 시간, 다른 몇몇 제약을 약간만 감수하면 MIT 학생들이 받는 교육을 대략적으로 받을 수 있었다.

　이런 가능성들을 타진하면서 나는 한번 새로운 방식으로 시범 강좌를 들어봤다. 미리 정해진 일정에 따라 강의를 듣는 게 아니라 수업 영상을 다운로드받아 보통 속도로 두 번씩 봤다. 그리고 과제들을 꼼꼼히 작성하고 몇 주 동안 결과를 기다리는 게 아니라 강의 내용에 대해 하나씩 질문을 던져 시험해봤다. 그러면 내가 저지른 실수들을 빨리 알아챌 수 있을 거라고 생각했던 것이다.

　이 방법과 다른 몇 가지 방법들을 사용해보니 일주일 정도면 턱걸이로나마 강의를 통과할 수 있을 것 같았다. 몇 가지 계산을 해보고, 예상치 못한 실수가 일어날 가능성까지 감안해보니, 1년 안에 남아 있는 32개의 수업과 씨름해볼 수 있겠다는 결론이 나왔다.

　시작은 개인적인 여정에서 비롯됐지만, 점점 나의 이 작은 프로젝트가 매우 큰 결과를 만들어낼 수 있음을 알게 되었다. 과학기술은 역사상 그 어느 시기보다 쉽게 배울 수 있도록 여러 가지 도구를 제공하고 있다. 심지어 천문학적인 교육비용이 드는 공부마저 말이다. 게다가 4년간의 학사 과정은 괜찮은 일자리를 보장한다. 그건 시작에 불과하다. 최상위 직업들에는 고도의 기술이 요구되는데, 그런 기술들은 사실 살면서 접할 가능성이 낮다.

프로그래머뿐만 아니라 관리자, 기업가, 디자이너, 의사 등 전문 직업군에서 필요한 지식과 기술들이 빠르게 증가하고 있다. 많은 사람이 일하는 데 필요한 것들을 업데이트하느라 고군분투한다. 나는 단순히 컴퓨터과학에 흥미를 느낀 것이 아니라 직업과 생활에 필요한 기술들을 배우기 위한 새로운 방식을 만들어내고 싶었다.

어떻게 이 모든 일이 시작되었을까? 석 달 전 대단한 모험을 즐기는 한 아일랜드 남자를 마주치지 않았더라면, 이 작고 희한한 실험을 시도조차 할 수 없었을 것이다.

3개월 안에 원어민처럼 말할 수 있을까?

"문제는 프랑스어에 있지 않았어요. 그냥 파리 사람들에게 있었죠."

파리 중심부에 있는 한 이탈리아 레스토랑에서 베니 루이스가 씩씩거리며 내게 말했다. 아일랜드 출신의 채식주의자인 루이스는 소고기 타르타르와 푸아그라로 유명한 이 나라에 적응하기가 쉽지 않아 보였다. 그는 이탈리아의 유스호스텔에서 일하는 동안 가장 즐겨 먹었던 펜

네 아라비아타를 먹으면서, 유창한 프랑스어로 사람들이 자신의 불만을 듣거나 말거나 거리낌 없이 이야기를 해나갔다.

그의 불만은 파리의 한 엔지니어링 회사에서 인턴으로 일하던 음울한 시기에서부터 시작됐다. 프랑스의 가장 큰 도시에서 그는 악질적인 직장 생활에 좌절을 느꼈고 무난한 사회생활을 해나가기가 힘들었다. 자신이 지나치게 비판적일 수도 있다는 생각은 추호도 하지 않았다. 그는 엔지니어의 삶을 포기하고, 세계를 떠돌아다니면서 언어를 배우게 됐다.

내가 루이스를 소개받은 것은 개인적으로 힘들던 시기였다. 그때 나는 프랑스에서 교환학생으로 지내고 있었다. 캐나다에서는 백날 해봤자 늘지 않던 프랑스어 실력이 프랑스에 가면 달라질 거라고 희망에 부풀어 집을 떠났지만 딱히 그런 것 같지 않았다. 친구들 대부분은 내게 영어로 말했는데, 프랑스 친구들조차 그랬다. 프랑스에서 1년을 지내는 것으로는 부족한 듯 보였다. 고향에서 온 친구에게 이런 고민을 털어놓자 그는 세계를 떠돌아다니면서 3개월 만에 한 가지 언어를 끝내는 남자에 대해 이야기해주었다.

"말도 안 돼."

나는 질투심을 감출 수 없었다. 나는 몇 달 동안 프랑스어 환경에 푹 잠겨 공부하고도 대화를 해나가는 것조차 어려운데, 석 달마다 새로운 언어를 익히는 사람이 있다고? 하지만 한편으로는 내가 하지 못했던 것, 그러니까 언어 학습에 대해 그가 뭔가 알고 있는지 알아보려면 그를 만나야 한다고 생각했다. 나는 그에게 메일을 보냈고, 기차를 타고 가서 루이스를 만났다.

"늘 도전이죠."

루이스는 삶에 관한 조언을 계속했다. 점심을 먹고 나서 그는 내게 파리 중심부를 안내해주었다. 노트르담에서 루브르까지 걸어가는 동안 그는 처음 파리에서 느꼈던 울분은 누그러들고 그 도시에서 보낸 날들에 관한 향수가 밀려오는 듯했다.

나중에 안 것이지만, 그의 강한 자기주장과 열정은 그의 야심찬 도전에 불을 지핀 동시에 문제도 된 것 같았다. 언젠가 그는 브라질 연방 경찰에게 구금된 적이 있었다. 이민국 직원에게 비자 연장을 거절당하자 바깥에서 친구들에게 포르투갈어로 욕을 퍼부었는데, 공교롭게도 그 말이 안에까지 들렸다. 직원은 그가 얼마 머물지 않았는데 그렇게 포르투갈어를 유창하게 할 수는 없다고 생각해서, 여행 비자로 몰래 이주하려는 건 아닌지 의심했던 것이다.

우리는 계속 걸었고, 드디어 에펠탑 앞에 도착했다. 루이스는 자신의 공부 방식에 대해 설명했다. 첫날에는 말하는 것으로 시작하라. 이방인들에게 말하는 것을 겁내지 마라. 상용구집을 사용하는 것으로 시작하라. 공식적인 교육은 나중으로 남겨둬라. 단어를 외우는 데 시각적 연상 기호를 사용하라. 그러나 나를 후려친 것은 그 방법들이 아니었다. 그가 그 방법들을 적용할 때의 대범함이었다. 나는 프랑스어를 하면서 잘못 말하거나 충분치 못한 어휘력으로 당황할까 봐 걱정하며 소극적으로 굴었지만, 루이스는 두려움 없이 곧장 대화로 뛰어들어 불가능해 보이는 도전들을 실행하고 있었다.

이런 접근 방식은 그에게 보답했다. 그는 스페인어, 이탈리아어, 게일어, 프랑스어, 포르투갈어, 에스페란토, 영어에 능숙했고 최근에는 3개월 동안 체코공화국에서 지내면서 체코어로 대화를 하는 수준에 이르 렀다. 하지만 이것이 그의 마지막 도전은 아니었다. 그는 석 달 후 독일 어를 유창하게 말하겠다는 계획을 세우고 있었다. 나는 그의 도전에 큰 호기심을 느꼈다.

엄밀히 말해 루이스가 독일어를 접하는 건 이번이 처음이 아니었다. 그는 학창 시절 5년 동안 독일어 수업을 들었고, 독일에도 두 번 방문한 적이 있었다. 하지만 학교에서 외국어를 배우는 학생들처럼 그 역시 독일 어로 말을 하지는 못했다. 그는 이런 창피한 상황을 솔직히 인정했다.

"독일에서는 아침 식사 주문조차 못 할 거예요."

10여 년도 더 전에 배웠지만 그는 사전 지식 없이 시작하는 것보다는 훨씬 쉽게 익힐 수 있다고 생각했다. 하지만 어려움이 줄어든 것을 벌충 하기 위해 목표를 높이기로 했다.

보통 그는 한 언어에 3개월 후 B2 레벨에 도달하는 것을 목표로 삼았 다. B2 레벨은 A1, A2, B1 등으로 이어지는 6단계 중 네 번째 단계에 해 당한다. CEFR_{Common European Framework of Reference for Language}(유럽 언어 공통 기 준)에 따르면 이는 중상위 수준으로, 발화자가 "원어민과 대화 시 어느 한쪽의 어려움 없이 유창하고 자연스럽게 의사소통이 가능한 수준"이 라고 정의돼 있다.

그런데 그는 독일어에서는 더 상위의 시험인 C2에 도전하기로 결심 했다. 이 수준은 그 언어를 완전히 통달한 경우로, "읽고 듣는 모든 것을 쉽게 이해해야 하며, 자연스럽고 유창하고 정확하게 표현하고, 복잡한 상황에서도 의미를 세밀하게 구분"할 수 있어야 한다. 이 시험을 주관 하는 괴테연구소는 이 기준에 도달하기 위해 최소한 750시간의 수업을 들어야 한다고 규정하고 있다. 여기에는 교실 밖에서의 활용은 포함되지 않는다.

몇 달 후 나는 루이스에게서 한 끗 차이로 C2 시험에 통과하지 못했다는 이야기를 들었다. 시험의 5가지 기준 중 4가지는 통과했지만 듣기 평가에서 떨어진 것이었다.

"라디오를 정말 많이 들었는데. 실제로 듣는 걸 더 많이 했어야 했어."

석 달 동안 강도 높은 연습을 했지만 그는 능숙해지지는 않았다. 우리가 처음 만난 지 7년 후에 이 아일랜드인은 아랍어, 헝가리어, 만다린어, 타이어, 미국식 수화, 심지어 클링곤어(영화 〈스타 트렉〉에서 고안한 언어 — 옮긴이 주)까지 익히고 6개국 이상에서 3개월 언어 습득 도전을 하러 떠났다.

그때는 깨닫지 못했지만 지금은 루이스 같은 사례가 아주 드물지 않다는 사실을 알고 있다. 언어 독학 프로젝트를 하면서 나는 40개 이상의 언어를 말하는 사람들, 단 몇 시간 노출되었을 뿐인데 그전에는 알지도 못했던 언어를 말할 수 있게 된 인류학자들, 루이스처럼 여행 비자를 계속 발급받으면서 새로운 언어를 통달한 수많은 여행자를 만났다. 또한 이렇게 공격적인 독학 방식으로 믿기 힘든 결과를 내는 현상이 언어에만 국한된 것도 아님을 알게 되었다.

컴퓨터과학자, 퀴즈 쇼의 전설이 되다

'〈콰이강의 다리〉란 무엇인가?'

로저 크레이그는 모니터에 뜬 질문에 황급히 답을 휘갈겼다. 처음에는 '콰이강'이라는 단어를 읽는 것조차 더듬거렸지만 결국 답을 맞혔다. 그는 7만 7,000달러를 획득했다. 〈제퍼디!〉(다양한 분야의 주제를 다루는 미국의 텔레비전 퀴즈 쇼—옮긴이 주) 역사상 하룻동안의 상금으로는 가장 높은 액수였다.

크레이그의 승리는 요행이 아니었다. 그는 다시 한번 기록을 깼다. 다섯 게임 연속 우승해서 거의 20만 달러에 가까운 상금을 누적한 것이다. 이 위업은 그 자체로도 대단하지만 더욱 믿기지 않는 것은 그가 이 일을 해낸 방법이다. 그는 당시를 이렇게 회상했다.

"처음 든 생각은 '우와, 내 방법이 정말로 먹히고 있어!'였습니다. '내가 7만 7,000달러를 땄어!'가 아니라요."

〈제퍼디!〉와 같이 질문에 단시간에 바로 답하는 시험은 어떻게 준비할 수 있을까? 이것이 크레이그가 경연을 준비하면서 직면한 근본적인 문제였다. 〈제퍼디!〉는 덴마크의 왕에서부터 다모클레스에 이르기까지 사소한 질문들을 출제해 시청자들을 쩔쩔매게 하는 것으로 악명 높다. 때문에 이 쇼의 챔피언들은 대체로 어떤 주제에 관해 피를 토할 정도로 자잘한 지식의 도서관을 쌓는 데 일생을 바친, 아주 똑똑하고 모든 것을 다 아는 사람인 경우가 많다. 그래서 이 쇼를 대비해 공부를 한다는 것은 거의 불가능한 일이다. 모든 주제를 다 공부하기는 사실 불가능하다. 하지만 크레이그는 지식 자체를 얻는 과정에 대한 생각을 재고해서 이 문제를 해결했다. 먼저 그는 웹사이트 하나를 만들었다.

"게임에서 이기고 싶은 사람이라면 그 게임을 연습하겠죠. 그런데 무턱대고 연습할 수도 있고, 효율적으로 연습할 수도 있습니다."

그는 광범위하고 사소한 상식을 모으고자 지식을 얻는 방식에 대해 매우 냉철하고 분석적으로 생각했다. 먼저 그는 컴퓨터과학자라는 직업을 발휘해 그동안 방송된 쇼의 전편에 등장한 수만 가지의 질문과 답을 다운로드했다. 그리고 몇 달 동안 시간을 내서 이 문제들을 풀고 방송에 나가도 되겠다고 확신이 들었을 때, 태세를 전환해 하루 종일 공격적으로 문제를 풀었다.

크레이그는 텍스트마이닝text-mining(대규모 문자 형태의 비정형·반정형 자료에서 유용한 정보를 찾는 것 ―옮긴이 주) 소프트웨어를 이용해서 문제들을 예술사, 패션, 과학 등 주제별로 분류했다. 그리고 자신의 강점과 약점에 대한 전략을 짜기 위해 데이터를 이미지화하는 방법을 사용했다. 텍스트마이닝 소프트웨어가 주제별로 나눈 자료를 각기 다른 동심원에 넣는 이미지를 상상하고, 그런 다음 자신이 해당 주제(동심원)에 대해 얼마나 잘 알고 있는지를 파악하는 그래프를 그렸다. 예를 들어 동심원이 그래프에서 높은 곳에 위치하면 해당 주제에 대해 더 공부해야 한다는 말이다. 동심원의 크기는 그 주제가 얼마나 많이 반복되었는지를 말해준다. 동심원이 클수록 더 공통적으로 나온 질문 유형이고, 따라서 이것을 더 공부하는 것이 더 나은 선택이다.

〈제퍼디!〉의 질문들은 무척 다양하고 무작위적이었지만 크레이그는 질문들에 숨겨진 패턴을 밝혀내기 시작했다. 예를 들어 힌트 중에는 점수의 두 배를 획득하거나 전부 잃는 복승식複勝式 힌트가 있다. 이런 '모 아니면 도' 식의 힌트들은 무작위로 튀어나오는 것 같았지만 그는 여기에도 패턴이 있음을 알아냈다. 가치 있는 복승식 힌트를 찾는 방법 하나는 분야를 건너뛰고 점수가 높은 힌트에 집중하는 것이었다. 이는 한 분야를 끈덕지게 푸는 데 집중하는 종래의 방식에서 크게 벗어난 방법이었다.

또한 크레이그는 〈제퍼디!〉의 질문 유형에 어떤 패턴들이 있음을 발견했다. 〈제퍼디!〉는 생각할 수 있는 어떤 주제에 대해서든 문제를 낼 수 있었지만, 포맷 자체는 시청자들을 즐겁게 해주기 위해서지 참가자들에게 도전하기 위해 고안된 것이 아니었다. 크레이그는 여기에 착안해서 어떤 특정한 방향을 깊게 파기보다는 어떤 한 분야에서 가장 잘 아는 문제들을 공부하는 방식도 충분히 효과가 있음을 깨달았다. 어떤 특화된 주제에 관해 그 문제와 답은 대중에게 가장 널리 알려진 내용들이었던 것이다.

크레이그는 그동안의 문제들을 토대로 자신의 약점을 분석하고 어떤 분야를 더 공부해야 경쟁력을 갖출 수 있는지 알아냈다. 예를 들면 그는 패션 분야에 약했다. 그래서 그는 그 주제를 더욱 깊게 공부해야 한다고 판단했다.

무엇을 공부해야 할지 분석해 밝히는 일은 첫 단계일 뿐이다. 크레이그는 여기서 시작해 효율성을 증대시키고자 SRS_{Spaced-Repetition Software}(분산반복 소프트웨어—옮긴이 주)를 이용했다. 이 프로그램은 1980년대에 폴란드의 조사연구자 표트르 워즈니악_{Piotr Wozniak}이 처음 개발한 것으로, 단어 카드 알고리즘이 진화한 형태다. 우리 대부분은 정보가 많으면 처음에 뭘 습득하려 했는지 잊는데, 따라서 그것을 잊지 않기 위해 계속 상기시켜야 한다. 워즈니악의 알고리즘은 정보를 재검토하는 최적의 시간을 계산해서 이 문제를 해결한다. 그러면 한 가지 정보를 지나치게 파느라 에너지를 낭비하지 않을 뿐만 아니라 이미 배운 것 또한 잊지 않을 수 있다.

이 도구는 크레이그에게 훗날의 승리를 위해 필요한 수천 가지의 정보를 효율적으로 기억할 수 있게 해주었다. 〈제퍼디!〉는 하루에 한 회 방송되지만 실제로는 한 번에 5회분이 촬영되었다. 다섯 게임을 연속해서 이긴 후 호텔 방으로 돌아간 크레이그는 잠을 이룰 수 없었다.

"우리는 경기를 시뮬레이션할 수 있었습니다. 하지만 열두 살 때부터 나가고 싶었던 퀴즈 쇼에 나가 5시간 만에 20만 달러를 따내고 기록을 세우는 건 시뮬레이션에는 없었죠."

이단적인 전략들과 공격적인 분석으로 크레이그는 쇼에서 우승했다. 그렇게 공격적인 독학으로 자기의 운을 바꾼 사람은 로저 크레이그만이 아니다. 내가 MIT 챌린지를 시작한 2011년에 에릭 배런이라는 남자도 도전을 시작했다. 나와 달리 그의 노력은 5년이나 이어졌고, 그는 서로 다른 수많은 기술을 완전히 습득했다.

1인 개발자, 게임의 공룡 기업을 무너뜨리다

에릭 배런은 워싱턴대학교 타코마 캠퍼스에서 컴퓨터과학을 전공했고 졸업 후 '때가 됐다'고 느꼈다. 그는 비디오게임을 만들고 싶었는데, 안정적인 월급쟁이 프로그래머가 되기 전인 그때가 기회라고 여겼다. 이미 기발한 아이디어는 하나 있었다. 그는 〈하베스트 문〉을 오마주한 게임을 만들고 싶었다. 〈하베스트 문〉은 곡식을 키우고 가축을 기르며 시골 사람들과 친분을 쌓으면서 성공적인 농장을 일구는 비디오게임이다.

"제가 정말 좋아하는 게임이에요. 하지만 그 게임은 더 멋지게 바뀔 수 있었죠."

배런은 〈하베스트 문〉을 하면서 어린 시절을 보냈다. 그리고 자신이 이 꿈을 실현시키지 않는다면 현실에서 이 게임의 업그레이드판을 볼 수 없으리라 여겼다.

상업적으로 성공한 비디오게임을 개발하는 것은 쉬운 일이 아니다. AAA급 게임회사는 회사가 미는 게임에 수백만 달러의 예산을 할당하고 수천 명의 직원을 고용한다. 또한 게임 하나를 개발하려면 광범위한 재능이 필요하다. 개발할 게임의 장르와 스타일에 따라 프로그래밍, 비주얼 아트, 작곡, 시나리오, 디자인 등 수십 가지 이상의 기술이 투입된다. 이 때문에 게임 개발자들은 음악, 글쓰기, 시각 예술 같은 다른 예술 작업들처럼 소규모의 팀으로는 일하기 어렵다. 심지어 대단히 재능 있는 독립 게임 개발자들조차도 필요한 기술들을 제공해줄 사람들과 함께 일해야 한다. 하지만 배런은 오롯이 혼자서 게임을 만들기로 결심했다. 그 이유는 자신의 비전에 온전히 헌신하고픈 마음과 혼자서도 게임을 완성시킬 수 있다는 자신감이 있었기 때문이었다.

"제 계획을 온전히 제 힘으로 이뤄내고 싶었어요. 그리고 저와 같은 위치에서 보는 사람은 아마도 없을 거니까요."

이 말은 그가 게임 프로그래밍, 작곡, 픽셀아트, 음향, 시나리오에도 능숙해져야 한다는 뜻이었다. 배런의 대모험은 단순히 게임을 설계하는 것이 아니라 게임을 이루는 각각의 기술적 측면들에 통달해야 하는 일이었다.

배런이 가장 취약한 부문은 픽셀 아트였다. 이 이미지 방식은 느린 컴퓨터에서 그래픽 렌더링을 하기 어려웠던 비디오게임의 초창기를 떠올리게 한다. 픽셀 아트는 색색의 점들을 한 번에 하나씩 한 픽셀에 놓음으로써 컴퓨터 그래픽스를 구성하고 강렬한 이미지를 만들어내는 것으로 유려한 선이나 사진 같은 질감을 구현하지는 못한다. 무척이나 공이 들고 힘든 작업이다. 픽셀 아티스트는 색이 있는 정방형 그리드에서 움직임, 감정, 삶을 옮겨 와야 한다. 배런은 끼적거리고 그리는 것을 좋아했지만 그 정도로는 이 작업을 해낼 수 없었다. 끼적대는 수준에서 완전히 이 기술을 익혀야만 했다. 미술을 전공한 사람도 상업적인 수준의 예술적 기교를 갖추는 것은 쉽지 않다.

"대부분의 그림을 세 번에서 다섯 번은 그려야 했어요. 캐릭터 디자인은 최소한 열 번쯤 그렸죠."

배런의 전략은 단순하지만 효율적이다. 그는 게임에서 사용하고자 하는 그래픽스상에 직접 작업을 함으로써 연습했다. 그렇게 만든 작업물을 비판적으로 평가하고, 멋져 보이는 다른 작업물과 비교했다.

"전 제 작업물을 과학적으로 분해하려고 노력했습니다. 다른 사람들의 작업물을 보면서 '넌 왜 이렇게 했지? 왜 저렇게 하지 않았지?'라고 물었죠. 그렇게 제 작업물을 보완하고 픽셀 아트 이론을 공부하며 제가 아는 지식과의 간극을 메우려고 노력했어요. '네가 도달하려는 목표가 뭐지? 어떻게 하면 거기에 도달할까?'라고 물으면서요."

작업을 하면서 어느 순간 그는 자신이 사용한 색이 무척이나 둔탁하고 지루하다는 사실을 깨달았다. 그가 원하는 색은 '톡톡 튀는 색'이었다. 그래서 색채 이론을 공부했고 시각적으로 흥미로운 결과물을 만들기 위해 다른 창작자들은 어떻게 색을 사용하는지 집중적으로 연구했다.

픽셀 아트는 배런이 배워야 했던 한 가지 기술에 불과하다. 그는 게임에 쓸 온갖 음악도 직접 작곡했다. 이 역시 끼적거리는 수준에서 자신의 기대치에 부응할 때까지 반복해서 작업했다. 게임을 이루는 모든 부분은 그의 철저한 기준에 부응하지 못하면 폐기됐고 새롭게 개발됐다. 이렇게 직접 반복해서 해보는 과정을 통해 그는 게임 디자인의 모든 측면에서 점차 실력이 나아졌다. 시간은 계속 지연되었지만 게임은 완성되었다. 그가 완성시킨 게임은 놀랍게도 전문 아티스트, 프로그래머, 작곡가 한 부대가 만들어낸 게임들과 경쟁할 만했다.

5년간의 개발 과정 동안 배런은 컴퓨터 프로그래머 일자리를 구하려고 하지 않았다.

"저는 큰 조직에 속하고 싶지 않았어요. 아마 그랬다면 시간이 없었겠죠. 전 게임 개발에 전력을 다하고 싶었어요."

그는 최저임금을 받으면서 영화관 안내원으로 일했다. 아르바이트에서 얻는 적은 수입과 여자 친구의 원조로 자신의 열정에 집중해 그럭저럭 생활을 꾸려나갔다.

완전히, 혼자서 해내겠다는 열정과 헌신은 결실을 맺었다. 2016년 2월 배런은 마침내 〈스타듀 밸리〉를 출시했다. 게임은 곧바로 큰 인기를 끌었고 컴퓨터게임 플랫폼인 스팀Steam에 올라온 다른 대형 게임사들의 게임을 금방 추월했다. 배런은 〈스타듀 밸리〉가 출시 첫해에만 다양한 플랫폼들에서 300만 건 이상 팔렸다고 추산한다. 몇 개월 후 그는 최저임금을 받는 무명의 디자이너에서 《포브스》가 선정한 게임 분야의 '영향력 있는 30세 이하 30인'에 이름을 올린 백만장자가 되었다.

그가 게임과 관련된 기술들을 완벽히 습득하려 한 열정과 헌신은 결코 적지 않았다. 2016년 비디오게임 블로그 디스트럭토이드Destructoid에 패트릭 핸콕Patrick Hancock은 〈스타듀 밸리〉가 "무지무지 사랑스럽고 아름다운" 작품이라고 평가했다. 이는 자신의 비전에 대한 헌신과 공격적인 독학 덕분이었다.

독학 프로젝트의 세계에 뛰어들다

다시, 내 비좁은 아파트에서 진행되고 있는 MIT 챌린지 이야기로 돌아가자. 나는 미적분학 시험을 채점했다. 어려웠지만 통과한 것 같아 안도감이 들었다. 하지만 쉴 때는 아니었다. 다음 주 월요일에는 새로운 과정으로 다시 모든 것이 시작된다. MIT 챌린지를 완수하려면 아직 1년쯤 더 남았다.

달력이 한 장 넘어갔고, 내 계획들도 한 단계 넘어갔다. 나는 며칠 동안 수업 하나를 듣는 방식에서 한 달에 서너 수업을 동시에 듣는 방식으로 전략을 바꿨다. 한 수업을 마치는 기간이 길어지면 벼락치기를 덜 하지 않을까 하는 생각에서였다. 과정이 조금씩 진행되면서 나는 점점 더 늘어졌다. 처음 몇 수업은 매우 적극적으로 서둘러서 들었기 때문에 목표 일정에 맞출 수 있었다. 그런데 목표를 완수할 수 있을 것처럼 보이자 일주일에 60시간 공부하던 게 35~40시간으로 줄었다.

2012년 9월, 시작한 지 12개월이 조금 못 되었을 때 나는 마지막 수업까지 모두 들었다. 이 프로젝트를 완수한다는 건 내겐 퍽 경이로운 일이었다. 나는 뭔가를 깊이 있게 배우려면 학교에 들어가는 길밖에 없다고 생각했었다. 그러나 이 프로젝트를 끝내자 이런 생각이 얼마나 잘못된 것인지, 대안적인 경로가 얼마나 재미있고 흥분되는 경험인지 알게 되었다.

대학 시절, 나는 종종 숨이 막히곤 했다. 지루한 강의 시간 동안 잠들지 않으려고 애썼고, 분주하기만 하고 쓸모없었던 과제들을 수없이 해치웠다. 학점을 따려고 전혀 관심 없는 것들을 배우면서 나 자신을 밀어붙였다. 그러나 MIT 프로젝트는 달랐다. 내가 스스로 세운 비전이자 계획이었다. 자주 도전을 요하는 상황이 일어나곤 했지만 고통스럽지 않았다. 그 과제들은 완수해야 하는 진부한 잡일이 아니라 생생하고 흥미로운 것이었다. 난생처음 나는 제대로 된 계획을 세우고 제대로 노력하면 원하는 것을 배울 수 있구나 생각했다. 가능성은 무궁무진했다. 내 마음은 이미 새로운 배움을 향해 나아가고 있었다. 그때 한 친구로부터 이런 메시지를 받았다.

'너 레딧Reddit(소셜 뉴스 웹사이트로, 사용자가 글을 등록하면 다른 사용자들이 투표를 해서 그 순위에 따라 글이 메인 페이지에 등록된다—옮긴이 주) 메인 페이지에 올랐어.'

네티즌들이 내 프로젝트를 발견한 것이다. 그리고 다소 논쟁이 있었다. 어떤 이들은 내 발상을 좋아했지만 이런 공부 방식의 유용성에 관해서는 의구심을 품었다.

'고용주들은 이 프로젝트를 학사 학위와 똑같이 취급하지 않을 것이다. 이 친구가 학위를 가진 사람만큼, 아니 그보다 더 많은 지식이 있다 해도 말이다. 그래서 너무 슬프다.'

자신이 소프트웨어 회사의 인사과장이라고 주장하는 한 네티즌은 이에 반박했다.

'이 사람이야말로 내가 원하는 인물이다. 나는 당신이 학위를 가지고 있는지 아닌지 신경 쓰지 않는다.'

논쟁이 격화되었다. 그는 진짜 이 일을 해냈는가? 이 프로젝트 이후 그는 실제 회사에서 프로그래머로 일할 수 있을까? 왜 이 프로젝트를 1년 안에 하려고 하는가? 그는 미친놈인가?

사람들의 관심이 폭발했고, 여러 곳에서 연락이 오기 시작했다. 마이크로소프트의 한 직원은 내게 면접 기회를 주겠다고 했다. 한 신생 스타트업 회사는 나를 스카우트했다. 중국의 한 출판사는 입시 경쟁에 억눌려 있는 중국 학생들과 공부 노하우를 공유하는 책을 쓰자고 제안했다.

하지만 이런 일들이 내가 그 프로젝트를 완수한 이유는 아니었다. 나는 이미 온라인상에서 글을 쓰면서 행복했고, 내 프로젝트를 통해 경제적으로도 수입을 얻었고, 앞으로도 계속 그렇게 할 생각이었다. 프로젝트를 수행한 건 직업을 구하기 위해서가 아니었다. 내게 어떤 가능성이 있는지 알아보려는 것이었다. 첫 대형 프로젝트를 끝내고 몇 달 뒤 새로운 프로젝트에 대한 발상이 내 머릿속에서 뭉글뭉글 피어오르기 시작했다.

이 강렬하고도 기이한 독학이라는 세계의 포문을 열어준 베니 루이스가 떠올랐다. 그의 조언에 따랐던 나는 프랑스어 중급 수준에 도달했다. 어려운 과업이었지만, 당시 영어로 떠들어대는 사람들에 둘러싸여 있던 내가 그럭저럭 살아갈 수 있는 수준의 프랑스어를 습득했다는 데 자부심을 느꼈다. 하지만 MIT 프로젝트는 프랑스어를 배우면서는 얻을 수 없었던 새로운 자신감을 심어주었다. 만일 내가 마지막에 저질렀던 실수를 하지 않았더라면 어땠을까? 영어를 사용하는 친구들 사이에서 프랑스어를 어느 정도 잘할 때까지 분투하는 대신 베니 루이스처럼 첫날부터 곧장 그 언어 환경에 몸을 담갔다면 어땠을까? MIT 챌린지처럼, 후퇴하는 일 없이 모든 것이 최적화된 환경에서 강도 높고 효율적으로 외국어를 배웠더라면 얼마나 더 잘할 수 있었을까?

마침 그 무렵 내 룸메이트가 대학원으로 돌아갈 계획을 세우고 있었다. 그는 그전에 여유 있을 때 여행을 하고 싶어 했다. 우리 둘 다 저축해둔 돈이 있었고, 돈을 합쳐서 여행을 계획한다면 재미있는 것을 할 수 있으리라는 계산이 섰다.

나는 룸메이트에게 프랑스에서의 경험을 말해주었다. 프랑스어를 배운 일과, 앞으로 어떻게 하면 더 잘할 수 있을 것 같은지, 처음 프랑스에 갔을 때 나를 둘러쌌던 사교적 거품이 왜 문제가 되었는지, 나중에 거기에서 빠져나오기가 얼마나 어려웠는지 이야기했다. 만일 새로운 언어를 충분히 익히고 싶다는 희망을 품는 게 아니라, 애초에 연습에서 빠져나갈 길을 막아버린다면 어떻게 될까? 만일 비행기에서 내린 순간부터 새 언어만을 말한다면 어떻게 될까?

친구는 회의적이었다. 그는 아파트에서 함께 살면서 1년 동안 내가 MIT 챌린지에 도전하는 것을 지켜봤다. 내 분별 있는 정신은 이 새로운 프로젝트가 가능하다고 생각했지만, 그는 자신의 능력에 아직 자신이 없었다. 하지만 확신하지 못하고 있음에도 기꺼이 시도는 해보려고 했다. 성공하리라는 어떤 기대도 그에게 내비치지 않았는데 말이다.

우리는 이 프로젝트에 '영어 없는 1년'이라는 간단한 제목을 붙였다.

그리고 4개 국가를 3개월씩 여행하기로 했다. 계획은 단순했다. 어느 나라에서든 도착한 첫날부터 우리끼리는 물론, 거기서 마주친 누구와도 영어로 말하지 않는 것이다. 거기서부터 시작해 여행 비자가 만료되기 전까지 얼마나 배울 수 있을지 시험해보고, 새로운 목적지로 향하는 것이 계획이었다.

첫 번째 여행지는 스페인 바르셀로나였다. 우리는 공항에 도착하자마자 첫 번째 난관에 부딪혔다. 매력적인 영국 여성 두 명이 다가와 길을 물은 것이다. 우리는 서로를 멀뚱히 바라보고는 영어를 못하는 척하며 알고 있는 약간의 스페인어로 딱딱거리며 말을 내뱉었다. 그녀들은 우리의 말을 이해하지 못하고 몹시 짜증 난 어투로 재차 물었다. 우리는 영어를 말할 수 없다고 스페인어로 더듬더듬 말했고, 그녀들은 결국 실망하고 자리를 떴다. 벌써부터 영어를 말하지 못하는 일이 의도치 않은 결과를 불러온 듯 보였다. 시작부터 불길했지만 우리의 스페인어 능력은 내 예상보다 빨리 늘었다.

스페인에서 지낸 지 두 달 후, 우리는 꽤 스페인어에 능숙해졌다. 내가 꼬박 1년을 프랑스에서 지내며 프랑스어를 배웠던 수준보다 훨씬 나았다. 우리는 아침에 수업을 들으러 갔다가 집으로 돌아와서 공부를 조금 하고, 남은 시간을 친구들과 함께 돌아다니고, 레스토랑에 가서 수다를 떨고, 스페인의 태양을 쬐면서 하루를 보냈다. 처음에 품었던 의구심과 달리 친구 역시 뭔가를 배우는 이 새로운 방식으로 태세를 전환했다. 나만큼 적극적으로 문법과 어휘를 공부하지는 않았지만, 기한이 끝날 무렵에는 스페인에서의 생활에 완벽하게 적응했다. 이 방법은 우리가 기대했던 것보다 훨씬 더 효율적이었고, 우리는 이제 이 방법의 기적을 믿게 되었다.

우리는 여행을 계속했다. 브라질에 가서 포르투갈어를 배웠고, 중국에서는 만다린어를 배웠으며, 한국에서는 한국어를 배웠다. 아시아에서는 스페인이나 브라질에서보다 훨씬 더 어려웠다. 준비를 하면서 우리는 한국어와 중국어가 유럽 언어보다는 '조금' 더 어려울 것이라고 생각했는데 실제로는 '훨씬' 더 어려웠다.

결과적으로 우리의 '영어 금지' 규칙이 깨지기 시작했지만, 그럼에도 우리는 가능한 한 그 규칙을 따랐다. 만다린어와 한국어는 같은 기간 동안 스페인어, 포르투갈어와 같은 수준으로 향상되지는 못했지만, 그래도 친구를 사귀고 여행을 하고 다양한 주제에 관해 사람들과 대화할 만큼은 배웠다. 여행이 끝날 때쯤 우리는 4개 국어를 할 수 있다고 자신 있게 말할 수 있었다.

컴퓨터과학 학사 과정과 언어를 습득하는 모험에 똑같은 접근법이 먹히자, 나는 이 방법을 더 많은 분야에 적용할 수 있겠다고 확신하게 되었다. 한 예로 그림 그리기가 있다. 나는 아이들처럼 그림을 그리는 것을 좋아했는데, 대부분의 사람처럼 내가 그린 사람 얼굴은 어색하고 부자연스러웠다. 나는 거리의 화가든 전문 화가든 사람의 모습을 닮게, 빠른 시간에 스케치할 수 있는 사람을 동경했다. 그래서 MIT 학사 과정과 언어를 배울 때 사용한 방식을 그림 그리는 일에도 적용할 수 있지 않을까 궁금해졌다.

나는 한 달간 얼굴을 그리는 능력을 향상시켜 보기로 했다. 내게 가장 어려웠던 부분은 얼굴을 이루는 형태들을 적절히 배치하는 것이었다. 많은 사람이 얼굴을 그릴 때 공통적으로 하는 실수가 있다. 예를 들면

DAY 1

DAY 30

눈을 머리에서 너무 높은 곳에 위치하게 그린다. 많은 이들이 눈이 머리에서 3분의 2 지점에 놓인다고 생각하는데, 실제로 눈은 머리 꼭대기와 뺨 사이의 중간 지점에 위치하는 경우가 많다.

이런저런 실수 유형들을 극복하고자 나는 사진을 바탕으로 스케치를 했다. 휴대전화로 내가 스케치한 것을 사진 찍고, 그 이미지 위에 반투명한 원본 이미지를 겹쳐봤다. 이렇게 하면 원본에 비해 내가 그린 얼굴이 너무 좁은지 넓은지, 입술이 너무 낮은지 높은지, 눈은 올바른 지점에 있는지 아닌지를 볼 수 있다. 이런 시도를 수백 번 하면서 나는 MIT 챌린지에서 잘 작동했던 빠른 피드백을 받았다. 그 외에도 이런저런 전략들을 적용했다. 그리고 얼마 안 가 내 초상화 그리기 실력은 무척이나 좋아졌다.

울트라러닝을 파헤치다

베니 루이스의 언어 습득, 로저 크레이그의 일반 상식 정복법, 에릭 배런의 게임 개발 과정은 겉으로 보기엔 매우 다른 사례들이다. 하지만 이 프로젝트들은 내가 '울트라러닝'(울트라러닝이라는 용어는 칼 뉴포트 Cal Newport가 처음 사용했다. 나는 그의 웹사이트에 최근 완수한 MIT 챌린지에 관한 기고문을 올렸고, 그는 이에 대해 '10일 안에 선형대수학 정복하기: 울트라러닝에 관한 놀라운 실험'이라는 표제를 붙여 소개했다)이라고 부르는, 보다 일반적인 현상에 속한다.

이와 비슷한 사례들을 깊이 파고들자 더 많은 이야기가 나왔다. 무엇을, 왜 배웠는지는 각기 달랐지만 울트라러너Ultralearner 들은 극단적이고 자발적인 학습 프로젝트를 추구했다는 공통적인 맥락을 가지고 있었다. 또한 그들은 프로젝트를 성공적으로 완수하기 위해 비슷비슷한 전략들을 사용했다.

한 예로 울트라러닝을 시도한 스티브 파블리나는 학사 일정을 최적화함으로써 평균보다 세 배의 수업을 들었고, 세 학기 만에 컴퓨터과학 학위 과정을 마쳤다. 파블리나의 도전은 나의 MIT 챌린지보다 훨씬 이전에 시도된 것으로, 나는 그의 사례를 통해 학습 기간을 얼마나 압축할 수 있는지 영감을 얻었다. 하지만 파블리나의 경우 무료 온라인 강좌라는 이점 없이 캘리포니아 주립대학교에 입학해서 컴퓨터과학과 수학 분야에서 실제 학위를 받고 졸업했다.

디아나 자운체이카레는 컴퓨터 언어 분야의 박사 학위 과정을 따라 공부하는 울트라러닝 프로젝트에 착수했다. 카네기멜론대학교의 박사 과정을 기준으로 삼은 그녀는 수업을 듣고 여기에 더해 자신만의 조사 연구까지 시도했다. 그녀가 이 프로젝트를 시작한 이유는 박사 학위를 따러 학교로 돌아가면 그녀의 직장인 구글을 떠나야 했기 때문이다. 다른 울트라러너들처럼, 그녀의 프로젝트 역시 공식적인 대안들이 자신의 생활에 적합하지 않을 때 그 간극을 메우기 위한 것이었다.

온라인 커뮤니티가 활성화되면서 많은 사람이 익명으로, 증명할 수 없는 게시글로 자신들의 울트라러닝 프로젝트를 올렸다. 차이니스포럼 닷컴Chinese-forums.com에서 '타무라'라는 게시자는 사전 지식 없이 중국어를 배우는 과정을 널리 보고했다. 그는 4개월 동안 매주 70~80시간 이상 투자해서 만다린어 활용시험 2등급인 HSK 5급에 도전했다.

또 어떤 울트라러너들은 시험과 학위를 함께한다는 종래의 구조를 벗어났다. 트렌트 파울러는 2016년 초부터 1년간 엔지니어링과 수학 분야를 공부했다. 그의 과업은 STEM 펑크 프로젝트라고 불렸는데 이는 그가 다루고자 하는 과학, 기술, 엔지니어링, 수학 분야와 더불어 레트로퓨처리즘retrofuturism(1950~1960년대의 미래주의를 재조명하는 관점―옮긴이 주)과 유사한 스팀펑크steampunk(공상과학이나 판타지 요소가 섞인 팩션물―옮긴이 주)를 지칭하는 조어다. 파울러는 자신의 프로젝트를 계산, 로보틱스, 인공지능, 엔지니어링 등과 같이 주제별로 쪼개고 공식적인 교과과정을 따르는 게 아니라 순수 프로젝트 과정을 짜서 공부했다.

내가 만난 울트라러너들은 모두 제각각이었다. 어떤 이들은 타무라 같이 스스로 가혹한 마감일을 정하고 하루 종일 살인적인 일정을 소화했다. 또 어떤 이들은 자운체이카레와 같이 직장을 다니면서 따로 시간을 내어 프로젝트를 가까스로 해냈다. 시험, 공식적인 교과과정, 대회 수상과 같은 눈에 보이는 기준을 목표로 삼은 사람들도 있었고, 비교 대상이 없는 프로젝트를 설계한 사람들도 있었다. 언어나 프로그래밍 등 한곳에만 극단적·전문적으로 초점을 맞춘 사람들도 있었고, 고도로 다양화된 일련의 기술들을 배워 진정으로 박식한 인물이 되려는 사람들도 있었다.

이렇듯 모두 다 달랐음에도 울트라러닝을 시도한 이들에게는 수많은 공통점이 있었다. 이들은 대개 수개월 혹은 수년간 혼자 일하고 자신의 노력을 블로그에 알리는 것 이상의 일은 하지 않았다. 처음에는 흥미에서 시작했지만 점점 완전히 몰입하는 경향을 띠었다. 공격적으로 자신의 전략을 최적화했고 간삽법間揷法(다양한 문제를 섞어서 푸는 학습 기법―옮긴이 주), 끈질기게 따라 하기, 키워드 연상 기억법과 같이 흔치 않은 방법들이 지닌 이점을 치열하게 가늠했다. 무엇보다도 이들은 배움에 관심이 있었다. 배우려는 동기가 이들을 강도 높은 프로젝트와 씨름하도록 밀어붙였다. 심지어 그 때문에 자격이나 관행을 희생시킬지라도 말이다.

내가 만난 울트라러너들은 대개 서로를 알지 못했다. 이 책을 쓰면서 나는 그들의 독창적인 프로젝트를 비롯해 내가 수행했던 프로젝트에서 관찰했던 공통적인 규칙을 한데 모으고자 했다. 표면적인 차이점들이나 개성적인 기벽들을 모두 벗겨내고 나면 어떤 학습 방식이 남는지 궁금했다. 그리고 극단적이라 할 만한 이들의 사례에서 평범한 학생이나 직장인이 유용하게 사용할 수 있는 일반적인 규칙을 발견하고 싶었다. 만일 당신이 앞서의 사례들처럼 극단적인 프로젝트를 만들어 씨름할 준비가 되지 않았다 해도, 울트라러너들의 경험에 기반하고 인지과학적 연구들로 보강된 학습 방법을 활용할 여지는 가지고 있을 것이다.

울트라러너들은 극단적인 사례이기는 하지만 그들의 접근법을 평범한 직장인이나 학생도 적용할 수 있다. 새로운 역할, 새로운 프로젝트, 새로운 직업을 위한 기술들을 빨리 배울 수 있다면 어떨까? 에릭 배런처럼 당신 역시 직업상 중요한 기술을 습득할 수 있다면 어떨까? 로저 크레이그처럼 다양하고 광범위한 주제에 대한 지식과 기술을 늘릴 수 있다면 어떨까? 당장에는 불가능해 보이는 어떤 일에 능숙해지거나 대학 학사 프로그램을 따라 하거나 새로운 언어를 배운다면 어떨까?

울트라러닝은 쉽지 않다. 어렵고, 곧 좌절의 순간이 찾아올 것이며, 안전지대 바깥으로 몸을 뻗어야 한다. 하지만 우리가 달성할 수 있는 것을 생각해보면 충분히 노력할 만한 가치가 있다. 자, 이제 울트라러닝이 정확히 무엇인지, 이것이 다른 학습법이나 교육법들과 어떻게 다른지 알아보자. 그러고 나면 모든 학습법의 기저에 어떤 법칙들이 깔려 있는지, 울트라러너들이 그런 법칙들을 어떻게 활용해 빠르게 학습 효과를 봤는지 알게 될 것이다.

ULTRALEARNING

제2장

울트라러닝의
시대가 왔다

울트라러닝이란 정확히 무엇인가? 나는 강도 높은 독학을 시도했던 다양한 사람들의 실례들을 살펴보며 이 글을 시작했다. 이제는 다소 미흡하지만 이 학습법에 대해 압축적으로 정의해볼까 한다.

지식과 기술을 얻기 위해 스스로 설계한 고강도 학습 전략

첫째, 울트라러닝은 전략이다. 전략이란 주어진 문제에 대한 해결책, 그것도 아주 훌륭한 해결책이 될 수 있다. 또한 전략은 특정한 상황에 잘 들어맞는 것으로, 다른 누군가에게는 들어맞지 않는 경향이 있다. 따라서 전략을 이용하는 것은 선택이지 규칙이 아니다.

둘째, 울트라러닝은 스스로 정하는 것이다. 무엇을, 왜 공부할지 스스로 결정하는 방식이다. 완전히 자기주도 학습을 할 수도 있고, 관련 교육기관에 들어가 배우는 것이 최선이라고 판단할 수도 있다. 혹은 교과

서에서 나오는 개괄적인 단계들을 단순하게 따라 하면서 배울 수도 있다. 자기주도 학습은 프로젝트의 운전석에 앉은 사람이 누구냐의 문제지, 어디에 있느냐의 문제가 아니다.

셋째, 울트라러닝은 고강도의 작업이다. 내가 만난 울트라러너들은 모두 학습 효율성을 최대로 끌어올리기 위해 범상치 않은 단계들을 취했다. 이제 막 연습하기 시작한 외국어를 두려움 없이 입 밖으로 낸다든지, 수만 개의 일반 상식 문제를 체계적, 집중적으로 연구하며 파고 든다든지, 완벽해질 때까지 어떤 기술을 반복적으로 훈련하는 일은 극한의 정신적·육체적 작업이다.

그래서 울트라러닝의 반대말은 재미있거나 편리한 학습이다. 실용성보다 재미를 강조한 언어 학습 앱을 선택한다든지, 자신이 바보 같진 않다고 느끼게 해줄 TV 퀴즈 쇼를 시청한다든지, 진지하게 연습하는 대신 발만 한번 담가보는 것 말이다. 이와 반대로 고강도의 작업이나 훈련을 하면 몰입이라는 상태를 경험하게 되는데, 이는 대상에 완전히 빠져서 시간 감각마저 잃어버리는 매우 도전적인 경험이다. 울트라러닝은 이처럼 고강도의 작업을 통해 깊이 있으면서도 효율적으로 뭔가를 배우는 것을 항상 최우선에 둔다.

이 정의는 내가 지금껏 논의했던 실례들을 포괄하지만 어떤 면에서는 너무 광범위해서 충분하지 않다. 내가 만난 울트라러너들은 훨씬 더 많은 공통점을 지니고 있었다. 따라서 여기서는 울트라러너들의 공통적인 방식과, 그들이 어떻게 인상적인 성과를 이룰 수 있었는지 더 깊이 있게 논의하려고 한다. 하지만 그전에 내가 왜 울트라러닝을 중요하게 생각하는지 설명하고 싶다. 울트라러닝의 사례들은 각각의 방법들이 매우 특이해 보이지만 뭔가를 배우는 데 있어 똑같이 깊이 있고 실용적이라는 공통점이 있다.

왜 울트라러닝인가

울트라러닝이 쉽지 않다는 점은 분명하다. 바쁜 일정 속에서 학습을 위한 시간을 따로 떼어두어야 하는데 이는 정신적·감정적으로 어려울 뿐 아니라 신체적으로도 부담이 되는 일이다. 또한 훨씬 더 편안한 선택지로 물러나지 못하고 좌절감을 느낄 수도 있다. 이런 어려움이 있음에도 왜 울트라러닝을 진지하게 고려해야만 할까?

첫째, 직업을 위해서다. 우리는 이미 먹고사는 일에 에너지를 무척이나 많이 투자하고 있다. 이에 비해 울트라러닝은 작은 투자다. 일시적으로나마 울트라러닝에 온종일을 바쳐야 된다 해도 말이다. 하지만 하드 스킬hard skill(소프트웨어나 계산 등 측정 가능한 구체적인 기술. 대체로 직업 및 지식과 관련된 기술을 말한다. 이와 대조적으로 소프트 스킬soft skill은 협력, 문제 해결, 감정 조절 능력, 리더십 등을 말한다. 앞으로도 이 책에서 언급되는 기술은 일반적으로 하드 스킬을 가리킨다―옮긴이 주)을 빠르게 습득한다면 경력에 별 도움 없이 애만 쓰던 지난 몇 년간보다는 훨씬 큰 힘을 얻을 것이다. 경력을 쇄신하고 싶든, 새로운 도전을 하고 싶든, 스스로 발전하고 싶든 울트라러닝이 강력한 도구라는 사실은 확실하다.

둘째, 개인적인 삶을 위해서다. 많은 사람이 악기 연주를 하고, 외국어로 말하고, 요리사나 작가가 되고 싶어 한다. 진정한 행복의 순간은 쉬운 일을 하는 데서 오지 않는다. 자신의 가능성을 깨닫고 스스로의 한계를 넘어설 때 온다. 울트라러닝은 그 길을 제시해서 깊은 만족감과 자신감을 가져다준다.

울트라러닝의 동기는 세월이 흘러도 똑같다. 그러면 왜 울트라러닝을 시작하는 것이 그토록 중요한지 구체적으로 생각해보자.

평균의 시대는 끝났다

경제학자 타일러 코웬Tyler Cowen은《4차 산업혁명 강력한 인간의 시대》에서 "평균의 시대는 끝났다."라고 말했다. 이 책에서 그는 정보화 사회, 자동화, 아웃소싱, 지역화로 미래의 세계에서는 소수의 최상위 성과자들이 나머지 대다수의 사람들보다 더 많은 일을 할 것이라고 주장했다.

이런 효과를 추동하는 것은 '기술 양극화'다. 알다시피 지난 수십 년간 미국에서는 소득 불평등이 점점 심화되었다. 그러나 이런 단순한 설명은 더 세밀한 그림을 무시하고 있다. MIT의 경제학자 데이비드 오토David Autor는 전 세계적으로 불평등이 증가한다기보다는 최상위 계층은 더 위로 올라가고 최하위 계층은 더 아래로 내려가는 불평등 현상이 심화될 것이라고 주장했다. 이는 소득 스펙트럼의 중간층에 있는 사람들은 바닥으로 밀려나거나 상층부로 올라간다는 사실과 함께, 평균의 시대가 끝났다는 코웬의 명제에 부합한다.

오토는 테크놀로지의 역학이 이런 효과를 발생시켰다고 규정했다. 정보화와 자동화 기술의 발전으로 많은 중숙련 노동자(점원, 여행 에이

전시, 회계 담당자, 공장 노동자)가 새로운 기술로 대체되고 있다. 그러면서 생겨난 새로운 직업들은 엔지니어, 프로그래머, 관리자, 디자이너 같은 고숙련 직군 아니면 소매업 판매자, 청소 노동자, 고객 서비스업 종사자 같은 저숙련 직군 둘 중 하나다.

컴퓨터와 로봇이 촉발한 이런 추세는 전 세계적으로 확대되고 있다. 중숙련 직군은 개발도상국의 노동자들에게로 거의 옮겨 간 상태다. 미국에 남아 있는 직종은 저숙련직, 그중에서도 문화적 지식이나 언어 능력을 어느 정도 갖춰야 하는 직업, 다시 말해 면대면 접촉이나 대인 관계 자질이 요구되는 일들이다. 고숙련직 역시 시장 관리의 이점 때문에 좀처럼 해외로 내보내지지 않는다. 아이폰에 붙어 있는 애플의 딱지를 생각해보라. '캘리포니아 디자인. 중국 생산.' 디자인과 관리는 남고, 제조는 나간다.

이런 지역화로 일부 글로벌 기업과 부유한 도시들은 전체 경제에 막대한 영향을 끼치면서 더욱 확장될 것이다. 홍콩, 뉴욕, 샌프란시스코 같은 초인기 도시들은 성공한 기업과 재능 있는 인재를 결합해 지역과 세계 경제를 주도하려고 한다.

우리가 여기에 어떻게 반응하느냐 따라 이 그림은 절망적일 수도, 희망적일 수도 있다. 절망적인 그림은 지금 우리가 성공한 중산층의 삶을 유지하는 데 필요조건이라 여기는 것들의 대부분이 빠르게 무너지고 있다는 점이다. 중숙련직이 소멸하면서 이제는 기초적인 교육을 받고 열심히 일하는 것만으로는 성공할 수 없게 되었다. 대신 고기술 직군으로 들어가야 하는데, 그곳에서는 끝없이 배우지 않으면 저기술직으로 밀려나고 만다.

그러나 이런 불안정한 그림의 기저에는 희망적인 측면도 있다. 이런 새로운 환경에서는 새로운 기술을 빠르고 효율적으로 익히면 경쟁력을 높일 수 있다. 변화하는 경제 환경에서는 누구에게도 통제 가능한 선택권이 없지만, 하드 스킬을 적극적으로 수용하고 배우면 변화에 대한 반응을 조절할 수 있다.

학교에서 배운 지식은 왜 쓸모 있지 않는가

고숙련직에 관한 수요가 늘어나면서 대학 교육의 필요성 역시 증가해 왔다. 그러나 교육 기회가 확대되었음에도 불구하고 대학 교육은 치명적인 부담이 되고 있다. 교육비용이 천정부지로 뛰면서 졸업생 대부분이 수십 년짜리 학자금 대출을 떠안게 된 것이다. 오늘날 교육비 상승률은 인플레이션 비율을 훨씬 상회한다. 교육비와 월급 상승률이 균형을 이루지 못하면 더 이상 그런 막대한 비용을 지불하고 교육을 받으려는 사람은 없을지도 모른다.

최고의 학교와 교육기관들이 새로이 등장한 고숙련직에 필요한 핵심 기술들을 가르치지 못하고 있다. 고등교육은 전통적으로 마음을 정련하고 인성을 함양하는 일이었지만 이런 고귀한 목표들은 졸업생들이 직면하게 되는 경제적 현실과 괴리를 일으키고 있다. 그래서 졸업생들이 학교에서 배운 것과 사회에 나가 성공하는 데 필요한 것 사이에 기술적 간극이 벌어졌다. 울트라러닝은 학교로 돌아가는 선택을 하기 힘들 때, 이런 간극을 일부 메워줄 수 있다.

이미 기술을 습득한 전문가들 역시 급격하게 변화하는 현장에 적절하게 대응하려면 새로운 기술과 능력을 끊임없이 습득해야 한다. 누군가는 학교로 돌아가는 선택을 할 수 있지만 대부분의 사람에게는 힘든 선택이다. 실제 어떤 상황이 닥쳐올지 모르는데, 수업을 듣느라 인생에서 몇 년을 유예할 수 있는 사람이 얼마나 될까? 울트라러닝은 학습자들이 스스로 대상과 방향을 설정한다는 점에서, 일정과 상황을 조율할 수 있고 낭비 없이 꼭 필요한 것만을 정확히 배울 수 있다.

궁극적으로 울트라러닝이 고등교육을 대체할 수 있느냐 없느냐는 중요한 문제가 아니다. 학위가 선호 수준이 아니라 법적으로 필요한 직업도 많다. 의사, 변호사, 엔지니어 모두 일을 시작하려면 공식적인 자격증이 필요하다. 그렇다 해도 이 직군들 역시 학교를 떠난 뒤에도 공부를 멈추지 말아야 하며, 따라서 새로운 지식과 기술을 스스로 함양하는 능력이 필수적이다.

테크놀로지, 지식의 벽을 허물다

테크놀로지는 인간성의 선과 악 양면을 모두 부풀린다. 악은 이제 다운로드 받을 수 있고 휴대할 수도 있으며 사회적으로 전파돼 상황을 악화시킬 수도 있다. 이로써 우리는 주의가 흐트러지거나 착각에 빠지지는 않게 되었지만 결과적으로 사생활과 정치 양쪽에서 위기에 직면했다. 이런 위험이 현실에 존재하는 한편, 기회도 생겨났다. 테크놀로지를 현명하게 사용하는 방법을 아는 사람들에게는 새로운 것을 배우기가 그 어느 때보다 쉬운 시대가 된 것이다.

이제는 장비를 갖추고 인터넷에 접속하기만 하면 누구나 알렉산드리아 도서관보다 더 방대한 양의 정보에 자유롭게 접근할 수 있다. 하버드, MIT, 예일 같은 상위권 대학들은 최고의 강좌를 온라인에 무료로 공개하고 있다. 다양한 분야에서 게시판과 토론 플랫폼이 활성화되면서 우리는 집 밖으로 나가지 않고도 집단 속에서 교육을 받을 수 있게되었다.

이런 새로운 이점들에 더해, 학습 행동을 가속화하는 소프트웨어들도 등장했다. 예를 들어 새로운 언어를 배운다고 생각해보자. 중국어의 경우 약 50년 전에는 크고 무거운 종이 사전을 참고해야 했고 한자 1,000자 이상을 공부하는 건 악몽과도 같았다. 그러나 오늘날에는 SRS 시스템으로 단어를 외울 수 있고, 서류를 읽을 때는 리더기의 버튼 하나만 누르면 자동으로 번역이 된다. 또한 아주 방대하고 다양한 팟캐스트를 통해 무궁무진한 연습 기회를 얻을 수 있고, 번역 앱으로 언어 집중 훈련도 할 수 있다.

이런 테크놀로지의 급격한 변화는 과거의 교과목들을 공부하는 가장 좋은 방법이 아직 발명되지 않았거나 제대로 활용되고 있지 않다는 말이기도 하다. 야심만만한 독학 인구들의 관심을 끌 새로운 방법과 공간은 앞으로도 무궁무진하게 나타날 것이다.

하지만 울트라러닝은 새로운 기술을 요하지 않는다. 사실 이 방법은 오랜 역사를 가지고 있으며, 수많은 유명한 지성들이 다양한 형태로 활용해왔다. 물론 테크놀로지는 여기에 더해 믿기 어려운 혁신의 기회를 제공한다. 우리가 완전히 탐구하지 못한 학습 방법들은 수없이 많다.

어떤 과제들은 적절한 기술적 혁신과 함께하면 훨씬 쉽게 해낼 수 있다. 심지어 더 이상은 쓸모없는 과제가 될 수도 있다. 공격성과 효율성, 이 2가지가 울트라러닝을 익히는 우선 조건이다.

울트라러닝으로 남다른 커리어를 쌓아라

경제적·기술적 양극화와 천정부지로 뛰는 교육비, 이제껏 보지 못한 새로운 기술은 전 세계적인 현상이다. 그런데 개인에게 울트라러닝은 실제로 어떤 의미일까? 내가 보기에 단시간에 습득한 기술을 빠르게 활용한다는 측면에서 이 전략에는 크게 3가지 경우가 있다. 현재의 경력을 가속화하기, 새로운 직업으로 이행하기, 경쟁이 치열한 세상에서 숨겨진 강점을 성장시키기다.

울트라러닝이 어떻게 기존의 경력을 가속화한다는 걸까? 한 예로 콜비 듀런트는 지역 단과대학을 졸업한 후 웹 개발 회사에서 일을 시작했다. 자신의 경력을 빠르게 키우고 싶었던 그녀는 카피라이팅을 배우는 울트라러닝 프로젝트를 진행했다. 그렇게 해서 상사에게 자신의 능력을 보여준 뒤, 실제로 승진할 수 있었다. 가치 있는 기술을 선택하고 이를 자기 것으로 만드는 데 집중하면 빠르게 경력을 높일 수 있다.

학습은 종종 우리가 원하는 직업으로 이행하는 데 커다란 장애물이 된다. 비샬 마이니는 테크놀로지 분야에서 안정적으로 마케팅 일을 하고 있었다. 하지만 실제로 그는 인공지능 조사 분야에서 일하는 것이 꿈이었는데, 그 분야에 필요한 깊이 있는 지식과 기술을 가지고 있지 않았다. 신중하게 6개월간 울트라러닝 프로젝트를 진행한 끝에, 그는 자신이 원하는 분야로 옮길 수 있을 만큼 기술을 익힐 수 있었다.

마지막으로 울트라러닝 프로젝트는 현재 직업에서 쌓아온 여타의 기술들과 자산을 증진시킨다. 뉴질랜드에서 수년 동안 도서관 사서로 일해온 디아나 페셴펠드는 정부의 인원 감축 정책과 디지털화로 그동안의 직업적 경험이 시대를 따라잡지 못할까 봐 걱정했다. 그래서 두 개의 울트라러닝 프로젝트들을 시행했는데, 하나는 통계학과 프로그래밍 언어인 R 언어를 배우는 것이었고, 다른 하나는 데이터 시각화_{Data Visualisation} 기술을 익히는 것이었다. 이로써 그녀는 암울한 직업적 전망에서 벗어나 그 분야에서 매우 필요한 존재가 되었다.

내 안의 가능성을 확장시키는 배움의 힘

울트라러닝은 변화하는 세계를 다루는 강력한 기술이다. 하드 스킬을 빠르게 익히는 능력은 점점 더 중요해지고 있다. 따라서 처음에는 다소 투자가 요구된다 할지라도, 할 수 있는 한 무엇이든 확장하고 개발하는 일은 가치가 있다.

하지만 내가 만난 울트라러너들 중 직업적 성공이 동기가 된 경우는 극히 드물었다. 새로 습득한 기술로 큰돈을 벌게 된 사람들조차도 그랬다. 그보다는 하고 싶은 일에 대한 끌림, 깊은 호기심, 혹은 도전 그 자체가 그들을 앞으로 나아가도록 했다.

에릭 배런이 백만장자가 되고 싶어서 홀로 5년간 자신의 열정을 좇은 것은 아니었다. 그는 자신의 비전에 완벽히 부합하는 것을 만들어내고 싶었다. 로저 크레이그는 상금 때문에 〈제퍼디!〉에 나가고 싶었던 게 아니었다. 어린 시절부터 무척이나 좋아했던 퀴즈 쇼에 나가고 싶어서였다. 베니 루이스는 전문 번역가가 되거나 유명 블로거가 되려고 여러 언어를 배운 것이 아니었다. 여행을 사랑하고 그 여정에서 만나는 사람들과 소통하고 싶어서였다. 울트라러닝으로 최고의 성과를 낸 사람들은 정말로 하고 싶은 일을 좇으면서 그 일에 필요한 실용적인 기술을 배운 이들이었다.

울트라러닝의 또 다른 이점은 그렇게 배운 기술 이상의 것을 습득하게 된다는 점이다. 어려운 주제, 새로운 뭔가를 배우기 위해 행동하는 것은 우리의 자아 개념을 확장시킨다. 즉 전에는 할 수 없었던 일들을 이제는 할 수 있다는 자신감을 준다. MIT 챌린지 이후 나는 수학과 컴퓨터과학에 더 흥미를 느끼게 되었을 뿐 아니라 나의 잠재력이 확장되었다고 느꼈다. 이 도전도 해냈는데, 그렇다면 그전에 시도하지 못했던 다른 일도 할 수 있지 않을까?

학습은 지평을 넓히고, 이전에 보지 못했던 것들을 보게 해주고, 존재하는지조차 몰랐던 자기 안의 가능성들을 인식하게 해준다. 앞서 예로 든 울트라러너들의 강도 높고 헌신적인 노력은 지고의 이상을 추구한 것이 아니었다. 그보다는 무엇이 가능한지 자신의 지평을 확장하는 일이었다. 올바른 접근법을 통해 어떤 일을 성공시킨다면 거기서 무엇을 배울 수 있을까? 또 어떤 사람이 될 수 있을까?

성공 지능은 타고나는 것인가

테렌스 타오는 영특했다. 두 살 무렵 그는 스스로 글 읽는 법을 깨쳤다. 일곱 살에는 고교 수학 과정을 공부했다. 열일곱 살 무렵에는 스승의 학위 논문 〈우측 단성유전적 및 조화 커널들에서 생성된 나선 연산자〉_{Convolution Operators Generated by Right-Monogenic and Harmonic Kernels}를 마무리했다. 그 이후 프린스턴대학교에서 박사 학위를 받고 수학계의 노벨상이라고 불리는 필즈 메달을 수여했다. 오늘날 그는 살아 있는 최고의 수학적 지성 중 한 사람으로 꼽힌다.

많은 수학자가 수학이라는 특정한 나뭇가지 하나만을 번창시키는 희귀종 난초같이 극단적으로 전문화되어 있지만, 타오는 경이로울 만큼 다양한 작업을 한다. 그는 정기적으로 수학자들과 회동해서 서로 동떨어져 있는 분야에 중대한 기여를 했다. 그의 이런 능력에 관해 한 동료는 "손꼽히는 영어권 소설가가 완벽한 러시아어 소설을 쓴 것" 같다고 말하기도 했다.

하지만 이 역시 그가 올린 개가들을 설명하기에는 충분치 않다. 그는 어려서부터 두각을 드러냈지만 부모가 공부를 강요했다거나 특이한 양육 방식을 고집했던 것은 아니었다. 그의 유년 시절은 두 남동생들과 놀았던 게 대부분이었다. 세 형제는 가족의 스크래블 보드게임이나 마작판을 가지고 새로운 게임을 만들어내고, 판타지 세계의 지도를 상상하며 놀았다. 평범한 어린아이들이 그러듯이 말이다.

또 그에게 특별히 혁신적인 공부 방식이 있었던 것 같지도 않다. 〈뉴욕타임스〉에 올라 있는 그의 프로필을 보면 그는 박사 학위를 받을 때까지 자연스럽게 지식을 쌓아나갔다. 시험을 준비할 때는 그도 여느 학생들처럼 마지막 순간에 벼락치기를 했다. 수학계에서 위상을 떨친 뒤에는 이런 방식에 다소 변화가 있었지만, 어떤 독특한 공부 방법을 가지고 있었다기보다는 오랫동안 똑똑한 머리로 수월하게 수업 내용을 처리한 것이다. '천재성'이라는 단어는 너무나 흔하게 쓰이지만 타오는 이이름표가 붙기에 딱 맞는 인물이다.

테렌스 타오를 위시해 타고난 천재들은 울트라러닝과 같은 학습 방식에 질문을 던진다. 적극적이고 창조적인 공부 방법 없이도 그렇게 많은 성취를 이룬 타오 같은 이들이 있는데, 구태여 큰 성과를 낸 수많은 학습 방식들을 조사하느라 애를 쓸 이유가 있을까? 또한 루이스, 배런, 크레이그의 성공이 타오의 천재성에는 못 미친다 할지라도 이들의 성취 또한 어느 정도는 보통 사람들에게 없는 숨은 지적 능력에서 기인한 것일지도 모른다. 만일 그렇다면 울트라러닝은 흥미로운 현상일 뿐 우리가 실제로 따라 할 수는 없는 것이 된다.

울트라러닝은 '지능'이 아니라 '전략'이다

타고난 재능은 어떤 역할을 하는가? 지능이나 태생적 재능이 우리의 노력과 가능성을 가릴 때, 무엇이 성공을 유발하는지 어떻게 설명할 수 있을까? 학습 능력을 향상시키고 싶을 뿐인 보통 사람들에게 타오 같은 사람들은 무슨 의미일까?

심리학자 안데르스 에릭슨 Anders Ericsson은 키나 신체 같은 타고난 특징을 제외하면, 특정한 활동을 전문가 수준으로 올리는 데 필요한 특질을 대부분 변화시킬 수 있다고 한다. 어떤 연구자들은 인간이 타고난 대로 만들어진다는 개념에 대해 보다 회의적이다.

그런데도 많은 사람이 지능의 상당 부분, 아니 대부분이 유전적으로 타고난다고 주장한다. 지능이 대부분 유전적인 것이라면 울트라러너들이 사용한 효율적인 방법이나 전략이 아니라 울트라러닝에 관해 설명해야 하지 않을까? 평범한 사람이 타오처럼 한다고 해서 똑같은 수학적 성과를 거둘 수 있을 리는 만무하다. 그렇다면 울트라러너들 중 일부는 우리와 다른 점이 있다고 추정해야 하지 않을까?

나는 이런 양극단의 사고방식에서 중간적 입장이다. 타고난 재능은 존재한다. 그런 재능은 의심할 여지없이 우리가 보고 있는 결과에 영향을 미친다. 특히 타오처럼 아주 극단적인 수준에서 말이다. 그러나 나는 전략과 방법도 중요하다고 믿는다. 그렇기 때문에 학습 방식이 어떻게 변화를 일으켜 효율성에 영향을 미치는지를 보여주는 과학적 근거들을 이 책에서 다루고자 한다.

이 책에서 제시하는 울트라러닝 법칙 하나하나는 우리가 태생적으로 영리한지와 상관없이 더 잘 배울 수 있게 해준다. 물론 적절히 적용된다는 전제 아래 말이다. 누군가의 지적·기술적 성공에 어떤 한 가지 원인만이 작용한다고 단정 지을 순 없다. 그것은 불가능할뿐더러 유용하지도 않다. 그래서 나는 이야기와 개인적인 일화들을 통해 우리가 할 수 있는 가장 실용적이고 유용한 일들이 무엇인지 구분하고 설명할 것이다.

내가 소개하는 울트라러너들은 이 책에서 설명할 울트라러닝 법칙을 실제로 어떻게 적용할지 보여주기 위한 사례다. 이들과 똑같은 노력을 했다고 해서 반드시 똑같은 결과를 얻어낼 수 있는 건 아니다.

빠르고 강도 높은 학습을 시작하려면

이쯤이면 아마도 당신의 마음속엔 이런 의구심이 들 것이다. 울트라러닝, 즉 강도 높은 학습 프로젝트를 진행할 시간을 어떻게 낼 수 있을까? 직장, 학교, 가족의 대소사들을 챙기려면 온종일 공부할 수 없을 텐데 어떻게 이 책의 조언을 따를 수 있을까?

사실상 이는 대개 문제되지 않는다. 누구나 삶에서 처리해야 할 일과 어려움들이 있다. 하지만 이 울트라러닝 개념을 활용해서 학습할 수 있는 3가지 방법이 있다. 새로운 투잡 프로젝트, 학습 안식년, 기존의 학습 효과들을 재해석하기다.

첫 번째 방식은 투잡으로 울트라러닝을 시도하는 것이다. 학습을 통해 대단한 성공을 거둔 사례들은 대개 그 프로젝트에 엄청난 시간을 투자한 결과인 경우가 많다. 어떤 프로젝트에 주당 50시간을 할애하는 편이 주당 5시간을 할애하는 편보다는 훨씬 더 성과가 있을 것이다. 효율성이 같다고 해도 말이다. 때문에 우리의 흥미를 끄는 이야기들은 대개 어마어마한 스케줄과 관련이 있다. 멋진 이야기이긴 하지만, 실제로 울트라러닝 프로젝트를 추구할 때는 필요하지 않다.

울트라러닝 전략의 핵심은 효율성을 우선시하는 태도, 즉 강도와 자발성에 있다. 하루 종일 공부하든, 주당 두어 시간을 공부하든 어떻게 효율적으로 할 것인가는 전적으로 자기 자신에게 달려 있다. 제10장에서 논의하겠지만 장기 기억의 측면에서는 일정이 늘어지는 것이 더 효율적일 수도 있다. 이 책에서 강도 높은 스케줄에 관한 부분을 읽게 된다면 그 방법을 자신의 상황에 맞게 적용시켜라. 효율성을 추구하는 전략을 따르는 동안에도 더욱 여유로운 보폭으로 걷도록 하라.

두 번째 방식은 직장이나 학교를 다니면서 짬이 있을 때 울트라러닝을 하는 것이다. 내가 만난 많은 사람이 일시적 실업 상태, 이직 기간, 방학, 휴가 동안 프로젝트를 시도했다. 안정적이라고는 할 수 없지만 이런 휴식기를 활용해서도 충분히 울트라러닝 프로젝트를 할 수 있다. 내 MIT 챌린지 역시 이 기간에 이뤄졌다. 당시 나는 막 졸업했기 때문에 1년 더 학생으로 생활하기가 어렵지 않았다. 지금 내가 똑같은 프로젝트를 한다면 아마 더 오랫동안, 더 많은 밤과 주말을 바쳐 그 일을 해야 할 것이다. 내 직업상 그 시기만큼 융통성 있게 시간을 사용할 수 없기 때문이다.

세 번째 방법은 지금까지 배움에 바친 시간과 에너지를 울트라러닝 법칙과 결부시키는 것이다. 가장 최근에 읽은 비즈니스 책, 가장 최근에 시도했던 스페인어나 도예, 프로그래밍 배우기에 대해 생각해보자. 지금 직무상 새로 배워야 할 소프트웨어가 있는가? 자격증을 유지하기 위해 직무 개발 시간이 필요하지는 않은가? 울트라러닝이란 반드시 추가 활동을 의미하는 게 아니다. 그동안 배움에 들인 시간을 생각해보라. 이미 해왔던 공부들에 효율성을 극대화하는 이런 법칙들을 어떻게 적용할 수 있을까?

타고난 재능으로 성공한 극단적인 사례들 때문에 이런 규칙들을 적용하기를 주저하지 마라. 나는 이 책에서 우리 각자의 상황에 맞출 수 있고, 이미 지금껏 한 일들에 적용할 수 있는 방법들을 제시할 것이다. 효율적인 학습에 중요한 것은 강도와 자발성, 헌신이다. 일정표의 빈자리가 아니다.

필요한 기술을 효율적이고 유효하게 습득하는 능력은 어마어마한 가치가 있다. 뿐만 아니라 현재의 경제적·교육적·기술적 추세는 그런 능력을 가지고 있는 사람과 가지지 못한 사람의 차이를 더 벌려놓고 있다. 하지만 이 논의에서 나는 어쩌면 가장 중요할 수 있는 질문을 그냥 넘어갔을지도 모른다. 울트라러닝은 가치 있는 일이지만 과연 습득할 수 있는 것인가? 울트라러닝이란 그저 비범한 사람들에 관한 이야기는 아닌가? 그들이 울트라러너가 되기 전에 이미 그런 능력이 있던 건 아닐까?

ULTRALEARNING

ULTRALEARNING

제3장

당신도 울트라러닝을 할 수 있다

"흔쾌히 실험 대상이 되지요."

　트리스탄 드 몽테벨로에게서 메일이 왔다. 이 매력적인 프랑스–미국인 혼혈 음악가이자 기업가를 만난 건 7년 전으로, 베니 루이스와의 운명적인 만남이 있었던 꼭 그 시기였다. 헝클어진 금발에 수염을 짧게 깎은 드 몽테벨로는 캘리포니아 해안 어딘가에서 서프보드를 타는 사람 같이 보였다.

　그는 사람들이 첫눈에 좋아할 만한 사람이었다. 자신만만하고 현실적이며 완벽한 영어 사이로 희미하게 프랑스어 억양을 풍기는 남자였다. 우리는 지난 몇 년 동안 연락을 하고 지냈다. 나는 희한한 학습 실험을 하고 있었고, 그는 세계를 떠돌아 다녔다. 그는 맞춤 캐시미어 스웨터를 만드는 페르시아의 스타트업 회사와 함께 일하다가, 기타리스트였다가, 부랑자였다가, 로스앤젤레스에서 웹 컨설턴트로도 일했는데 그때는 그에게 무척이나 잘 맞는 해변 가까이에서 일했었다. 그러던 그가 이제는 학습법에 관한 내 책에 흥미를 느끼고 있었다.

나는 그동안 만났던 수십 명의 울트라러너에 대해, 그들의 성취와 흥미로운 이야기를 그에게 해주었다. 사실 내가 울트라러너들을 만났던 시점 혹은 이야기를 들었던 시점은 그들이 성공한 이후였다. 그전이 아니었다. 그러니까 그들의 성공을 관찰한 것이지, 그들이 탄생한 과정을 관찰한 것이 아니었다.

결과적으로 나는 울트라러닝이 그 성공에 어떻게 작용했는지에 대해 정확히 말하기는 어렵다는 생각이 들었다. 모래와 조약돌들을 걸러낼 만큼 걸러내면 사금을 찾을 수 있을까? 나는 비범한 학습 프로젝트들을 털어보면서 스스로에게 이렇게 말하고 있는 것일지도 모른다. '충분히 많은 사람을 조사하라. 그리고 믿기지 않는 일을 발견하라!'고 말이다. 하지만 울트라러닝에 내가 생각하는 그런 잠재력이 있다면 누군가의 프로젝트 결과를 듣는 것보다는 프로젝트를 시도할 사람을 찾는 게 나을 터였다. 그래서 나는 울트라러닝 프로젝트에 흥미를 느끼는 사람들을 12명 정도 모았다(대부분 내 블로그의 독자들이다). 트리스탄 드 몽테벨로도 그중 한 사람이었다.

울트라러닝 프로젝트 실험

"음, 피아노를 배울까?"

드 몽테벨로가 제안했다. 그는 울트라러닝이라는 개념에 흥미를 느끼기는 했지만 어떤 기술을 배울지는 생각해보지 않았다고 했다. 그는 기타를 칠 줄 알았고 밴드에서 리드싱어를 맡기도 했다. 음악적인 배경이 있는 상태에서 피아노를 배우는 건 비교적 쉬운 선택 같았다. 심지어 그는 온라인상에서 기타 교실을 운영한 적도 있어서, 다른 악기를 배운다면 사업 확장에도 도움이 될 터였다.

하지만 나는 그에게 익숙하지 않은 것을 배우라고 부추겼다. 음악가가 새 악기를 하나 더 배우는 일은 울트라러닝을 광범위하게 적용할 수 있을지 알아보는 연구에는 이상적인 사례로 보이지 않았다. 우리는 여러 가지 아이디어를 냈다. 그렇게 한두 주가 지나 그는 대중 연설을 하기로 결정했다. 밴드를 하면서 무대에 올라가는 경험은 많이 했지만 연설을 한 경험은 손에 꼽을 만큼 적었기 때문이다. 그는 대중 연설 역시 유용한 기술이라고 여겼다. 노력해서 괄목할 만한 결과가 나오지 않는다고 해도 진일보했다는 정도의 가치는 있을 것이라고 생각했다.

사실 드 몽테벨로에게는 대중 연설을 잘하고 싶다는 개인적인 동기가 있었다. 그는 살면서 연설을 몇 번 해보지 않았는데 그나마도 대부분 대학 시절이었다. 그는 내게 파리의 웹 디자인 회사에서 일했을 때 십수 명의 사람들 앞에서 말해야 했던 일을 들려주었다.

"그 일을 생각할 때마다 얼굴이 화끈거려. 나는 그 사람들을 수없이 지루하게 했어. 나는 웃기다고 생각해서 농담을 했는데, 아무도 웃지 않았지."

음악을 한 후에 그는 자신의 이야기를 대중 앞에서 전하는 일이 얼마나 적은지를 알고 놀랐다. 여전히 그는 사람들 앞에서 말을 잘하는 능력이 잠재적으로 가치 있다고 생각했다.

"대중 연설은 메타 기술이야. 자신감, 이야기 구성, 글쓰기, 창조성, 면담 기술, 판매 기술 같은 다른 기술들을 돕는 기술이지. 이 기술은 다른 많은 일에 영향을 미친다고."

가장 힘든 것을 선택하라

드 몽테벨로는 무엇을 할지는 선택했지만 어떻게 배워야 할지는 정확히 몰랐다. 그는 대중 연설을 배우는 기관인 토스트마스터스 인터내셔널Toastmasters International 모임에 가기로 했다. 당시 그는 2가지 행운을 얻었다. 첫 번째 행운은 처음 간 모임에 마이클 젠들러가 있었다는 점이다. 젠들러는 오랫동안 토스트마스터Toastmaster였는데, 대중 연설을 잘하고 싶다는 드 몽테벨로의 매력과 열성적인 태도에 그를 코치해주기로 했다. 두 번째 행운은 드 몽테벨로가 마감일 딱 열흘 전에 대중 연설 세계 챔피언십에 나갈 자격을 갖추었다는 점이다. 그때만 해도 그는 이것이 행운인 줄도 몰랐다.

대중 연설 세계 챔피언십은 매년 토스트마스터스가 주최하는 대회로, 개인 동호회들에서 시작해서 점차 더 큰 조직 단위로 올라가 회원들 중 몇 사람이 결승에 올라갈 때까지 스타일을 배제하고 경합하는 대회다. 일주일 조금 넘게 남은 대회의 출전 자격을 얻기 위해 드 몽테벨로는 울트라러닝 프로젝트를 기본 축으로 바로 대중 연설에 돌입했다. 그는 바로 다음 일주일 동안 여섯 차례의 연설을 해내야만 했고, 가까스로 마지막 연설까지 마친 후 대회에 나갈 수 있었다.

드 몽테벨로는 강박적으로 연습했고 하루에 두 차례 연설을 하는 날도 있었다. 모든 연설을 녹화하고 모자란 부분이 있는지 분석했다. 연설을 할 때마다 피드백을 요청했고, 수많은 조언을 얻었다. 그의 연설 코치인 젠들러는 그가 안전지대 밖으로 나아가도록 밀어붙였다. 한번은 기존의 연설을 다듬느냐, 처음부터 새로운 연설을 만들어내느냐의 선택에 직면해서 그는 어떻게 해야 할지 몰라 젠들러에게 조언을 청했다. 젠들러는 가장 끔찍한 것을 선택하라고 했다.

드 몽테벨로는 소크라테스의 산파법을 이용한 애드리브 수업도 들었다. 거기서 그는 머릿속에 떠오른 것이 무엇이든 주저 않고 말해야 한다는 믿음을 습득했다. 그 수업은 그가 말을 더듬거리거나 무대 위에서 얼지 않도록 해주었다.

한번은 할리우드에서 감독으로 일하는 친구에게 자신의 연설에 대한 피드백을 달라고 하기도 했다. 친구는 드 몽테벨로에게 분노, 단조로움, 날카로움, 심지어 랩에 이르기까지 서로 다른 스타일로 수십 번 연설을 해보고 연설 장면을 보면서 무엇이 자신의 평소 목소리와 다른지 알아보라고 조언했다. 이 훈련으로 드 몽테벨로는 평소 그냥 말을 할 때도 다소 부자연스러운 느낌을 전했던 목소리를 고칠 수 있었다.

또한 그는 무대에 서는 또 다른 친구에게 무대 감각에 대한 조언을 들었다. 무대에서 움직일 때 관객에게 전달되는 움직임들이 단어와 문장을 어떤 식으로 느끼게 해주는지에 대한 이야기였다. 이 조언으로 드 몽테벨로는 더 이상 조명 아래 움츠린 채 서 있지 않고 우아하게 움직이면서 신체를 사용해 메시지를 전달하는 방법을 익혔다.

심지어 그는 훈련을 위해 무례한 피드백이 날아올 것을 감수하며 7학년생들(중학생들!) 앞에서 연설을 했다. 안락한 토스트마스터스의 바깥 세계에서 맞은 끔찍한 폭격은 그에게 실제 현장에서 청중들의 언어와 감정을 인식하게 해주었고 이로써 그는 청중과의 소통이 중요하다는 사실을 알게 되었다. 청중과의 소통에 대해 젠들러는 그에게 이런 조언을 해주기도 했다.

"내가 관심을 가지게 해봐. 물론 난 그게 자네에게 왜 중요한지 알고 있어. 하지만 청중은 자네에게 관심이 없어. 일단은 나부터 자네의 말에 관심을 갖게 해보라고."

다양한 조언과 어마어마한 연습을 통해 드 몽테벨로는 처음 무대에서 느낀 거북함을 빠르게 뛰어넘을 수 있었다.

한 달 후 드 몽테벨로는 그가 참가한 연설 부문에서 우승했다. 상대는 토스트마스터스에서 20여 년간 경험을 쌓은 사람이었다. 그는 자기가 속한 지구와 지역에서도 우승했다. 대중 연설을 처음 시도해보고 7개월도 채 지나지 않아서, 마침내 그는 세계 챔피언십에 나갔다.

"매년 3만 명 정도가 그 대회에 참가해. 나는 역사상 가장 빠른 시간에 대회에 참가할 만큼 발전한 사람이라고 꽤나 자신만만했지. 열흘 후 대회에 나갈 때까지 말이야. 나는 경쟁력이 있었어."

그는 세계 챔피언십 최종 10인에 들었다.

인생을 바꾼 학습 전략

"처음 시작했을 때 이 프로젝트가 내게 큰 의미가 되리라는 걸 알았지. 말 그대로 인생을 바꿔놓았어. 이렇게 내 인생을 바꿀 줄 몰랐지 뭐야."

드 몽테벨로가 세계 챔피언십 결승까지 진출한 일은 여정의 일부에 불과했다. 그가 그걸 깨달은 것은 자신이 얼마나 배웠는지를 알게 된 뒤였다.

"나는 대중 연설이라는 무척이나 협소한 세계를 배우고 있었지. 그토록 연습한 일들의 밑바탕에 뭐가 있는지는 그다음에야 알았어. 이야기 만들기, 자신감, 커뮤니케이션 말이야."

드 몽테벨로의 지인들은 자신도 그처럼 할 수 있을지 묻기 시작했다. 드 몽테벨로와 젠들러는 이 일이 기회가 되리라는 걸 깨달았다. 수요는 많았다. 두 사람의 대중 연설 울트라러닝에 대한 소문을 듣고 고액의 강연비를 받는 작가들이 접촉해오기 시작했다. 그들은 2만 달러를 받고 첫 고객을 맞이했다. 하지만 그들의 관심은 돈이 아니었다. 그들은 강연자가 스스로를 믿도록 코칭하는 데 초점을 맞췄다. 그럼에도 고위층 고객들에게 몹시 매력적인 프로그램으로 알려져서, 결국 그들은 대중 연설 코칭을 전업으로 삼고 '울트라스피킹'UltraSpeaking이라는 회사를 세웠다. 그 모든 것이 울트라러닝 때문에 가능했다.

드 몽테벨로의 이야기는 당초 예상보다 극적으로 마무리되었다. 그가 초기에 바랐던 건 몇 달 동안 강도 높게 연습하고, 어딘가에서 멋진 연설을 하는 것이었다. 아마도 멋진 추억거리가 될 것이고, 자신은 새로운 기술을 익히게 될 터였다. 그의 목표는 국제 대회에서 입상하고 유망한 직업을 갖는 게 아니었다.

내가 울트라러닝을 가르친 수십 명의 사람 중 누구도 그만큼의 극적인 사례를 보여주지 못했다. 어떤 사람들은 중도에 떨어져나갔다. 생활이 가로막은 경우였다(어쩌면 그들이 처음에 보였던 것만큼 실제로는 헌신적이지 않아서였을 수도 있다). 어떤 사람들은 존경할 만한 수준의 성과를 냈다. 그런 사람들은 약학, 통계학, 만화 그리기, 군사 역사, 요가 등을 배우면서 드 몽테벨로의 수준까지는 아니더라도 상당한 발전을 이뤄냈다.

드 몽테벨로의 남다른 점은 아무 경험이 없는 상태에서 6개월 안에 대중 연설 세계 챔피언십 결승에 오르겠다는 생각을 하지 않았다는 것이다. 오히려 그는 강박적일 정도의 직업윤리를 갖고 있었다. 그의 목표는 끝까지 올라가 보는 게 아니었다. 그는 자신이 어디까지 갈 수 있을지 알아보려고 했을 뿐이다. 우리는 때때로 행운이 찾아와서 더 멀리까지 데려다줄 길 위에 서기도 한다. 하지만 울트라러닝에서는 실패했다고 해도 대개는 어떤 기술을 배우게 된다. 극적인 결과를 내지 못했거나 프로젝트를 끝내지 못했다고 해도 일단은 자신이 관심을 두었던 새로운 기술을 배울 수 있는 건 확실하다.

세계 대회에 나가거나 이직에 성공하지 못했다 하더라도 이 과정을 계속하면 새로운 뭔가를 배우게 될 것이다. 드 몽테벨로는 우리도 울트라러닝을 할 수 있고, 특정한 재능이나 천재성이 없어도 극적인 결과를 낼 수 있다는 걸 보여주었다. 만일 그가 연설이 아니라 피아노에 집중했다면 여전히 사람들 앞에서 말하는 일은 파리에서 겪은 곤란한 경험 중 하나로 남아 있을 것이다.

울트라러닝의 9가지 법칙

드 몽테벨로처럼 우리도 충분히 울트라러너가 될 수 있다. 하지만 울트라러닝은 틀에 박힌 방식이 아니다. 모든 프로젝트는 그 자체로 독창적이다. 따라서 학습 방법은 해당 프로젝트를 완전히 익히게 하는 것이어야 한다. 울트라러닝 프로젝트의 독창성은 그것들을 모두 한데 묶는 요소 중 하나다. 울트라러닝에 틀이나 규범이 있다면 아마도 강도가 높고 구조화된 형태의 교육이라는 점일 것이다. 울트라러닝은 이런 면에서 매우 흥미롭지만, 한편으로는 이 때문에 단계별 공식을 추출해내기가 무척이나 어렵다.

무척이나 어려운 도전이지만 나는 우선 규칙들에 초점을 맞춰 이 문제를 피해보고자 한다. 규칙은 문제를 해결하게 해준다. 심지어 이전에는 본 적도 없는 문제들을, 매뉴얼이나 기계적인 절차가 아닌 방식으로 말이다. 예를 들어 물리학 규칙들을 이해하고 있다면 우리는 과거에 통용되던 방식으로 간단히 새로운 문제를 풀 수 있을 것이다. 규칙은 세계를 이해하는 것이다. 어떻게 문제를 풀었는지 늘 정확하고 분명하게 설명할 수 있는 건 아닐지라도 안내자가 될 수는 있다. 내가 생각하기에 울트라러닝은 똑같이 흉내 내고 정확히 단계별로 따라 하는 것보다는 간단한 한 벌의 규칙을 통해 생각할 때 가장 잘 작동한다.

울트라러닝의 규칙들은 제4~12장에서 집중적으로 다룰 예정이다. 각 장에서 나는 새로운 법칙을 소개하고, 울트라러닝의 사례부터 과학적 연구 조사 결과에 이르기까지 이를 뒷받침하는 증거들을 보여줄 것이다. 그리고 그 법칙들을 특정한 전술로 사용할 수 있는 방법들을 공유하고자 한다. 이런 전술들은 하나의 사례일 뿐이다. 이 전술들을 통해 자신만의 울트라러닝에 어떻게 도전할 것인지 창조적으로 생각해보는 게 이 책의 목표다.

지금까지 설명한 울트라러닝 프로젝트들의 근간에는 9가지 보편적인 법칙들이 있다. 규칙마다 학습을 성공으로 이끄는 특징이 있다. 당신은 이를 통해 자신의 프로젝트에 어떤 법칙을 선택해야 효율성을 최대한으로 끌어올릴지 알게 될 것이다. 그 법칙들은 다음과 같다.

[법칙 1] 메타 학습: 먼저 지도를 그려라

깊게 파고자 하는 주제 혹은 기술을 어떻게 습득할 것인지 조사하는 데서 시작하라. 어떻게 하면 조사를 더 잘할지, 과거 어떤 식으로 새로운 기술을 잘 배웠는지 생각해보라.

[법칙 2] 집중하기: 짧은 시간에 집중도를 높여라

집중력을 길러라. 공부에 집중하고, 공부만 할 수 있는 시간을 덩어리로 따로 빼두어라.

[법칙 3] 직접 하기: 목표를 향해 똑바로 나아가라

잘하고자 하는 그 기술을 실행을 통해 배워라. 다른 과제들과 균형을 맞춰 하지 마라. 다른 과제들이 더 편리하거나 편안하게 여겨지기 때문이다.

[법칙 4] 특화 학습: 취약점을 공략하라

취약한 부분을 냉정하게 극복해나가라. 복잡한 기술을 잘게 쪼개고, 각 부분들을 배우고, 다시 재조합하여 세워라.

[법칙 5] 인출: 배운 것을 시험하라

시험은 단순히 지식을 평가하는 것이 아니라 지식을 만드는 방식이기도 하다. 자체적으로 시행하는 시험은 자신감을 느끼게 해주고, 수동적인 복습이 아니라 정보를 적극적으로 기억하게 해준다.

[법칙 6] 피드백: 날아드는 조언을 피하지 마라

피드백은 가혹하고 불편하다. 자존심을 치워두고 피드백을 이용할 방법을 알아내라. 수많은 모래알 사이에서 진짜 신호를 찾아내면 어디에 집중해야 할지, 무엇을 무시해야 할지 알 수 있다.

[법칙 7] 유지: 새는 양동이에 물을 채우지 마라

무엇을 머릿속에서 내보내야 하는지와 그 이유를 이해하라. 지금 당장이 아니라 평생 기억해야 할 것을 공부하라.

[법칙 8] 직관: 뼈대를 세우기 전에 깊이 파라

놀이를 통해 배우고, 개념과 기술을 탐구함으로써 직관을 길러라. 이해력이 어떻게 작동하는지 깨닫고, 깊이 있는 이해를 가로막는 기억의 얄팍한 속임수에 넘어가지 마라.

[법칙 9] 실험: 자신의 안전지대 밖을 탐험하라

앞의 법칙들은 모두 시작의 실마리일 뿐이다. 어떤 주제나 기술에 통달하려면 다른 사람들이 다져놓은 길을 따라가기만 해서는 안 된다. 그들도 미처 상상하지 못한 가능성들을 탐색해야 한다.

이 9가지 법칙은 내 경험과 그동안 관찰한 다른 많은 사람의 울트라러닝 프로젝트들, 광범위한 인지과학적 문헌들을 참고해서 정리한 것이다. 나는 울트라러너들부터 시작했다. 어떤 한 사람이 특정한 방식으로 뭔가를 해냈다면 이는 흥미로운 사례이긴 하지만 그 사람 고유의 특질이기도 하다. 그러나 내가 마주쳤던 모든 울트라러너들, 그러니까 한 무리의 사람들이 어떤 특정한 방식으로 특정한 일을 해냈다면 내가 우연히 발견한 이 법칙들이 일반적이라고 말할 수 있다.

　나는 이 법칙들을 과학적인 문헌들과 대조해 검토했다. 인지과학적 메커니즘과 발견들은 내가 세운 전술들을 지지하고 있는가? 서로 다른 학습 방식들을 비교하는 실험이 있었는가? 과학적 연구 조사들은 내가 만난 울트라러너들이 이용한 학습 전략의 많은 부분을 뒷받침하고 있었다. 이는 효율성과 유효성에 맹렬히 달려든 울트라러너들에게서 어떤 보편적인 학습 법칙을 끄집어낼 수 있다는 말이 아닐까?

　법칙과 전술들 너머에는 울트라러닝 정신이 있다. 그중 하나는 자신의 공부에 대해 책임을 지는 정신이다. 무엇을 배우고 싶은지, 어떻게 배울지 결정하고 필요한 기술을 습득할 계획을 짜야 한다. 또한 이 프로젝트의 책임자는 자기 자신이므로 스스로 프로젝트의 결과에 궁극적인 책임을 져야 한다. 이런 자세로 울트라러닝에 임한다면 이 규칙들을 제대로, 융통성 있게 적용할 수 있을 것이다.

　이 법칙들은 그대로 따라야 하는 것은 아니다. 좋은 학습 방법은 먼저 시험해보고, 자신의 도전이 어떤 특성을 지녔는지 열심히 생각하고, 이를 이뤄낼 방안들을 시험해보는 것이다. 그러면 이제 울트라러닝의 첫 번째 법칙인 메타 학습metalearning으로 넘어가 보자.

ULTRALEARNING

제4장

법칙1_메타 학습

: 먼저 지도를 그려라

내가 더 멀리 보고 있다면 그건 거인의 어깨에 올라서 있기 때문
이다.

_아이작 뉴턴

댄 에버렛은 꽉 찬 객석을 마주하고 서 있었다. 60대 초반의 다부진
체격, 가느다란 금발에 턱수염을 기른 남자는 미소를 띠고 자신 있는 말
투로 천천히 말했다. 옆에 놓인 테이블에는 막대기, 돌, 잎사귀, 상자, 과
일, 물병 등 갖가지 물건들이 놓여 있었다. 그는 곧 실험을 시작할 거라
고 신호를 보냈다.

어두운 갈색 머리에 올리브색 살결의 체격 좋은 중년 여성이 오른쪽
문으로 들어와 무대로 다가왔다. 에버렛은 그녀에게 다가가서 그녀가
알아들을 수 없는 언어로 뭔가를 말했다. 그러자 그녀가 혼란스러운 표
정으로 주변을 둘러보고는 황급히 대답했다.

"쿠티 파오카 드얄루."

그는 그녀가 방금 말한 것을 말하려고 시도했다. 처음에는 다소 더듬거렸지만 한두 번 시도하자 그녀가 그에게 만족스러운 표정을 지어 보였다. 그는 칠판에 이렇게 쓰고 읽었다.

쿠티 파오카 드얄루 Kuti paoka djalou → 인사(?)

그런 다음 그는 작은 막대기 하나를 들고 다른 손으로 막대기를 가리켰다. 그녀는 그가 막대기의 명칭을 알고 싶고 아까처럼 따라 말하고 싶어 한다는 것을 정확히 추측해냈다. "유킨도." 그녀가 말하자 에버렛은 또다시 칠판에 이렇게 쓰고 읽었다.

유킨도 ŋkindo → 막대기

그가 막대기 두 개를 들었을 때도 그녀는 똑같이 말했다. "유킨도." 막대기를 떨어뜨리자 다른 대답이 돌아왔다. "유킨도 파울라." 에버렛이 주변의 물건을 가지고 행동을 해 보이고, 여성의 대답을 듣고 칠판에 결과를 기록하는 실험이 계속 이어졌다. 곧 그는 간단한 명칭에서 나아가 '그녀가 물을 마신다', '당신이 바나나를 먹는다', '상자 안에 그 돌을 넣어라' 같은 좀 더 복잡한 문장을 묻기 시작했다. 새로운 유도 심문으로 실험하고, 새로운 문장을 만들고, 자신이 쓴 게 맞는지 그녀의 행동을 보고 확인했다. 30분 정도가 지나자 두 개가 넘는 칠판에 명사, 동사, 대명사, 발음 표시가 가득했다.

새로운 언어에서 수십 개의 단어와 문구를 배우는 좋은 방법은 처음 30분 동안 그 언어만 사용하는 것이다. 에버렛의 과업이 특히 인상적인 이유는 그가 상대방과 공유할 법한 언어를 사용하지 않는다는 점에 있다(즉 대부분 익숙하게 알고 있는 언어인 영어를 써버려서 '시범' 효과를 망치지 않도록 에버렛은 상대 여성에게 처음 말을 건넬 때 그녀가 한 번도 접해보지 못했을, 브라질의 아마존 정글 속에 사는 사람들이 쓰는 피라항어_{Pirahã language}를 썼다). 그는 오직 그녀에게서 단어와 문장을 끌어내어 따라 말하면서 언어의 문법, 발음, 어휘를 이해하려고 시도했다. 심지어 그는 자신이 듣고 있는 언어가 무엇인지조차 몰랐다. 나중에 여성이 말한 언어는 중국, 베트남, 라오스 일부 지역에서 말하는 몽족의 방언인 것으로 밝혀졌다.

에버렛은 그 언어가 무엇인지조차 몰랐고 교사나 번역, 사전 지식도 없었다. 그런데 어떻게 30분 후에 새로운 언어를 말할 수 있었던 걸까? 우리는 고교 시절 수년 동안 제2외국어 수업을 듣고도 그 언어를 쓰기가 어려운데 말이다. 에버렛이 여러 제약 아래에서 우리보다 훨씬 빨리 어휘를 배우고, 문법을 해석하고, 발음을 할 수 있었던 비결은 무엇일까? 그는 언어 천재인 걸까? 아니면 뭔가가 작동하고 있는 걸까?

학습에 관한 학습, 메타 학습

접두사 메타_{meta}는 그리스어 μετά에서 온 것으로, '그 너머'를 의미한다. 이것은 뭔가가 그 자체에 관한 것일 때 혹은 그보다 상위에 있는 추상적 관념을 다룰 때 사용된다. 그래서 메타 학습이란 '학습에 관한 학습'이라고 할 수 있다.

예를 들어 중국 문자를 배울 때 우리는 火(불 화) 자가 '불'을 의미한다는 걸 배우게 된다. 이렇게 계속 배워나가다가 중국 문자들이 종종 '부수'라고 불리는 어떤 것으로 조직된다는 사실을 알게 된다. 부수는 그 문자가 묘사하는 대상이 무엇인지 시사한다. 예를 들어 '아궁이'를 의미하는 灶(부엌 조) 자는 불과 다소의 관련이 있음을 시사하고자 火 자를 좌변에 가지고 있다. 중국어 문자의 이런 특성을 배우는 것이 메타 학습이다. 시범 단어와 문장들을 통해 공부 중인 그 대상 자체가 아니라 해당 주제 내에서 지식이 어떻게 구성되고 획득되는지에 관해 배우는 것이다.

앞서 에버렛의 사례에서 우리는 표면 아래 놓인 메타 학습의 방대한 자산을 얼핏 가늠할 수 있다. 간단한 시범을 끝낸 후 에버렛은 청중에게 물었다.

"자, 지금 우리는 무엇을 알게 되었나요? 주어, 동사, 목적어 순으로 된 언어인 것 같죠. 명사의 복수형을 표시하는 건 없는 것 같고요…. 제가 놓친 게 아니라면 여기서는 분명 성조가 있었던 것 같네요. 음조에 분석해야 할 게 더 있을지도 모르지만요."

에버렛이 그 여성에게서 단어나 문장을 끌어낼 때 그는 그저 소리만 따라 말한 것이 아니었다. 수년간의 언어 학습 경험을 통해 지금 알게 된 그 언어가 어떻게 작동하는지에 관한 이론과 가설들의 지도를 그리고 있었던 것이다.

에버렛은 언어학자로서 쌓은 막대한 지식뿐 아니라 또 다른 놀라운 비결을 가지고 있었다. 그가 보인 실험은 직접 발명한 것이 아니다. '단

일어 현장 연구'_{monolingual fieldwork} 실험이라고 불리는 이 방법은 에버렛의 스승 케네스 파이크_{Kenneth Pike}가 토착어를 공부하는 도구로 개발한 것이다. 이 방법은 사물과 행동들을 하나의 시퀀스로 배열해서 행위자가 그 언어를 조립할 수 있게 한다. 2016년 SF 영화 〈컨택트〉에서 외계인의 언어를 해독하기 위해 등장인물인 언어학자 루이스 뱅크스가 사용한 방법이기도 하다.

에버렛의 언어 무기고에 있는 이 두 조각들, 다시 말해 언어가 어떻게 작동하는지에 관한 풍부하고 세밀한 지도를 그리고 이것을 통해 그 언어에 유창해지는 방법은 단순히 간단한 문장들을 습득하는 것 이상으로 훨씬 많은 걸 배우게 해준다. 30년 동안 에버렛은 이 행성에서 가장 드물고 어려운 언어 중 하나인 피라항어를 유창하게 사용하는 한 줌밖에 안 되는 외부인이자, 아마존 정글에서 멀리 떨어진 부족으로서는 유일하게 그 말을 할 줄 아는 사람이었다.

자신만의 메타 학습 지도를 그려라

에버렛의 경우는 새로운 것들을 빠르고 효율적으로 배우는 데 사용된 메타 학습의 힘을 보여준다. 어떤 주제가 어떻게 작동하는지, 어떤 종류의 기술과 정보에 숙달해야 하는지, 어떤 방법을 사용하면 보다 효율적으로 공부할 수 있는지 아는 것은 모든 울트라러닝 프로젝트에서 성공의 핵심이다. 메타 학습은 우리가 길을 잃지 않고 목적지로 갈 수 있는 지도를 만들어준다.

메타 학습이 어째서 그토록 중요한지 다음의 연구를 통해 살펴보자. 세 번째 언어를 배울 때 이미 알고 있는 두 번째 언어가 도움이 되는지에 관한 내용을 다룬 이 연구는 미국 텍사스에서 시행됐다. 영어만 하는 학습자와 스페인어와 영어를 모두 할 줄 아는 학습자가 프랑스어 수업에 등록했다. 그리고 시험을 본 결과 새로운 언어를 배울 때 이중 언어 사용자는 단일 언어 사용자를 앞선다는 결과가 나왔다.

이것이 엄청나게 놀라운 사실은 아니다. 프랑스어와 스페인어는 모두 로망어Romance languages이고, 따라서 영어에 없는 문법 및 어휘적 특성을 공유하기 때문에 한 언어를 미리 알고 있다는 점은 이점으로 작용한다. 하지만 스페인어와 영어 사용자들 사이에서조차 스페인어를 수업을 통해 공부한 사람들이 나중에 프랑스어를 배울 때 더 잘 습득했다는 점은 매우 흥미롭다. 이는 '수업'이 '메타 언어적 인식'를 만들어내서 도움을 주기 때문으로 보인다. 단순히 어떤 언어를 아는 일만으로는 불가능한 일이다.

실제로 이중 언어 사용자들 간의 차이는 대부분 메타 학습(여기서 메타 언어적 인지와 메타 학습이라는 용어는 교환 가능하다. 이 연구가 담긴 논문은 '메타'라는 단어를 잔뜩 썼다. 이를테면 메타 지식, 메타 인지, 메타 기억, 메타-메타 인지 등이다) 때문이었다. 한 집단은 그 언어의 내용물을 알고 있었고 다른 한 집단, 즉 스페인어 수업을 들은 집단은 그 언어가 어떻게 구조화되어 있는지 알고 있었던 것이다.

메타 학습에 관한 이런 관점은 비단 언어에만 국한되지 않는다. 메타 학습과 규칙적인 학습이 명확하게 구분되기 때문에 언어의 경우 연구하기가 쉬워서일 뿐이다. 서로 관련이 없는 언어들은 어휘나 문법 같은 것들이 무척이나 다르다. 심지어 메타 학습 구조가 같다고 할지라도 말이다. 프랑스어 어휘를 배우는 건 중국어 어휘를 배우는 데 큰 도움이 되지 않지만, 프랑스어 어휘 습득이 어떻게 이뤄지는지에 대한 이해는 중국어를 배우는 데도 도움이 된다.

룸메이트와 나의 언어 프로젝트도 마찬가지였다. 우리는 마지막 나라인 한국에 도착했을 무렵 사전 지식 없이 새로운 언어 환경에 잠겨서 배우는 일이 일상이 되어 있었다. 한국어의 단어와 문법은 완전히 새로운 것이었지만 학습 과정은 이미 잘 다져져 있었던 것이다. 메타 학습은 어떤 종류의 학습에도 존재하지만 때로 이것을 규칙적인 학습과 따로 떼어 설명하기 어려울 때가 있다.

메타 학습을 시작하기 위한 3가지 질문

이제 메타 학습이 무엇인지, 이것이 뭔가를 빨리 습득하는 데 얼마나 중요한지 조금 알게 되었다. 그러면 이것을 어떻게 울트라러닝 프로젝트에 적용할 수 있을까? 크게 두 가지 방법이 있다. 단기적인 방법과 장기적인 방법이다.

우선 단기적으로, 프로젝트를 시작하기 전에 일정 기간 동안 메타 학습을 증진시키는 데 초점을 맞춰 탐색을 할 수 있다. 자기주도적이고 강도가 높다는 특성 때문에 울트라러닝은 평범한 학교교육보다 훨씬 더 큰 변화를 가져올 수 있다. 좋은 울트라러닝 프로젝트는 훌륭한 재료를 가지고 무엇을 배워야 할지가 명확하며 공교육보다 더 빨리 배울 수 있게 해준다.

언어의 경우 그 언어 환경에 푹 잠겨서 공부하는 것은 지루한 수업을 듣는 것보다 낫다. 코딩은 몇 달 동안 집중적으로 코딩을 배우는 부트캠프를 통해 익히는 것이 일반 학사 과정보다 더 직업적인 경쟁력을 갖출 수 있다. 이런 방식은 학교교육의 규격화된 방식을 피하고, 스스로의 필요와 능력에 맞춰 자신만의 프로젝트를 하게 해준다. 그러나 한편으로는 현명하지 못한 선택을 하거나 최악의 결과를 맞을 위험도 있다. 메타 학습 탐색은 바로 이런 문제를 피하고 현상 유지 이상을 얻어낼 수 있는 지점을 찾아준다.

장기적으로는, 울트라러닝 프로젝트를 해나가면서 일반적인 메타 학습 기술들을 더욱 향상시킬 수 있다. 자신의 학습 역량, 시간을 잘 사용하는 법, 동기를 관리하는 법을 알게 되고, 공통적인 문제들을 다루는 검증된 전략들을 갖게 된다. 더 많이 배울수록 더 자신감이 생기고, 이로써 좌절감이 줄어들고 학습 과정을 즐기게 된다.

살펴봤다시피 단기적 탐색 전략들은 매우 많은 이득을 준다. 따라서 이 장에서는 대부분 단기적 탐색 전략을 살펴볼 것이다. 그렇다고 해서 메타 학습의 장기적 효과를 덜 중요하게 여겨서는 안 된다. 울트라러닝은 자전거 타기 같은 기술이다. 계속 해나갈수록 어떻게 하면 더 잘할 수 있는지 알게 되고 습득하게 된다. 이런 장기적인 이득은 단기적 이득을 상회하며, 이런 면 때문에 울트라러닝을 해내는 능력이 타고난 지능이나 재능으로 오인받을 수도 있다. 아무튼 이런 울트라러닝을 계속 실행해서 기술의 많은 부분을 자동으로 활용해 더 빠르고 효율적으로 공부하길 바란다.

일단 3가지 질문을 통해 메타 학습 탐색을 해보자. 바로 '왜', '무엇을', '어떻게'다. 이것은 자신의 학습 동기를 이해하기 위한 질문이다. 자신이 '왜' 그 기술을 배우려고 하는지 정확하게 안다면 프로젝트의 초점을 정확히 그 부분에 맞춤으로써 많은 시간을 아낄 수 있다. '무엇'은 성공하기 위해 획득해야 할 지식과 능력을 의미한다. 대상들을 콘셉트, 사실, 절차로 나눠라. 그러면 앞으로 나타날 장애물이 무엇인지, 이를 극복할 최선의 방안은 무엇인지 대략적으로 알 수 있다. '어떻게'는 학습에 사용할 자원, 환경, 방법을 말한다. 여기서의 선택은 전체적인 효율성에 큰 차이를 만들어낸다.

이 3가지 질문을 마음에 품고 하나씩 살펴보면서 자신의 지도를 그릴 방법을 알아보자.

'왜' 그것을 배우려 하는가?

첫 번째 질문은 왜 배우는지에 대한 것이다. 이는 그 프로젝트에 접근하는 방식을 결정한다. 사실 당신이 어떤 프로젝트를 선택한 동기는 크게 2가지 중 하나일 것이다. 도구적 동기와 본질적 동기다.

도구적인 학습 프로젝트는 자신이 학습하지 않은 대상, 다른 결과를 주는 대상을 공부하는 것이다. 앞서 언급했던 디아나 페센펠드의 사례를 다시 살펴보자. 그녀는 수십 년간 도서관 사서로 일했지만 자신의 직업이 점점 한물가고 있다고 느꼈다. 여기에 컴퓨터 파일 시스템과 정부의 예산 삭감이 더해져, 그녀는 자신의 자리를 지키려면 새로운 기술을 배워야 한다고 생각했다. 그래서 조사를 조금 한 후에 통계학과 데이터 시각화 완벽히 익히는 것이 최선이라고 결론 내렸다. 이 경우 그녀는 통계학과 데이터 시각화가 좋아서 공부한 게 아니었다. 자신의 직업에 이득이 되기 때문이었다.

본질적인 학습 프로젝트는 자기만의 목적으로 공부하는 것이다. 써먹을 방법을 알지 못해도 그냥 프랑스어를 말해보고 싶다면 그것은 본질적인 프로젝트다. 여기서 '본질적'이라는 건 '쓸모없다'는 뜻이 아니다. 프랑스어를 배우면 나중에 여행을 하거나 프랑스에서 온 고객과 일할 때 도움이 될 수도 있다. 차이는 지금과는 다른 결과를 얻어낼 수단으로서가 아니라 프랑스어 그 자체를 목적으로 배운다는 것이다.

도구적 프로젝트를 추구한다면 추가로 탐색 단계를 한 번 더 거치는 게 좋다. 문제의 기술(주제)을 배우는 것이 실제 목표 달성에 도움이 될지 알아보라는 것이다.

나는 자신의 경력과 비전에 만족하지 못하고 대학원에 진학하려고 결심한 사람들의 이야기를 많이 들었다. 자신이 MBA나 MA를 가지고 있었더라면 고용주들이 자신을 더욱 중요하게 여기고 바라는 경력을 쌓았을 것이라고 말이다. 그래서 그들은 대학원에 가기 위해 2년 이상 자리를 뜨고, 수만 달러의 학자금 대출을 진다. 그렇게 자격을 획득한 뒤에는 실제로 더 나은 직업적 기회가 나타나지 않는다는 사실을 알게 된다. 바로 이 단계에서 탐색을 시작해야 한다. 공부를 시작하기 전에 어떤 기술(대상)을 배우는 것이 자신이 원하는 결과를 끌어낼지 알아보라(대학원 진학은 무조건 쓸모없다는 주장으로 받아들이지 마라. 하고 싶은 일이나 공부해야 하는 분야, 교육기관 등 여러 면을 두루 따져봤을 때 그 선택이

진정 중요하고 필요한지 묻는 것이다. 요지는 대학원 공부가 시간 낭비라는 게 아니라 너무 많은 시간과 비용을 들여야만 하는 선택을 할 때 먼저 조사를 해보는 게 낫다는 의미다).

전략: 전문가 면담

배우려는 기술(주제)을 탐색하는 주요 방법은 당신이 얻어내려는 걸 이미 얻어낸 사람과 대화해보는 것이다. 건축가가 되고 싶어서 디자인 기술을 배우는 게 최선이라고 생각했다고 해보자. 공부를 시작하기 전에 당신의 프로젝트가 목표를 이룰 수 있을지 성공한 건축가들과 대화해보는 것이 좋다. 사실은 많은 탐색 과정에서 이 방법을 사용할 수 있다. 도구적 프로젝트를 가늠해보는 일은 어느 정도 가치가 있다. 당신이 목표하는 것을 얻어낸 누군가가 당신의 프로젝트가 도움이 되지 않을 거라고, 다른 기술을 배우는 것이 더 중요하다고 말한다면 이는 당신의 동기와 프로젝트가 부합하지 않는다는 신호다.

면담할 선배를 찾는 것은 생각보다 어렵지 않다. 목표가 직업과 관계된 것이라면 그 직업을 가진 사람을 찾아서 그에게 이메일을 보내라. 직장, 컨퍼런스, 세미나, 심지어 트위터나 링크드인 같은 SNS에서 얼마든지 찾을 수 있다. 목표가 어떤 일과 관계된 것이라면 배우려고 하는 목표를 중심으로 한 온라인 게시판을 찾을 수도 있다. 예를 들어 프로그래밍을 배워 혼자서 앱을 만들려고 한다면 프로그래밍이나 앱 개발과 관련된 온라인 게시판을 찾는다. 그런 다음 당신이 찾는 지식을 가진 게시글 작성자를 찾아서 이메일을 보내라.

전문가와 연락을 취하고 만날 약속을 잡는 것은 어렵지 않지만 많은 사람이 이 단계를 꺼린다. 대부분이 그렇지만, 특히 내향적인 사람은 낯선 사람에게 조언을 구하려고 연락한다는 생각만으로도 움찔거린다. 그들은 자신이 거부당하거나 무시당할까 봐, 또는 주제넘게 누군가의 시간을 빼앗는 건 아닐까 걱정한다. 하지만 실제로 그런 경우는 드물다. 전문가들은 대부분 조언을 하는 것을 기꺼워하고, 누군가가 자신의 경험을 배우고 싶어 한다는 생각에 자부심을 느낀다.

일단 그들에게 왜 연락했는지 설명하고, 몇 가지 간단한 질문에 대답할 시간을 15분만 내줄 수 있느냐고 묻는 메일을 간략하게 핵심만 정리해서 보내라. 간결하고 부담스럽지 않게 내용을 작성하라. 15분 이상 혹은 꾸준한 멘토링을 요구하지 마라. 전문가 중에는 누군가에게 도움을 주는 걸 정말로 좋아하는 사람도 있지만, 어쨌든 첫 메일에서 너무 많은 요구를 하는 건 좋지 않다.

면담하고 싶은 사람이 당신과 다른 지역에 산다면 어떻게 할까? 이런 경우 전화나 온라인 전화가 좋은 대안이 될 수 있다. 전화 통화는 면대면 만남의 부담을 피할 수 있다. 이 방법을 시도해본 여성들은 이따금 학습적 조언을 받고 싶어 하는 자신의 마음을 상대가 데이트 요청으로 오인했다고 말했다.

이메일로 조언을 주고받는 것도 좋은 대안이 될 수 있다. 하지만 문자는 종종 어조를 잘 전달하지 못해서, 상대가 그 프로젝트를 어떤 식으로 생각하는지 제대로 감지할 수 없는 경우도 있다. 예를 들면 '멋진 발상이네요'라는 문장에는 정말로 그 아이디어를 지지하는지, 그저 그렇게 생각하는지 글쓴이의 뉘앙스가 담겨 있지 않다. 문자만으로 소통한다면 뉘앙스를 놓치게 된다.

한편 본질적 프로젝트라 할지라도 '왜'를 묻는 일은 무척이나 유용하다. 우리가 따라 하려는 학습 계획들 대부분은 커리큘럼 설계자가 중요하다고 생각하는 것에 바탕을 두고 있다. 학습 계획들이 목표와 완전히 부합하지 않는다면 정작 자신에게는 별로 중요치 않은 것을 배우는 데 많은 시간을 들이거나 중요한 것을 가장 적게 할 수 있다. 그래서 울트라러닝 프로젝트에서는 무엇을 배우려는지 스스로 물어보는 일이 중요하다. 그래야 세우려는 학습 계획들이 목적에 적합한지 알 수 있기 때문이다.

'무엇을' 획득해야 하는가?

왜 배울지에 답했다면 이제 공부하려는 지식이 어떻게 구조화되어 있는지를 살펴봐야 한다. 어떻게 하면 될까? 먼저 종이 한 장을 꺼내서 위쪽에 '개념', '사실 정보', '절차'라고 써라. 그런 다음 그 아래에 배워야 할 것을 모조리 브레인스토밍해서 써 넣어라. 이 단계에서는 목록이 완벽하게 완성되었는지, 정확한지는 중요치 않다. 나중에 얼마든지 수정할 수 있다. 여기서의 목표는 먼저 대략적으로 이 지점을 통과하는 것이다. 일단 공부를 시작하고, 지금 작성한 카테고리들이 딱 들어맞지 않다고 보이면 목록을 조정하면 된다.

개념

개념이란 단어 아래에는 이해해야 할 내용들을 적는다. 개념이란 그것을 유용하게 사용하기 위해 융통성 있게 이해해야 할 어떤 생각을 말한다. 예를 들어 수학과 물리학에서는 개념이 무척 중요하다. 법 같은 과목들에서는 개념과 사실 정보 양쪽이 모두 중요하다. 즉 법학에서는 이해해야 할 법리들과 암기해야 할 세부 내용들이 함께 존재한다는 말이다. 일반적으로 단순 암기만 필요한 게 아니라 어떤 개념을 이해해야 한다면 그것은 '사실 정보' 항목이 아니라 '개념' 항목에 넣어야 한다.

사실 정보

여기에는 암기해야 할 것들을 적는다. 사실 정보는 어쨌든 외우면 그만인 것들이다. 올바른 상황에서 제대로 끄집어낼 수만 있다면 깊이 이해할 필요는 없다. 예를 들어 언어는 어휘, 발음, 좀 더 좁히면 문법에 대한 사실 정보로만 채워져 있다. 개념이 중심인 과목일지라도 대체로 사실 정보들이 다소 포함된다. 미적분학을 배우고 있다면 거기서 파생되는 개념들이 어떻게 작동하는지 깊이 이해해야 하지만 삼각법의 특징 몇 가지를 암기하는 것으로 충분할 수도 있다.

절차

여기에는 연습해야 할 것들을 적어 넣는다. 절차는 수행해야 하는 행동들로, 의식적인 생각과는 관계없다. 자전거 타기를 배우는 것을 예로 들면 이는 대개 모두 절차적인 것이다. 절차는 근본적으로 사실 정보나 개념과는 관계가 없다. 다른 많은 기술도 대개 절차적인 것인데, 어떤 것들은 절차적 요소가 있지만 기억해야 할 사실과 이해해야 할 개념들도 포함하고 있다. 예를 들어 언어의 경우 새로운 어휘를 배우려면 새로운 사실 정보를 암기해야 하지만 발음에는 연습이 필요하다. 따라서 '절차'에 넣어야 한다.

브레인스토밍을 끝냈다면 가장 어려울 것 같은 개념, 사실 정보, 절차들에 밑줄을 긋는다. 이 과정은 무엇이 학습 정체를 일으킬지 감지하게 해주고, 이를 극복할 방법과 자원을 찾을 수 있게 해준다. 만일 의약을 공부하는 데 많은 암기가 필요하다고 생각한다면 SRS 같은 소프트웨어에 돈을 쓸 것이다. 수학을 공부한다면 특정한 개념을 깊이 이해하는 데 어려운 순간들이 찾아오리라는 걸 예상할 수 있다. 그럴 땐 주변 사람들에게 그 개념들을 설명하는 행위로 그것들을 정말 이해했는지 가늠해 볼 수 있다.

목표에 도움이 되지 않을 수단들을 피하는 것도 중요하지만, 정체기를 잘 활용하는 것도 큰 도움이 된다. 이 기간이 학습을 유효하고 효율적으로 만들어준다고 생각하기 시작하면, 정체기를 어떻게 활용하느냐에 따라 결과는 크게 달라진다.

대개는 이 정도의 분석만으로도 다음 탐색 단계로 넘어가기에 충분하다. 하지만 경험이 더 많아지면 더 깊이 파고들 수 있다. 지금 배우려는 개념, 사실, 절차들의 일부 특징만 보고도 그것을 더욱 효율적으로 습득하는 방법을 찾을 수도 있다. 예를 들어 나는 초상화 그리기에 도전할 때 사람의 얼굴을 이루는 부분들의 크기와 위치를 어떻게 정하느냐에 따라 성패가 좌우된다는 사실을 알았다. 우리 대부분은 얼굴을 사실적으로 그릴 수 없는데, 그 이유는 크기와 위치가 아주 약간만 벗어나도 즉각 잘못되었음을 알기 때문이다. 그래서 나는 수없이 똑같은 스케치를 하고, 그림을 그릴 때 참조한 사진들과 겹쳐서 비교해보자는 발상을 떠올렸다. 그렇게 하면 내가 무슨 실수를 저질렀는지 찾아보지 않고도 빨리 진단할 수 있을 것이었다.

하지만 이렇게 미리 예측하고 필요한 전략을 찾아내지 못했다고 해도 걱정하지 마라. 이것은 더 많은 프로젝트들을 행하고 나서 얻게 되는 일종의 장기적 메타 학습이다.

'어떻게' 학습할 것인가?

이제는 마지막 질문을 할 때다. 어떻게 공부할 것인가? 여기에 대해서는 2가지 방법을 따르라고 제언하고 싶다. 한 가지는 벤치마킹이고, 다른 한 가지는 강조·제거다.

벤치마킹

어떤 학습 프로젝트를 시작하는 방법은 대부분의 사람이 그 기술(분야)을 배운 공통적인 방식을 찾는 것이다. 이 방법은 시작 단계에서 기본적인 전략을 설계할 수 있게 해준다. 컴퓨터과학이나 신경과학, 역사 같이 이미 학교에서 가르치는 과목을 배우려고 한다면, 학교에서 사용하는 교과과정을 살펴볼 수 있다. 그것은 강의록이 될 수도 있고, 내가 MIT 챌린지에서 했던 것처럼 전체 학사 과정의 수업 목록이 될 수도 있다. 인지과학에 대해 더 배우고 싶다면 UCSD 의과대학의 인지과학 교과과정에서 신입생들에게 추천하는 교재 목록을 찾아낼 수도 있다.

이 접근법에서 좋은 자원은 대학들이다(MIT, 하버드, 스탠퍼드가 좋은 예지만 물론 이런 대학들이 다는 아니다). 일반적으로 교과과정 목록과 강의록은 학생들이 이용하는 웹사이트에서 찾아볼 수 있다.

배우려는 분야가 비학과적이거나 전문적인 기술이라면 온라인에서 그 기술을 습득한 사람을 찾거나 전문가에게 그 분야를 공부하는 데 필요한 자원들을 물을 수 있다. 대부분 어떤 기술이든 한 시간 정도 검색하면 교과과정, 기사, 추천 방법들이 나타날 것이다. 검색에 시간을 투자하는 것은 생각보다 큰 이득을 주는데, 여기서 좋은 자원들을 찾아낼수록 더 효과적으로 공부할 수 있기 때문이다. 지금 당장 공부를 시작하고 싶어 죽겠어도 잠시 몇 시간만 투자하라. 훗날 수백 시간을 아껴줄 것이다.

강조·제거

기본적인 교과과정을 찾아냈다면 이를 그대로 따라 하지 않고 수정할 수도 있다. 내 경험에 따르면 이 방법은 그림, 언어, 음악처럼 분명한 성공 기준이 있고 공부를 시작하기에 앞서 해당 교과의 주제에 관해 상대적 중요도를 추측할 수 있는 분야에서 좀 더 쉬웠다. 강의록에 실린 용어의 의미를 이해조차 하지 못하는 개념적인 과목이라면 그것을 어느 정도 습득하기까지 벤치마킹을 계속하는 편이 나을 수도 있다.

강조·제거 방법에서 강조는 탐색의 첫 단계에서 규정한 목표에 부합하는 학습 부문을 찾아 집중하는 것이다. 프랑스어를 배우는 목적이 2주 동안 파리에 가서 식당이나 마트에서 대화할 수 있는 것이라면 나는 철자를 정확히 쓰기보다는 발음에 더욱 집중할 것이다. 앱을 만들려고 혼자 프로그래밍을 배우고 있다면 나는 컴퓨터 이론보다는 앱 개발의 세부적인 작업들에 초점을 맞출 것이다.

강조·제거 방법에서 제거는 우리가 벤치마킹한 교과과정에서 자신의 목표와 부합하지 않는 요소들을 제외시키거나 나중으로 미루는 것이다. 저명한 언어학자이자 중국학자인 빅토르 마이어_{Victor Mair}는 만다린어를 배울 때 문자를 읽으려고 애쓰기보다 말을 먼저 배우라고 조언한다. 꼭 이 방법만을 사용해야 하는 건 아니지만, 주요 목표가 말하기라면 문자를 암기하는 것은 과감히 포기하고 말하는 데 능숙해지는 것이 훨씬 더 효과적이다.

계획을 얼마나 많이 세워야 할까?

탐색을 마치고 학습을 시작하면 이제 한 가지 문제가 등장한다. 경험이 풍부한 사람이 쓴 자기주도 학습에 관한 문헌을 보면 우리 대부분이 학습 목표, 방법, 자원들을 꼼꼼히 살펴보지 않고 시작한다는 사실을 알 수 있다. 우리는 자신이 처한 환경에서 자연스럽게 나타나는 학습 방식을 택하는 경향이 있다. 가장 효율적으로 학습할 수 있는 방법이 있음에도 그렇게 하지 못하게 만든다.

하지만 때로 탐색은 프로젝트를 미루는 습관이 될 수도 있다. 특히 학습 방식이 불편한 것일 경우 그렇다. 그러면 좀 더 탐색하는 일은 학습을 회피하는 핑계가 된다.

어떤 방식에든 늘 다소의 불확실성이 존재한다. 따라서 불충분한 탐색과 분석 결핍이라는 양극단 사이에서 스위트 스폿_{sweet spot}(야구에서 배트로 공을 치기에 가장 효율적인 곳 — 옮긴이 주)을 찾아야 한다. 자신이 질질 끌고 있다고 생각되면, 그냥 시작하라.

10퍼센트 규칙

좋은 방법은 프로젝트를 시작하기 전에 예정된 시간의 약 10퍼센트를 탐색에 투자하는 것이다. 대략 6개월간 주당 4시간을 공부하려고 생각한다면 약 100시간이 될 것이다. 그러면 탐색에는 10시간 혹은 2주를 써야 한다. 하지만 프로젝트의 규모가 커지면 이 비율은 약간 줄이는 게 좋다. 500시간 혹은 1,000시간을 공부할 계획이라면 탐색에 꼭 50시간 혹은 100시간이 필요하지는 않을 것이다. 이 경우에는 5퍼센트 정도의 시간이 적당하다.

여기서 주의할 점은 택할 수 있는 수많은 학습 자원에 지쳐버리면 안된다는 것이다. 또 대안에 관해서는 생각지 않고 처음에 나타난 자원이나 학습법에 매달려서도 안 된다. MIT 챌린지를 시작하기 전에 나는 대략 6개월 동안 짬짬이 모든 학습 과정을 조합해봤다.

프로젝트를 시작하기 전에 일반적인 학습 방식, 인기 있는 자원과 도구들을 찾아보고 각각이 지닌 강점과 취약점을 아는 것이 좋다. 장기 프로젝트는 중도에 그만두거나 지연될 기회가 더욱 많다. 따라서 시작할 때 적절한 탐색을 거쳐야 나중에 훨씬 많은 시간을 절약할 수 있다.

수확 체감과 한계비용 계산

메타 학습적 탐색은 프로젝트를 시작하기 전에만 하는 일이 아니다. 프로젝트를 해나가는 동안에도 계속해야 한다. 고난과 기회는 시작하기 전에는 분명히 드러나지 않는 경우가 많다. 따라서 학습 과정에서 반드시 재평가를 거쳐야만 한다.

예를 들어 초상화 그리기에 도전하는 과정 중반쯤에 나는 스케치와 사진을 비교하는 방법으로 얻는 보상이 점점 줄어들고 있음을 발견했다. 더 정확하게 그리려면 스케치 기술이 더 나아져야 했다. 그래서 두 번째 탐색을 하게 됐고, 비트루비안 스튜디오_{Vitruvian Studio}의 강좌가 정확하게 스케치하는 능력을 끌어올릴 체계적인 방법을 제시한다는 것을 알게 되었다. 이는 처음 조사할 때는 몰랐던 정보였다. 나는 독학 기술에 한계가 있을 거라곤 생각하지 못했었다.

언제, 어떻게 탐색할지에 관한 질문의 답은 더욱 복잡한데, 이 경우는 직적인 학습과 메타 학습의 한계비용을 비교해보면 된다. 한 가지 방법은 탐색에 더 많은 시간을 들이는 것이다. 더 많은 전문가를 면담하고, 더 많은 시간을 들여 온라인 검색을 해서 이용 가능한 새로운 기술이 있는지 찾아본다. 그러고 나서 선택한 경로를 따라 몇 시간 더 공부한다. 각각에 어느 정도 시간을 들인 뒤에는 두 활동의 가치를 재빠르게 비교하라. 메타 학습적 탐색이 학습에 들인 시간보다 더 도움이 된 것 같다면 이때는 탐색하는 게 더 나은 시기라고 보면 된다. 추가 조사가 별 도움이 되지 않는 것 같다면 이전의 계획을 계속 고수하는 편이 낫다.

이는 보상 감소의 법칙에 근거한다. 즉 어떤 활동에 투자하는 시간이 많을수록(예를 들어 더 조사할수록) 이득이 점점 줄어들고, 더 이상적인 접근법을 찾게 된다. 계속 탐색을 해나간다면 마침내는 그냥 학습을 더 하는 것보다 가치가 줄어든다. 따라서 그 지점에서는 학습에 안정적으로 집중하면 된다. 실제로 탐색이 주는 보상은 변동이 크다. 몇 시간 탐색하고 잠자코 있다 보면 보다 빠르게 성공을 이끌어낼 완벽한 자원들을 우연히 만날 수도 있다. 프로젝트를 더 많이 하면 할수록 이 지점을 직관적으로 판단할 수 있게 된다. 언제, 얼마만큼 탐색을 할지는 보상감소의 법칙과 10퍼센트 규칙을 통해 가늠하라.

메타 학습이 만들어내는 성공의 고리

지금까지 우리는 단기적인 이점에 대해서만 이야기했다. 그러나 메타 학습의 진짜 이점은 단기적이 아니라 장기적이다. 특정한 프로젝트가 아니라 학습자인 우리를 전반적으로 향상시키기 때문이다.

우리가 행하는 프로젝트들은 각각 우리의 메타 학습을 향상시킨다. 모든 프로젝트는 우리가 새로운 학습 방식, 자원을 취합하는 새로운 방식, 더 나은 시간 관리법을 배우고 동기를 관리하는 기술을 향상시킨다. 어떤 프로젝트 하나를 성공하면 우리는 자신에 대한 의심을 거두고 더이상 미루지 않고 다음 프로젝트를 집행할 자신감을 얻을 것이다. 이런 영향은 어떤 한 프로젝트의 성공이 주는 결과보다 훨씬 크다. 하지만 슬프게도 이는 한 가지 전략이나 도구로 정의 내릴 수 없다. 장기적 메타 학습은 경험으로 얻어지는 것이다.

울트라러닝의 이점이 늘 첫 번째 프로젝트에서 가시적으로 나타나는 것은 아니다. 첫 프로젝트는 우리의 메타 학습 능력이 낮을 때 이뤄지기 때문이다. 완수된 프로젝트는 다음의 프로젝트와 씨름할 도구들을 제공하며 선순환을 이룬다. 내가 이 책을 위해 면담했던 많은 울트라러너들은 이와 비슷한 이야기를 들려주었다. 그들은 개인적인 프로젝트를 통해 얻어낸 성과에 자부심을 갖게 되었지만, 자신이 어려운 뭔가를 배워나가는 과정을 이해하게 되었다는 점이 더 큰 이득이라고 했다. 이로써 그전에는 고려조차 못 하던 야심찬 목표를 추구할 자신감을 얻은 것이다.

이런 자신감과 능력이 울트라러닝의 궁극적인 목표다. 시작할 때는 이런 면이 잘 보이지 않지만 말이다. 하지만 이런 이점은 오직 경험으로만 얻을 수 있다. 제아무리 조사를 잘하고 좋은 자원과 전략이 있다 해도 집중해서 노력하고 배우며 나아가지 않는 한 아무 쓸모가 없다. 이제 울트라러닝의 다음 법칙인 '집중'focus에 대해 살펴보자.

ULTRALEARNING

제5장

법칙2_집중하기

: 짧은 시간에 집중도를 높여라

이제 정신이 흐트러지는 일이 좀 줄겠지.

_레온하르트 오일러Leonhard Euler, 수학자

(오른쪽 시력을 잃고 나서 한 말)

메리 서머빌Mary Somerville은 아무리 봐도 과학계의 거물이 될 것 같지 않은 인물이었다. 그녀는 고등교육이 여성에게는 적절하지 않다고 여겨지던 18세기 스코틀랜드의 한 가난한 가정에서 태어났다. 어머니는 그녀가 글 읽는 것을 가로막지 않았지만, 다른 사람들은 그렇지 않았다. 숙모는 서머빌이 책을 읽는 모습을 보고 그녀의 어머니에게 이렇게 말했다.

"자네는 왜 메리가 책을 읽느라 시간을 낭비하게 내버려두는가? 남자도 아닌데 바느질도 못하면 어떻게 하나?"

어머니는 서머빌이 잠시 학교에 들어갈 기회가 생겼을 때 비로소 그녀가 책을 읽게 내버려둔 걸 후회했다. 학비 때문이었다.

"어머니는 제가 글을 잘 쓰고 가계부를 기록하는 일이나 배웠으면 만족하셨을 거예요. 여자들이 알아도 되는 건 그거니까요. 하지만 남자들은 사업상 이유라며 언제나 자기 시간을 지배할 수 있어요. 여자에게는 어떤 변명도 허용되지 않죠."

그녀는 여성이었기에 해야 할 집안일과 독학을 하고 싶은 마음 사이에서 갈등했다. 게다가 그녀의 첫 남편 새뮤얼 그레이그는 여성의 교육을 강하게 반대했다. 그러나 수많은 난관과 갈등에도 서머빌은 방대한 성취를 이뤘다. 그녀는 수학 분야에서 많은 상을 수상했으며, 몇 가지 언어를 유창하게 했고 그림도 그리고 피아노도 쳤다. 1835년에는 독일의 천문학자 캐럴라인 허셜Caroline Herschel과 함께 왕립천문학회에 선출된 첫 번째 여성이 되었다.

그녀에게 명성을 안겨다준 것은 피에르 시몽 라플라스Pierre Simon Laplace의 《천체역학》Traité de mécanique céleste 두 권을 번역·증보한 것이다. 중력 이론과 진보적인 수학 이론을 담고 있는 총 5권짜리 이 책은 아이작 뉴턴의 《프린키피아》Principia Mathematica 이래로 가장 위대한 지적 성취라고 여겨진다. 라플라스는 서머빌이 자신의 책을 이해하는 유일한 여성이라고 말했다.

서머빌의 상황과 그녀가 이룬 성취 사이의 크나큰 간극을 가장 쉽게 설명하는 말은 '천재성'이다. 그녀가 놀랍도록 날카로운 정신의 소유자였음은 의심의 여지가 없다. 그녀의 딸은 엄마가 자신을 가르칠 때 계속 참고 또 참았다고 말했다.

"엄마는 화가 나는 것을 애써 참으며 가느다란 손가락으로 책이나 서

판을 가리켰지요. '이거 안 보이니? 여기에 어려운 건 하나도 없어. 이렇게나 분명하잖니.'"

하지만 서머빌의 인생에 관해 읽고 있노라면 이런 천재성조차도 불안감으로 괴로워했음을 알 수 있다. 그녀는 자신이 기억력이 나쁘다고 주장했다. 어린 시절 새로운 것을 배우느라 힘들었으며, 심지어 어느 시점에서 "외국어로 말하는 걸 배우기에는 (자신이) 너무 늦은 것 같다."고도 생각했다. 이것이 겸손하고 공손한 태도인지, 천재란 늘 부족하다고 느끼는 법인지 우리는 알 수 없다. 하지만 적어도 그녀가 흔들리지 않는 자신감과 재능으로 배움에 접근하지 않았다는 것만큼은 알 수 있다.

깊이 응시하면, 서머빌에 대한 또 다른 그림이 떠오른다. 그녀는 날카로운 지성을 소유했지만 한편으로는 예외적이라 할 만한 집중력의 소유자였다. 청소년 시절 독서용 촛불을 물리고 잠자리에 들고 나서도 그녀는 머릿속으로 유클리드의 수학 이론을 더듬었다. 지인들은 그녀가 아이에게 젖을 물리면서 식물학 공부를 하는 모습을 보곤 했다고 말했다. 그녀는 매일 아침 공부를 하는 데 한 시간을 바쳤다. 라플라스의 《천체역학》을 번역·증보하는 위업을 이루는 동안에도, 그녀는 아이를 기르고 요리를 하고 집 청소를 했다.

"전 늘 집에 있었던 것 같아요. 친구들은 먼 길을 와야만 절 만날 수 있었는데, 그들에게는 무척이나 무례하고 불친절한 짓이 아닐 수 없었죠. 그럼에도 때로 친구들이 그런 어려움을 뚫고 와서 '너랑 몇 시간을 보내려고 이렇게 왔지 뭐야'라고 말하면 이따금 울컥하곤 했어요. 저는 공부하던 걸 덮었다가 다시 펴는 습관을 들이기 시작했죠. 이를테면 읽고 있던 책에 표시를 해두는 습관 말이에요."

위대한 지적 성취를 이룬 사람들은 대부분 빠르게, 깊이 집중하는 능력이 있다. 앨버트 아인슈타인은 일반상대성 이론을 연구하는 동안 위통에 시달렸음에도 무척이나 강한 집중력을 발휘했다. 수학자 에르되시 팔 Erdős Pál 은 집중력을 올리기 위해 각성제인 암페타민을 무척이나 많이 복용했다. 나중에는 잠시도 암페타민을 손에서 놓을 수 없을 거라는 친구의 경고에 가까스로 끊었지만 그 때문에 연구에 집중하지 못했다. 그는 당시 전체적인 수학적 성취에서 한 달이나 후퇴했다고 고백했다.

이렇게 어마어마한 집중력에 관해 들으면 세속적인 걱정거리에서 벗어나 자신의 작업에 집중하는 고고한 천재의 이미지가 떠오른다. 이 역시 눈여겨볼 만한 것이지만 나는 서머빌의 집중력에 더 흥미가 있다. 그녀 같은 상황에서, 그러니까 끊임없이 집중력이 흐트러지고, 사회적 지원은 거의 없고, 해야 할 일들이 계속 나타나는 상황에서 어떻게 그토록 다양한 주제들을 폭넓고도 깊이 있게 공부할 수 있었을까? 그녀의 학문 수준에 관해 프랑스의 수학자 시메옹 푸아송 Siméon Poisson 은 이렇게 말하기도 했다. "(그녀의) 책을 읽을 수 있는 사람이 프랑스에서 스무 명이나 될까?"

서머빌은 어떻게 이런 집중력을 갖게 되었을까? 열악한 환경에서 어려운 정신적 작업을 해낸 그녀의 전략에서 우리는 무엇을 알아낼 수 있을까? 사람들이 일반적으로 집중력 때문에 고생하는 경우는 크게 3가지다. 시작할 때, 유지할 때, 집중의 질을 최대화할 때다. 울트라러너들은 이 3가지 문제를 다루는 해결책을 찾으려고 애쓰는데, 이것이 집중을 잘하고 깊이 있게 습득하는 능력의 기초를 이룬다.

우리는 왜 시작하지 못하고 꾸물거리는가

많은 사람이 호소하는 첫 번째 문제는 '집중해서 시작하는 일'조차 못한다는 것이다. 이는 대개 꾸물거리는 행동으로 나타난다. 하려는 일을 시작하지 않고, 다른 일을 하거나 미적거리는 것이다. 어떤 사람들에게 꾸물거림은 일상이다. 이들은 마감일이 닥쳐와 집중하느라 몸부림쳐야 하는 순간까지, 이 작업 저 작업을 왔다 갔다 한다. 또 어떤 사람들은 어떤 특정한 일을 해야 할 때 눈에 띄도록 극심하게 꾸물대면서 겨우겨우 해내곤 한다.

나는 두 번째 유형에 더 가까운데, 어떤 특정한 활동들을 해야 할 때면 하루 종일 꾸물대며 시간을 보낸다. 예를 들어 블로그에 글을 쓰는 데는 문제가 없었지만, 이 책을 쓰려고 조사를 할 때는 질질 끌었다. MIT 온라인 강좌를 가만히 앉아서 보는 데는 문제가 없었지만 늘 시작 단계에서는 상당히 전전긍긍하면서 씨름했다. 강도 높은 일정을 설정하지 않았더라면 아마도 변명거리들을 찾아내서 최대한 오래 미뤘을 것이다. 사실 이 장을 쓰는 일도 엄청 큰 거래가 있기까지 내가 미뤘던 일들 중 하나였다.

왜 우리는 꾸물거리는 걸까? 간단히 말해서 다른 일에 대한 갈망이 더 크거나 그 일 자체를 하기 싫거나 혹은 둘 다인 경우다. 나는 특히 이장을 쓰면서 미적댔는데, 발상은 많지만 어디서 시작해야 할지 몰라서였다. 뭔가를 종이에 실제로 끼적이면 형편없는 글이 나올까 봐 불안했던 것이다. 그렇다. 바보 같다. 나도 안다. 하지만 우리는 꾸물거리는 동기 대부분이 바보 같다는 걸 알면서도 그것을 인생에서 몰아내지 못한다. 내가 꾸물거림을 극복할 수 있었던 과정의 첫 단계는 바로 내가 꾸물거리고 있다는 사실을 인지한 일이었다.

대부분 꾸물거림은 무의식적으로 일어난다. 우리는 꾸물대고 있지만 꾸물거리고 있다고는 느끼지 않는다. 대신 '더 쉬어야 한다', '늘 일만 하면서 살아야 하는 건 아니니까 즐긴다'고 생각한다. 문제는 이런 믿음 자체가 아니다. 실제 행동을 이런 믿음으로 가리려는 것이 문제다. 집중해야 할 일을 하고 싶지 않은 것인데, 그 이유는 그걸 하는 게 싫거나 더 하고 싶은 일이 있어서다. 자신이 꾸물거리고 있음을 인지하는 것은 꾸물대지 않을 첫 단추다.

꾸물거리는 순간에 실천할 정신적 습관을 만들어라. 자신이 그 일을 하고 싶지 않다는 걸 인지하거나 어떤 일을 강렬하게 하고 싶은지 파악하려고 해보라. 그 순간 어느 감정이 강렬하게 일어나는지 스스로에게 물어라. 뭔가 먹는다든가, 휴대전화를 본다든가, 낮잠을 잔다든가 등 다른 일을 하고 싶은 욕구가 강렬히 치솟는 게 더 큰 문제인가? 해야 할 일이 불편할 거라든가, 힘들 거라든가, 좌절될 것 같아서 피하고 싶은 욕구가 강한 게 더 문제인가? 이 답은 진척 과정에서 매우 필요하다. 따라서 꾸물거림이 자신의 약점임을 느꼈다면 문제를 고치려 들기 전에 먼저 그것을 인식하는 체계를 세워라.

자신이 꾸물대고 있다는 것을 쉽게, 자동으로 인식하게 되면 그런 충동에 저항하는 단계를 밟아나갈 수 있다. 그중 하나는 자신의 게으른 성향을 헤쳐나갈 수 있게 해줄 '목발', 다시 말해 정신적 도구를 생각하는 것이다. 진행 중인 프로젝트에 관한 행동에 집중할수록 꾸물거림은 더 이상 문제가 되지 않고, 이런 목발은 변화하거나 사라질 것이다.

첫 번째 목발은 그 과제가 싫은 경우, 그것이 싫은 이유가 무엇인지 알아내는 것이다. 다른 일에 관심이 쏠린다면 그 일이 왜 좋은지 알아내야 한다. 일을 시작하거나 달리 관심을 끄는 대상을 무시할 수 있게 되면 대개 걱정거리는 몇 분 안에 사라진다. 심지어 상당히 즐겁지 않은 과제라도 말이다.

따라서 이 첫 번째 목발은 휴식을 취하지 않고 딱 몇 분만 참아 넘기면 미루고 있는 일을 할 수 있다고 스스로 확신을 주는 것이다. 쉬거나 다른 일을 하지 않고 딱 5분만 그 작업을 해보자고 말하면, 움직일 수 있게 된다. 누구든, 무슨 일이든 5분은 견딜 수 있다. 그 일이 얼마나 지루하고 좌절감을 주고 어려운지는 상관없다. 일단 시작하면 쉬고 싶은 생각 없이 긴 시간 그 일을 하고 끝마칠 수 있게 된다.

그렇게 일을 시작하게 되면 첫 번째 목발은 이제 방해가 되기 시작한다. 일을 시작하기는 했지만 그 과제가 즐겁지 않고 집중하기 어렵기 때문에 5분 법칙의 이점을 너무 자주 취하게 되는 것이다. 이렇게 되면 문제는 시작하지 못하는 데서 너무 자주 쉬는 것으로 바뀐다. 이 시점에서는 조금 더 고난도의 일을 해봐야 하는데, 바로 포모도로pomodoro 기법이다. 포모도로 기법은 25분 집중하고, 5분 쉬는 것이다(이 시간 관리 방법은 이탈리아의 경영 컨설턴트 프란체스코 치릴로가 창안한 것이다. 포모도로는 이탈리아어로 '토마토'라는 의미인데, 그가 사용한 시간기록계가 토마토 모양을 닮아서 붙은 이름이다).

하지만 아직 시작 문제를 겪고 있다면 더 어려운 목표로 바꾸지 말아야 한다. 5분 규칙을 따르고 있음에도 작업을 시작하지 못하고 있다면 더 어렵고 까다로운 목발로 바꾸는 것은 역효과를 낼 수 있다.

좌절의 순간이 시작 지점에서만 오는 것은 아니다. 하지만 그래도 예측은 할 수 있다. 내가 낱말 카드를 이용해 중국어 문자를 배울 때, 카드에 적힌 한 글자가 기억나지 않을 때면 늘 포기하고 싶은 충동이 불쑥 일어났다. 하지만 그 기분이 일시적이라는 것을 알았고, 그래서 규칙 하나를 추가했다. 카드 대부분의 문자를 맞히지 못할 때만 그만둘 수 있다고 말이다. 실제로 카드들은 빨리 넘어갔고, 따라서 이런 감정은 대개 20~30초 정도 지속될 뿐이었다. 규칙을 따른 결과 낱말 카드 연습을 하는 동안 내 인내심은 엄청나게 늘어났다.

마지막으로, 프로젝트를 진행하면서 꾸물거림이 더 이상 문제가 되지 않으면 달력을 이용해 하루 중 특정한 시간을 프로젝트에 할애하라. 이는 한정된 시간을 가장 잘 사용할 수 있는 전략이다. 하지만 당연히 실제로 따를 때만 작동한다. 시간을 들여 하루 일정을 짜놓고도 실제로는 다른 일을 하느라고 그 일정을 무시한다면 시작 지점으로 돌아가라. 다시 5분 규칙에 따라 습관을 세우고 포모도로 기법을 사용하라.

메리 서머빌은 여분의 시간이라는 판단이 서면 한시도 지체 않고 집중력을 끌어냈다. 이제 우리도 이런 집중 수준에 도달할 것이다. 가공할 만한 집중력을 갖고 있었음에도 서머빌조차 특정한 주제에 대해서는 따로 공부할 시간을 냈다. 즉 단순히 자발적인 학습이 아니라 의식적인 습관이었다. 그리고 이런 면이 그녀의 수없는 성공을 이끌어냈다.

내 경우, 어떤 학습 활동들은 그 자체로 무척이나 흥미로워서 스트레스를 받지 않고 오랜 시간 그 일에 집중할 수 있다는 걸 깨달았다. 예를 들어 MIT 챌린지를 하는 동안 대개 강의를 시청하는 데는 문제가 없었다. 하지만 다른 일들은 꾸물대고 싶은 욕망을 넘어서기 위해 5분 규칙이 필요했다. 파일들을 스캔해서 업로드해야 하면 한 덩어리로 정리해 놓고 나서야 그 일과 씨름할 수 있었다. 준비 단계가 필요하다는 데 침울해하지 마라. 우리는 회피하거나 산만해지는 경향을 통제할 수 없지만 연습으로 그 영향을 줄일 수 있다.

집중력을 유지하는 데 실패하는 이유

두 번째로 마주치는 문제는 집중력을 유지하지 못하는 것이다. 이는 공부나 연습을 하려고 자리에 앉아 있는 동안 일어난다. 휴대전화가 울리고, 친구가 찾아오고, 택배 기사가 초인종을 울린다. 15분 동안 한 문장만 쳐다보고 있을 때도 있다. 어려운 공부를 진척시키고 싶다면 집중을 시작하는 것만큼 유지하는 게 중요하다. 하지만 집중력을 유지하는 방법에 대해 말하기 전에, 유지하기 가장 좋은 집중이란 무엇인지 살펴보자.

몰입flow은 심리학자 미하이 칙센트미하이Mihaly Csikszentmihalyi가 개척한 개념으로, 종종 이상적인 집중 모형으로 꼽힌다. 이는 '존'zone이라고도 불리는데, 잡생각들에 방해받지 않고 지금 하고 있는 일에 정신이 완전히 빨려 들어가는 정신 상태다. 몰입은 일이 너무 어렵거나 너무 쉬울 때 지루함과 좌절 사이에서 올바른 곳으로 미끄러져 들어가는 즐거운 상태다.

하지만 이 장밋빛 그림을 깎아내리는 사람들도 있다. '의도적 훈련' deliberate practice을 연구한 심리학자 안데르스 에릭슨은 이렇게 주장한다. "의도적 훈련은 실수를 보정하기 위한 분명한 목적과 피드백, 기회들을 점검해야 하는데 몰입이 지닌 특성들은 이에 부합하지 않는다. 따라서 숙련된 선수들은 자기 영역과 관계된 활동들의 일부분으로서 몰입 경험을 즐기고 추구할 수 있지만, 이런 경험은 의도적인 훈련을 하는 동안에는 일어나지 않는다." 울트라러닝 역시 성과를 추구하는 학습으로서 몰입과는 어울리지 않는 듯하다.

내 생각에 울트라러닝을 하는 동안 몰입 상태가 불가능하지는 않다. 학습과 관계된 수많은 인지적 활동이 몰입이 가능한 '어려움'의 영역에 있다. 하지만 학습의 목적과 과정 자체가 종종 몰입이 불가능한 상황을 만든다는 에릭슨의 주장에도 나는 동의한다. 게다가 울트라러닝과 의도적 훈련 모두 자신이 택한 학습 방식을 의식적으로 계속 조율해나가야 하기 때문에 자신이 몰입 상태가 아님을 인식하고 있어야 한다.

프로그래밍 문제를 해결하면서 능력의 한계를 느끼고, 익숙지 않은 문체로 글을 쓰려고 애쓰고, 외국어를 배울 때 기존의 억양을 없애려고 노력하는 일은 지금까지 축적된 자동적인 패턴에 저항하는 것이다. 이렇듯 자연스럽게 몸에 밴 일에 저항하는 건 몰입 상태로 돌입하기 어렵게 만든다. 그것이 아무리 학습 목표를 달성하는 데 궁극적으로 이득이 된다고 해도 말이다.

몰입에 대해서는 걱정하지 마라. 쉽게 몰입 상태로 들어갈 수 있는 학습 과제들도 있다. 나는 MIT 챌린지, 새로운 언어 습득, 초상화 그리기 도전을 하는 동안 실행 문제를 겪으면서도 종종 몰입 상태를 느꼈다. 또 자동적으로 몰입 상태에 돌입하지 못한다고 죄책감을 느끼지 마라. 우리의 목표는 학습을 향상시키는 것이다. 학습 향상은 대개 몰입이라는 이상적인 상황에 있을 때보다는 좌절하는 시기를 넘어서는 것과 관계가 있다. 지금 높은 강도로 힘들게 학습하고 있다고 해도 나중에 그 기술을 사용할 때는 수월할 수 있음을 기억하라. 지금의 어려움은 나중에 기술을 적용할 때 그 일을 훨씬 흥미롭게 해줄 것이다.

어떻게 집중해야 할지 고려했다면, 이제 집중의 지속 시간을 고려해야 한다. 즉 어느 정도의 시간 동안 집중적으로 공부해야 하는데 그전에 주의가 흐트러지고 집중력이 떨어질 수 있기 때문이다. 하지만 연구에 따르면 집중 시간이 길다고 해서 학습에 최적인 것은 아니다. 일반적으로 사람들은 어려운 공부를 할 때 계속 욱여넣기보다는 공부를 멈춘 순간에 더욱 잘 습득한다.

이와 유사하게 '간섭 현상'이라는 것이 있다. 이 현상은 확실한 몰입 상태에서조차 어려운 기술이나 기억해야 할 지식을 배우는 사이사이 다른 일을 하는 게 오히려 적절함을 보여준다. 몇 시간 동안 공부를 했다면 그 한 가지에 극도로 집중하기보다는 몇 가지 주제들을 다루면서 쉬는 것이 더 나을 수도 있다. 교환 거래인 셈이다. 하지만 학습 시간이 너무 많이 쪼개지면 결국 학습은 어려워진다.

필요한 것은 적절한 균형이다. 어떤 주제에 관해 공부하는 데 적절한 길이는 한 시간에 50분이다. 일정 때문에 시간을 크게 한 덩어리로 떼어내 집중해야 한다면, 이를테면 주당 몇 시간뿐이라면 매 시간 몇 분씩 짧게 휴식을 취하고 주제를 나눠 시간을 배분해서 공부하라. 물론 이는 효율성을 위한 지침들일 뿐이다. 궁극적으로는 집중력을 유지하는 데 최적인 방법, 자신의 일정과 성격과 작업 흐름을 고려해 가장 잘 돌아갈 방법을 찾아야 한다. 누군가의 생활에서는 20분 이하의 시간이 최적일 수 있다. 또 누군가는 하루 종일 공부하는 것을 선호할 수도 있다.

자신에게 최적의 공부 방법이 시간을 한 덩어리로 떼어서 쓰는 것임을 알았다고 해보자. 그렇다면 그 시간 동안 집중력을 어떻게 유지할까? 집중력을 깨뜨리고 정신을 흐트러뜨리는 3가지 원인을 살펴보자.

환경

집중력을 흐트러뜨리는 첫 번째 원인은 환경이다. 휴대전화를 꺼두었는가? 인터넷에 접속하고 있지는 않은가? 텔레비전을 보거나 게임을 하고 있지는 않은가? 정신을 흐트러뜨리는 잡음이나 소음이 있지는 않은가? 일할 준비를 했는가? 펜, 책, 스탠드 같은 것을 찾느라 일하던 손을 멈춰야 하는가?

우리는 자신이 꾸물거리고 있다는 사실을 무시하는 것만큼이나 이런 산만한 환경도 무시한다. 많은 사람이 음악을 들을 때 집중이 너 살된다고 말하는데, 사실은 해야 할 일을 하고 싶지 않아서 듣는 것이다. 음악은 낮은 수준의 산만함을 즐길 수 있게 해준다.

완벽한 상황에서 일하지 않는다고 나무라는 게 아니다. 자신이 일을 가장 잘할 수 있는 환경이 어떤 것인지 알고 시험해보라는 말이다. 당신은 텔레비전을 켜둔 상태에서 일이 훨씬 더 잘되는가? 텔레비전 소리를 듣는 것 같은 일로 그 일이 더 견딜 만해지는가? 후자라면 멀티태스킹을 하지 않는 습관을 들여 생산성을 높일 수 있다. 멀티태스킹은 재미는 있지만 울트라러닝에는 적합하지 않다. 울트라러닝은 짧은 시간에 그 과제에 온 정신을 집중해야 하기 때문이다. 이런 악덕에서 스스로 벗어나라. 그렇지 않으면 비효율적으로 학습하게 되는 나쁜 습관이 생길 뿐이다.

과제

두 번째 원인은 공부하고 있는 과제 자체에 있다. 어떤 활동들은 그 자체로 집중하기가 어렵다. 예를 들어 나는 동영상을 볼 때보다 글을 읽을 때 더 집중하기 어렵다. 내용이 똑같아도 말이다. 공부할 때 사용할 도구를 선택할 수 있다면 어느 쪽이 더 집중하기 쉬운지 고려해 결정하라.

하지만 집중하기 쉽다고 무작정 그 도구를 선택해서는 안 된다. 나는 제아무리 집중력을 끌어내는 도구일지라도, 직접 하는 것(울트라러닝의 법칙 3)이 아니거나 피드백(법칙 6)이 없다면 택하지 않는다. 다행히도 이 법칙들은 일반적으로 함께 사용할 수 있는데, 실제로는 일부러 인식해서 해야 할 일이 적어서 집중을 유지하기 어려워 다소 효과가 적은 방법들이긴 하다.

때로는 집중력을 높이기 위해 지금 사용하는 방법을 조금 수정할 수도 있다. 나는 읽는 일이 싫어지면 종종 어려운 개념들을 공책에 정리해서 나 자신에게 설명해준다. 공책에 뭔가를 끼적이고 있으면 마음은 콩밭에 가 있는 상태에서 무의식적으로 자료를 읽어나갈 가능성이 줄어든다. 문제를 풀든, 뭔가를 만들든, 개념들을 큰 소리로 설명하든 정신적으로 처리하기 어려운 강도 높은 전략들을 취하면 산만함이 슬금슬금 기어들어 올 여지가 훨씬 줄어든다.

정신

세 번째 원인은 우리의 정신이다. 부정적인 감정들, 들썩거림, 잡생각이 집중에 가장 큰 장애물이 될 수 있다. 이 문제는 두 가지 측면을 지닌다. 첫째, 대부분의 학습 문제에서 가장 좋은 해결책은 깨끗하고 차분한 마음을 갖는 것이다. 마음이 화, 분노, 좌절, 슬픔으로 채워져 있으면 공부하기 힘들다. 인생에서 벌어지는 문제로 고통을 받고 있다면 공부는커녕 그 문제를 먼저 처리하는 데 신경 쓰게 된다. 좋지 않은 인간관계 속에 있다거나 다른 일 때문에 짜증이 나 있는 상태라거나 자신의 삶이 잘못된 방향으로 추락하고 있다는 생각은 학습 동기를 방해할 수 있다.

대개는 이런 문제들을 무시하지 않는 편이 최선이다. 하지만 자기 감정에 대해 할 수 있는 일이 아무것도 없거나 뭔가 조치를 취하고 싶은 마음이 들지 않을 때도 있다. 이런저런 걱정들이 부풀어 오르고 있지만 거기에 대처하느라 지금 당장 해야 하는 일을 그만두어서는 안 될 때도 있다. 그럴 때는 잠시 시간을 내어 그 감정을 인정하고, 이해하고, 조용히 하던 일로 집중력을 되돌리면서 그 감정이 지나가게 하라.

물론 부정적인 감정들을 내버려두라는 선 말이 쉽지 어려운 일이다. 감정은 정신을 장악할 것이고 프로젝트로 신경을 돌려봤자 그리스 신화의 시시포스처럼 헛고생하는 기분만 들 것이다. 예를 들어 나는 무언가에 화가 나면 일에 관심을 돌려 환기시키려고 한다. 그렇게 하기 위해 15초 정도 가만히 있다가 일을 시작하는데, 때로는 감정이 쉽게 누그러들지 않아 한 시간 혹은 그 이상의 시간을 들여 일에 집중하기 위해 노력한다. 이때 부정적인 감정이 내가 일을 내팽개치고 싶을 정로 강한 반응을 촉발하게 하지 않는 일이 무척 중요하다. 그러면 나중에 비슷한 상황이 벌어져도 몰입해서 작업을 계속해나가는 능력이 강해지고, 점점 더 그렇게 하기가 쉬워진다.

마음챙김mindfulness 을 연구하는 심리학자 수전 스몰리Susan Smalley 와 UCLA 정신인지연구소의 명상가 디아나 윈스턴Diana Winston 은 우리가 어떤 행동에 빠져 있을 때 정신이 산만해지지지 않도록 애쓴다고 말한다. 하지만 그러기보다는 "산만해지게 내버려두고, 거기에 시선을 주고, 그 걸 내보내거나 내버려두는 걸 배운다면" 오히려 우리가 피하려고 애쓰는 그 행동을 줄일 수 있다고 한다.

부정적인 감정 때문에 정신이 산만해져서 계속 공부하는 것이 무의미하게 느껴지면, 그 과제를 계속해나가는 능력을 장기적으로 강화하라. 공부를 하면서 어느 시기 동안은 많은 것을 성취하지 못했다 해도 그 시기가 시간 낭비가 아님을 기억하라.

집중하기에 좋은 최상의 상태를 찾아라

세 번째 문제는 앞의 두 가지보다는 다소 감지하기 힘든데, 집중력의 방향과 질에 관한 문제다. 꾸물거림을 이겨내고, 과제에 필요한 시간만큼 집중력을 유지했는가? 그러면 이제 그 일을 어떻게 했는지 물어볼 차례다. 당신의 학습 능력이 가장 크게 발휘되는, 가장 정신이 초롱초롱한 순간은 어떤 상태인가?

이제 각성과 업무 복잡성이라는 2가지 다른 변수에 관한 연구들을 다루고자 한다. 이는 우리가 주의력을 어떻게 사용해야 하는지에 관한 문제다. 각성은 전반적으로 에너지가 넘치는 느낌 혹은 정신이 초롱초롱한 느낌이다. 잠자리에 들 때는 각성도가 낮고, 운동을 할 때는 각성도가 높다. 이런 신체적인 상태는 교감신경계의 활성화에 따른 것으로 대개 여러 가지 신체 반응이 동시에 일어난다. 심박수가 빨라지고, 혈압

이 올라가고, 동공이 확장되고, 땀이 솟는다.

각성은 주의력에 영향을 미친다. 높은 각성 상태는 정신적으로 날카롭고 기민한 느낌을 만들어내는데, 종종 아주 좁은 곳에 초점을 맞춘다는 특징이 있다. 한편으로는 무척이나 불안정한 상태일 수도 있다. 이는 상대적으로 단순한 일이나 작은 목표물에 집중력을 쏟아부어야 할 경우에 좋다. 다트를 던진다거나 야구공을 던지는 선수들처럼, 무척이나 간단하지만 집중력을 적절한 곳에 쏟아부어야 하는 과제에서 요구된다.

하지만 지나친 각성 상태는 오히려 집중을 흐트러뜨리기 쉽다(집중 수준과 성과 수준 사이의 관계를 나타내는, 거꾸로 된 U형 곡선은 심리학에서 여키스-도슨 법칙_{Yerkes-Dodson law}으로 알려져 있다. 이 법칙은 중간 수준의 각성 상태에서 성과 수준이 가장 높고, 너무 낮거나 너무 높은 수준의 각성 상태에서는 성과 수준이 낮다는 사실을 보여준다). 또한 어떤 특정한 지점에 계속해서 몰입하는 일은 쉬운 게 아니다. 커피에 지나치게 취하면 초조함을 느끼게 되고, 이런 상태는 일에 영향을 미친다.

심리학자 대니얼 카너먼_{Daniel Kahneman}은 수학 문제를 푼다거나 에세이를 쓰는 등 보다 복잡한 일에서는 다소 느슨한 집중 상태가 좋다고 주장한다. 이런 일은 집중 범위가 크고 분산되어 있기 때문이다. 이 방법은 문제를 풀 때 수많은 다른 발상들을 생각하고 외부의 정보를 받아들여야 하는 경우에 적절하다. 복잡한 수학 문제를 풀거나 연시_{戀詩}를 쓰려고 할 때는 정신적 차분함이 필요하다는 말이다.

특히 창조적인 일을 할 때는 오히려 집중하지 않는 데서 이득을 얻을 수도 있다. 문제에서 떨어져 나와 있으면 우리의 의식은 이전에는 하지 못했던 가능성들을 결합시키고 새로운 발견을 할 수 있다. 그래서 일을 하는 동안이 아니라 잠이 들었거나 쉬는 동안에 '유레카'의 순간이 찾아오는 것이다. 하지만 무작정 게을러지는 게 창조성의 열쇠인 것은 아니다. 이런 방식이 통하는 경우는 대개 어떤 문제에 오랜 기간 집중해서 마음속에 그와 관련된 발상들이 잔류해 있을 때만이다. 아예 일하지 않는다면 창조적인 천재성을 끌어낼 수 없다. 휴식을 통해 어려운 문제를 신선한 관점으로 생각하는 것이다.

업무 복잡성과 각성 사이의 관계는 각성을 보정할 수 있다는 점에서 흥미롭다. 수면이 부족한 사람과 충분히 휴식을 취한 사람이 인지적 과제를 어떻게 처리하는지 연구한 실험을 살펴보자. 당연히 졸린 피험자들은 과제를 잘 수행하지 못했다. 하지만 커다란 소음을 들었을 때 졸린 피험자들은 수행 능력이 더 나아졌고 충분히 휴식한 피험자들의 수행 능력은 나빠졌다. 연구자들은 소음이 각성 수준을 올려서 낮은 각성 상태에 있던 피험자들에게 이득이 되었고, 휴식을 취한 피험자들에게는 지나치게 각성 상태를 끌어올려 수행 능력을 떨어뜨렸다고 결론 내렸다.

이는 이상적인 수준의 집중 상태를 유지하려면 각성 상태를 최적화해야 한다는 사실을 알려준다. 복잡한 업무는 낮은 각성 상태가 이득이 될 수 있는데, 다시 말해 수학 문제를 풀 때는 조용한 자기 방에서 하는 것이 바람직하다. 반면 단순한 일은 소음이 많은 환경에서 하는 편이 효율적이다. 즉 고도의 집중력을 요하는 일이 아니라 커피숍에서 일하는 게 괜찮다는 말이다.

이 실험은 우리의 집중력에 가장 도움이 되는 것이 무엇인지 스스로 시험해보고 알아내야 한다는 걸 알려준다. 자신이 시끄러운 커피숍에서 복잡한 업무를 더 잘 처리할 수 있는지, 아니면 간단한 과제조차도 조용한 도서관에서 해야 하는 사람인지 알아야 한다.

30초에서 시작하는 집중력 훈련

집중하기 위해 반드시 일정이 무한정 있고 여가 시간이 어마어마하게 많을 필요는 없다. 서머빌의 사례에서처럼 집중력은 공부할 시간조차 없이 바쁜 사람들에겐 매우 중요하다. 집중하는 능력은 연습을 통해 향상시킬 수 있다. 나는 집중력이 훈련 가능한 능력이라는 데는 불가지론적인 입장이다. 다만 기존에 자동적으로 하지 못하던 어떤 일에 훈련이 되었다면, 다른 일 역시 훈련으로 가능하다고 생각할 뿐이다.

한편 집중력을 높이는 일반적인 규칙 역시 존재한다. 내가 할 수 있는 조언은 이렇다. 자신이 어디에 있는지 인식하고, 작은 일에서 시작하라. 당신이 1분도 가만히 앉아 있지 못하는 사람이라면 30초만 가만히 앉아 있어보라. 30초는 곧 1분이 되고, 2분이 될 것이다. 시간이 흐르면 특정한 주제를 공부할 때마다 느꼈던 좌절이 흥미로 바뀔 것이다. 다른 곳에 정신을 팔고 싶은 충동은 거기에 저항하는 순간마다 약해진다. 인내심과 끈기를 가지면 고작 몇 분이 위대한 일을 이룰 수 있는 시간만큼 늘어날 것이다. 약 200년 전에 서머빌이 그랬던 것처럼 말이다.

지금까지 어떻게 학습을 시작할지 이야기했다. 이제 올바른 학습 방법에 대해 논의해보자. 다음 장에서 소개할 법칙은 '직접 하기'다. 여기서는 공부를 하는 동안 어떤 유형의 일을 해야 하는지, 배운 것을 활용하려면 어떤 일을 하지 말아야 하는지 설명할 것이다.

ULTRALEARNING

제6장

법칙3_ 직접 하기

: 목표를 향해 똑바로 나아가라

분수대로 갈 수 있는 사람은 물 주전자를 찾지 않는다.

_레오나르도 다 빈치

밧살 자이스월Vatsal Jaiswal은 인도에서 자라 건축가의 꿈을 안고 캐나다로 이주했다. 4년이 지나 학위로 무장한 그는 대공황 이후 최악의 구직 시장에 뛰어들었다. 경기가 좋다 해도 건축가로서 기반을 다지기가 힘든데, 그때가 2007년 경기가 무너지고 몇 년 되지 않은 시점이었기 때문이다. 회사들은 경력 있는 건축가들조차 해고하고 있었다. 누군가를 고용해야 한다고 해도 졸업 후 곧바로 직장을 구하지 못한 이들에게는 기회를 주지 않을 것이었다. 그의 졸업 동기 누구도 건축 분야에서 일자리를 찾지 못했다. 대부분은 포기하고 건축이 아닌 다른 일을 구했다. 공부를 더 하러 학교로 돌아가거나 경제적 폭풍이 잠잠해질 때까지 부모님 댁으로 간 이들도 있었다.

자이스월도 마찬가지였다. 어느 날 그는 한 건축회사에 취직을 알아보러 갔다가 고배를 마시고 두 명의 룸메이트와 함께 쓰는 침실 하나짜리 아파트로 돌아가고 있었다(사실 제1장에서 이야기한 '영어 없이 1년 살기'라는 언어 학습과 관련된 울트라러닝 프로젝트를 함께 한 친구가 자이스월이다). 이력서를 수백 통 보냈지만 답신은 하나도 오지 않았다. 그는 회사 사무실에 직접 찾아가서 인사 담당자와 이야기를 나누고 싶다고 애원하는, 다소 공격적인 전략을 시도했다. 그러나 초대받지 않은 사무실 수십 곳을 방문하고 문을 두드린 지 몇 주가 지났지만 여전히 채용됐다는 소식은 들려오지 않았다. 심지어 단 한 통의 면접 전화도 오지 않았다.

문득 자이스월은 자신이 이렇게 분투하고 있는 이유가 경기 침체 말고 다른 데 있는 건 아닌지 미심쩍은 생각이 들었다. 한 조각, 한 조각씩 피드백을 받으면서 그동안 지원했던 회사들에 대해 정보를 노아보자, 자신이 썩 유용한 직원은 아니라는 것을 깨달았다.

그는 학교에서 건축을 전공했지만 들었던 과정들은 대부분 디자인이나 이론적인 과목이었다. 그는 크리에이티브 디자인 프로젝트들도 수행했는데 그것들은 건축 법규, 건축 비용, 까다로운 건축 설계 프로그램이 존재하는 현실과는 동떨어진 것이었다. 학교에서 했던 프로젝트들로 이뤄진 그의 포트폴리오는 건축가들이 일할 때 사용하는 세세한 기술적인 서류들과 비슷한 구석이 하나도 없었다. 아마도 회사들은 그를 고용하면 오랜 기간 연수를 시켜야 하고 현장에 당장 투입하기는 어렵다고 생각했을 것이다.

자이스월은 계획을 세워야 했다. 더 많이 이력서를 돌리고 더 많은 사무실을 찾아가는 건 소용없었다. 회사가 원하는 기술들을 자신이 보유하고 있음을 입증하는 새로운 포트폴리오를 만들어야 했다. 또 그가 일을 맡기기에 부담스럽지 않은, 바로 현장에 투입할 수 있는 인재이며 쓸모 있는 팀원임을 출근 첫날 보여줘야 했다. 그러려면 우선 실제 건축가들이 건물 설계안을 어떻게 그리는지 알아야 했다. 학교에서 배웠던 큼직큼직한 이론과 디자인이 아니라 실제 건축가들이 어떻게 설계를 하는지, 각기 다른 물리적 형태들을 구현하기 위해 어떤 법규들을 이용하는지, 그림에서 어떤 것은 보여주고 어떤 것은 생략하는지 등 세부적인 내용들을 알아야 했다.

그는 건축 설계도로 많이 쓰이는 대형 종이를 출력하는 출력소에 일자리를 얻었다. 적은 급여에 기술도 거의 필요 없는 출력소 일은 그의 최종 목표가 아니었다. 하지만 그가 새 포트폴리오를 준비하는 동안 먹고살게 해주었다. 게다가 건축 사무실에서 사용하는 설계도면들을 매일 볼 수 있었다. 그는 그림들이 어떻게 합쳐지는지 세부적인 사항들을 끝없이 흡수했다.

또한 자이스월은 현장에서 쓰이는 기술을 연마했다. 그는 건축 사무실들을 찾아다니면서 자신이 지원했던 회사들에서 레빗_{Revit}이라는 복잡한 디자인 소프트웨어를 사용한다는 사실을 알게 되었다. 그 프로그램을 완벽하게 익히면 원하는 자리를 얻을 수 있으리라는 확신이 들었다. 밤마다 그는 온라인 강좌를 듣고 혼자서 소프트웨어를 익혔다.

마침내 그는 출력소에서 일하는 동안 공부한 건축 설계도에 관한 지식과 새로 익힌 레빗으로 새로운 포트폴리오를 만들었다. 그는 대학에서 했던 다양한 프로젝트가 아니라 한 가지 건축물을 디자인하는 데 초점을 맞췄다. 옥상 뜰이 있고 현대적인 아름다움을 갖춘 세 개의 타워로 구성된 주거용 건축물이었다. 이 프로젝트를 하면서 소프트웨어를 다루는 기술은 더욱 좋아졌고, 온라인 강좌와 출력소에서 설계도를 보면서 익힌 것 이상의 새로운 기술과 발상을 습득할 수 있었다. 그렇게 몇 달이 지나 준비가 다 끝났다.

새로운 포트폴리오를 손에 들고 자이스월은 다시 한번 구직에 나섰다. 이번에는 딱 두 곳만 방문했다. 놀랍게도 두 곳 모두 즉시 그에게 일자리를 제안해왔다.

잘하고 싶은, 바로 그 일을 하라

자이스월의 이야기는 울트라러닝의 세 번째 법칙을 완벽하게 보여준다. 바로 '직접 하기'다. 건축이 실제로 어떻게 이뤄지는지 보고 자신이 원하는 자리와 밀접한 관계가 있는 기술들을 습득함으로써, 그는 별로 인상적이지 않은 포트폴리오를 제출하는 졸업생 무리를 뚫고 나갈 수 있었다.

직접 하기는 배우려는 기술을 실제로 사용할 환경과 상황에 가장 가까운 상태에서 학습하는 방식이다. 자이스월의 경우, 그는 회사가 자신을 고용하게 만들 건축학적 기술을 충분히 익히고자 했다. 그리하여 그 회사들에서 사용되는 소프트웨어와 디자인을 이용해서 그 회사의 스타일에 부합하는 건물을 설계한 포트폴리오를 만들었다.

독학에는 많은 방법이 있지만 대부분 직접 하기 방식을 취하지 않는다. 한 예로 내가 만난 어떤 건축가는 자이스월의 경우와 정반대였다.

그는 오히려 디자인 이론 지식을 깊이 있게 갖춤으로써 고용 가능성을 높였다. 이는 매우 흥미롭고 재밌게 들리지만, 그의 심화된 이론 지식은 그가 신입 직원으로 일하면서 활용하게 될 실제 기술들과는 동떨어진 것이었다.

자이스월이 대학 시절의 포트폴리오로 구직을 하느라 힘들었던 것처럼, 많은 사람이 자신의 경력과 성과를 담은 포트폴리오를 잘못 만들고 있다. 우리는 어떤 언어를 실제로 말하고 싶어서 언어 공부를 하지만, 대부분의 경우 사람들과 실제로 대화하기보다는 재미있는 앱이나 보고 즐기면서 배우려고 한다. 개방형 전문 프로그램을 가지고 일하고 싶어 하면서 대부분 혼자 스크립트나 해석한다. 연설을 능숙하게 하고 싶어 하지만 실제로 프레젠테이션을 하기보다는 커뮤니케이션에 관한 책을 산다.

이 모든 상황들의 문제는 똑같다. 원하는 뭔가를 직접 배우는 일은 불편하고, 지루하고, 좌절감을 느낄 수 있다. 그래서 우리는 책, 강좌, 앱으로 만족한다. 그것이 우리의 실력을 키워주길 기대하면서.

직접 하기는 대부분의 울트라러닝 프로젝트가 지닌 전형적인 특징이다(여기서 내가 사용하는 '직접 하기'라는 말은 심리학 문헌들에 나온 '전이 적합형 처리', 즉 적절한 과정일 때 더 잘 전이된다는 개념과 유사하다). 로저 크레이그는 〈제퍼디!〉에 실제로 등장했던 질문들로 자가 테스트를 했다. 에릭 배런은 자신이 만들 비디오게임에 들어갈 아트워크를 직접 만들어봄으로써 비디오게임 아트를 배웠다. 베니 루이스는 여행 첫날부터 외국어로 대화를 시도함으로써 외국어들을 빠르게 습득하고 말했다. 이런 접근법들의 공통점은 그 기술의 맥락에서 공부해서 마침내 실제로 그 기술을 사용할 수 있게 되었다는 점이다.

이와 반대되는 대표적인 접근법은 학교 수업 방식이다. 사실과 개념, 기술에 관해 실제 그것들을 어떻게 적용할지는 배제한 채 공부하는 것이다. 어떤 법칙들에 대해, 그것을 이용해 풀어야 할 문제들을 채 이해하기도 전에 그저 달달 왼다. 그 외국어 어휘를 사용하고 싶어서가 아니라 목록에 있기 때문에 암기한다. 졸업하고 나면 다시는 보지도 않을 수준 높고 이상화된 수학 문제들을 푼다.

이런 간접 학습 방법들은 전통적인 교육에만 국한되는 것이 아니다. 많은 자기주도 학습자 역시 간접 학습의 덫에 걸린다. 근래 가장 인기 있는 언어 학습 애플리케이션인 듀오링고Duolingo를 생각해보자. 겉보기에 이 앱에는 사람들이 좋아할 만한 부분이 많다. 알록달록하고 재미있으며, 질 배워나가고 있다는 느낌도 준다. 하지만 나는 이 '잘 배우고 있다'는 느낌 대부분이 착각이라고 생각한다. 최소한의 목표가 그 언어로 말하게 되는 것이라면 말이다.

왜 그런지 이해하려면 듀오링고가 어떻게 연습을 독려하는지 생각해보라. 이 앱은 사용자에게 먼저 배우려는 외국어 단어와 문장을 제공하고 단어 은행에서 해석할 모국어 단어를 고르도록 한다(물론 듀오링고에도 직접적인 형태로 연습하기 위한 방법들이 있다. 하지만 앱의 모바일 버전에서 같은 수업을 반복적으로 실행하는 경우에만 해당된다).

문제는 이것이 실제 말하는 일과는 전혀 다르다는 점이다. 외국어를 쓸 때 우리는 먼저 모국어로 말하려는 문장을 생각한 후 이를 외국어로 번역한다. 또 실제 말하는 상황에서 사용 가능한 외국어 단어나 문장이 다양한 선택지로 제공되는 것도 아니다. 우리는 기억에서 필요한 단어를 들춰보거나, 사용하고 싶은 단어를 아직 배우지 못했다면 그와 비슷한 단어를 찾아야 한다. 이는 매우 제한적인 단어 은행에서 번역어에 들어맞는 단어를 고르는 것과 완전히 다른 과업이며, 훨씬 더 어려운 일이다. 시작 지점에서 말을 먼저 해보는 베니 루이스의 방식은 어려울지 모르지만 마침내는 원하는 그 일에 완전히 능숙해진다. 대화할 수 있게 되는 것이다.

나는 MIT 챌린지를 하면서 그 수업들에서 다 합격하려면 녹화된 강좌를 볼 게 아니라 문제 풀이를 해야 한다는 걸 깨달았다. 이 프로젝트가 끝나고 몇 년이 지났지만 아직도 학생들은 어떤 강좌 동영상이 없다는 불평은 해도 문제가 덜 갖춰졌다거나 충분하지 않다는 불평은 거의 하지 않는다. 그들은 어떤 교과를 배울 때 강좌를 보거나 듣는 방식을 주로 택하고, 문제 풀이는 자신의 지식을 피상적으로 점검하는 의식일 뿐이라고 생각하는 듯하다. 학습 자원들을 전체적으로 훑어보는 것은 연습을 시작할 때 필수적이긴 하지만, 직접 문제를 푸는 것은 배운 내용을 실제로 활용할 수 있게 해준다.

직접 하기를 가장 쉽게 하는 방법은 그저 잘하고 싶은 그 일을 행하는 데 많은 시간을 들이는 것이다. 만일 어떤 언어를 배우고 싶다면 베니 루이스처럼 그 언어로 말하라. 만일 비디오게임 만드는 법을 터득하고 싶다면 에릭 배런처럼 만들어보면 된다. 시험에 통과하고 싶다면 내가 MIT 챌린지 때 한 것처럼 거기에 나오는 문제들을 풀어보라.

이런 학습법을 모든 프로젝트에 적용할 수 있는 건 아니다. '진짜' 상황은 드물고, 어렵고, 심지어 만들어내기 불가능할 수도 있다. 따라서 실제와 다른 상황에서 공부할 수밖에 없다. 로저 크레이그의 경우 〈제퍼디!)에 수백 번 출연해서 연습할 수는 없었다. 그는 자신이 다른 상황에서 학습하고 있으며, 때가 되면 그 지식을 쇼에서 보여줘야 한다는 걸 알았다. 이런 상황에서는 점차적으로 수행 능력을 발전시켜 나가는 게 직접 하기의 대안이다. 〈제퍼디!〉 이전 회차들에 나온 문제들을 학습하는 크레이그의 방식은 무작위로 주제를 선정해서 학습하는 것보다는 훨씬 더 효율적이다.

자이스월의 경우 입사하고 싶은 회사들이 그를 고용하지 않았기 때문에 건축 기술을 습득하는 데 유사한 한계가 있었다. 하지만 자이스월은 그 회사에서 사용하는 것과 똑같은 소프트웨어를 익히고, 실제 현장에서 사용되는 설계도면들과 유사한 포트폴리오를 만듦으로써 한계를 극복했다.

상황을 모방해서 학습하는 직접 하기 방식이 때로 쉬운 연습에는 적절하지 않을 수 있다. 또한 처음부터 직접 하기로 공부한다 해도 강의 동영상을 보거나 앱으로 배우는 것보다는 강도도 높고 불편하다. 때문에 직접 하기 방식에 주의를 기울이지 않는다면 슬그머니 형편없는 학습 전략을 취하게 되기 쉽다.

자이스월의 이야기에서 우리가 귀 기울여야 할 내용은 그의 자기주도 학습 방식이 일궈낸 성과가 아니라 공식적인 교육의 실패다. 그가 처한 어려움은 대학에서 4년간 강도 높은 건축 공부를 한 뒤에 시작되었다. 어째서 대학 졸업장이 아니라 졸업 후 시도한 작은 프로젝트가 그의 고용 가능성을 높인 것일까?

교육의 말할 수 없는 비밀

학습전이transfer of learning는 '교육의 성배'라고 불린다. 이는 우리가 어떤 맥락에서(예를 들면 교실에서) 뭔가를 배우고 나서 그것을 다른 맥락에서(현실 생활에서) 사용할 때 일어나는 일이다. 기술적으로 들리기는 하지만 학습전이는 우리가 대부분 공부할 때 기대하는 일이다. 공부한 것을 새로운 상황에 활용할 수 있길 바라지 않는가.

하지만 불행하게도, 100여 년 이상의 강도 높은 작업과 조사에도 불구하고 공교육에서는 대부분 학습전이가 일어나지 않는다. 심리학자 로버트 해스컬Robert Haskell은《학습전이》에서 이렇게 말했다. "과거 90년 이상의 연구 조사들을 보면 학습전이가 갖는 중요성에도 불구하고, 개인이든 교육기관이든 우리가 학습한 내용을 유의미한 수준으로 학습전이하는 데 실패했음을 분명히 보여준다. 말 그대로 이것은 교육적 스캔들이다."

이런 이야기를 들으면 학교교육의 효용에 대해 의심하지 않을 수 없다. 해스컬은 이렇게 지적한다. "우리는 학습전이가 일어나기를 기대한다. 예를 들면 고교 시절 잠시 맛본 심리학 입문 이론이 대학 심리학 입문 과정에서 적용되기를 바란다. 하지만 고교 시절 심리학 입문 과정을 들은 학생이 심리학과에 들어가서 고교 시절 심리학을 수강하지 않았던 학생보다 더 나을 바가 없다는 것은 수년 동안 익히 알려진 사실이다. 고교 시절 심리학 입문 수업을 들은 학생들 중 일부는 대학 과정을 들을 때 오히려 더 퇴보하기도 한다."

다른 연구에서는 대학 졸업자들이 경제학 주제에 관한 질문을 받았을 때 경제학 수업을 들었던 사람들과 듣지 않았던 사람들의 차이가 없는 것으로 나타났다. 다양한 예시들이 학습전이를 좀 더 돕는 듯 보이지만 인지과학 연구자 미켈레네 치_{Michelene Chi}는 이렇게 지적한다.

"예시의 역할에 관해 이뤄진 지금까지의 실증적인 작업들 거의 대부분에서, 예시를 공부한 학생은 종종 예시에서 약간이라도 벗어나면 그 문제를 풀지 못했다." 발달심리학자 하워드 가드너는 《교육받지 않은 정신》_{The Unschooled Mind: How Children Think and How Schools Should Teach}에서 "대학 물리학 수업에서 가장 좋은 점수를 받은 학생들은 종종 자신이 받은 공식적인 교육과 시험이 조금이라도 다르면 기초적인 문제도 풀지 못한다."

이런 학습전이 실패는 학교에만 국한된 것이 아니다. 기업 교육 또한 타임스 미러 트레이닝 그룹의 전_前 회장 존 젠거가 지적했듯이 "훈련에 따른 가시적인 변화들을 거의 찾기 힘들다".

사실 학습전이 실패에 관한 인식은 학습전이 문제 연구만큼이나 역사가 오래되었다. 그 문제를 처음으로 제기한 것은 1901년 심리학자 에드워드 손다이크_{Edward Thorndike}와 로버트 우드워스_{Robert Woodworth}가 쓴 세미나 보고서 〈한 가지 정신 기능 증진이 다른 기능의 효율성에 미치는 영향〉_{The Influence of Improvement in One Mental Function upon the Efficiency of Other Functions}이다.

두 사람은 당시 지배적인 교육 이론이던 형식도야_{型式陶冶} 이론(기억, 추리, 상상 같은 기본적 정신 기능을 개발하는 데 적합한 교과를 학습함으로써 모든 종류의 학습에 전이할 수 있는 일반적 정신 능력을 습득하는 교육. 훈련의 일반적 전이를 받아들이는 이론이다―옮긴이 주)을 공격했다. 이 이론은 뇌가 근육과 유사하며 기억, 주의력, 추론과 관련해 상당히 일반적인 능력들을 담고 있어 이런 근육들을 훈련으로 증진시킬 수 있다는 것이다.

이는 학생들이 더 나은 생각을 할 수 있도록 돕는다는, 라틴어와 기하학의 보편적인 지도 방식에 깔린 지배적인 이론이었다. 손다이크는 학습전이가 흔히 생각하는 것보다 훨씬 협소하게 이뤄진다는 사실을 보여줌으로써 이 개념에 반박했다.

라틴어 공부의 인기가 사그라들면서 많은 교육 전문가가 형식도야 이론의 화신들을 부활시켰다. 누구나 프로그래밍이나 비판적 사고를 배우면 일반적인 지력을 증진시킬 수 있다는 것이었다. 인기 있는 수많은 두뇌 훈련 게임 역시 인지적 과제들을 훈련하면 일상적인 추론 능력이 확장된다는 추정을 기반으로 한다. 학습전이 과정에 관한 판결이 나온 지 100년이 넘었지만 아직도 학습전이의 매력은 여전히 성배를 찾고 있는 중이다.

이 모든 사실에도 상황이 완전히 절망적이지는 않다. 경험적 작업과 교육기관들은 유의미한 학습전이의 증거를 보여주는 데 실패했지만 학습전이가 존재하지 않는다는 예는 없다. 미국의 심리학자 윌버트 매키치Wilbert McKeachie는 학습전이의 역사를 서술하면서 "학습전이는 역설적인 것이다. 바라면 얻지 못할 것이다. 하지만 학습전이는 늘 일어나고 있다."라고 지적했다.

비유를 이용할 때마다, 즉 어떤 대상이 다른 어떤 대상과 유사하다고 말할 때마다 우리는 지식에 관한 학습전이를 하고 있는 것이다. 아이스스케이트 타는 법을 알고 있는 상태에서 롤러스케이트를 배운다면 기술에 대한 학습전이를 하고 있는 것이다. 해스컬의 지적처럼 학습전이가 정말로 불가능하다면 우리는 제 기능을 하지 못할 것이다.

그렇다면 이런 단절은 어떻게 설명해야 할까? 우리가 세상에서 제 기능을 하는 데 학습전이가 필요하다면 왜 교육기관들은 학습전이의 유의미한 증거를 보여주느라 애쓸까? 해스컬은 지식이 제한적일 때 학습전이가 어려워지기 때문이라고 말한다. 우리가 어떤 분야에서 지식과 기술을 더 많이 개발할수록 그것들을 학습했던 좁은 맥락을 벗어났을 때 훨씬 더 유연하고 쉽게 적용할 수 있다. 여기서 학습전이 문제에 관해 내가 생각한 가설 하나를 더 추가하고 싶다. 나는 대부분의 공식적인 학습이 간접적이기 때문에 학습전이가 일어나지 않는다고 생각한다.

'직접 하기'로 교실 교육의 한계 극복하기

직접 하기는 학습전이 문제를 두 가지 방식으로 해결한다. 우선 우리가 결과적으로 그 기술을 적용하려는 분야에서 직접 배운다면 여기에서 저기로 학습전이를 할 필요가 줄어든다. 학습전이의 어려움을 보여주는 지난 세기의 연구들을 비롯해 이 문제에 관한 해결책들이 결과를 보여주지 못하는 상황을 떠올려보라. 서로 다른 맥락과 상황에서 배운 것들은 학습전이를 유발하지 못한다는 관점을 진지하게 받아들여야 한다. 해스컬이 제안하듯이 "어떤 장소나 소재에 딱 달라붙어" 공부하면 그 상황은 우리가 나중에 그 기술을 사용할 상황에 더욱 가까워지기 쉽다.

두 번째로, 나는 직접 하기 방식에는 학습전이가 그다지 필요하지 않지만 그럼에도 이 방식이 배우고 익힌 것들을 새로운 상황에 전이시키는 걸 돕는다고 본다. 현실 세계에서 벌어지는 많은 상황을 살펴보면 세부적으로는 비슷비슷한 일이 제법 있다. 이것들은 절대로 수업이나 교과서의 추상적인 배경지식과는 겹치지 않는다. 새로운 것을 배우는 일은 서로 관련 있는 성문화된 지식들만 아니라 그 지식들이 현실과 상호 작용하는 세부적인 방식들에도 달려 있다. 교실이라는 인위적인 환경이 아니라 구체적이고 현실적인 맥락에서 학습하면 실제로 벌어지는 새로운 상황에 전이하기 쉬운, 숨겨진 기술과 지식들을 배우게 된다.

개인적으로 내가 영어 사용하지 않기 프로젝트를 하면서 발견한 가장 중요한 기술 하나는 휴대전화 번역 앱이나 사전을 빠르게 사용하는 일이었다. 덕분에 나는 대화 도중에 내 언어 지식의 틈을 메울 수 있었다. 이것은 언어학습 교과과정에 드물게 깔린 실용적인 기술이다. 사소한 예지만 현실의 상황들에는 학교에서 배운 내용을 현실 세계에 적용할 때 필요한 기술과 지식들이 수천 가지 있다.

교육의 성배가 발견될지 아닐지를 결정하는 건 연구자들의 몫이다. 그전까지 학습자로서 우리는 초기의 배움이 종종 그 학습 상황에 고착된다는 사실을 받아들여야 한다. 학교에서 알고리즘을 배운 프로그래머는 나중에 직접 코드를 짤 때 그 알고리즘을 언제 사용해야 할지 어려워한다. 경영 서적으로 새로운 경영 철학을 배운 리더는 결국 직원들에게 늘 하던 방식으로 지시하고 그전과 똑같이 일할 것이다.

내가 가장 좋아하는 사례가 있다. 친구들과 카지노에 갔던 때의 일이다. 친구들에게 나는 그동안 배운 것들이 도박을 즐기는 데 방해가 되진 않느냐고 물었다. 그들은 그저 멍하니 나를 쳐다보았다. 그 상황이 재미있었던 이유는 그들이 보험계리사들이었기 때문이다. 그들이 몇 년 동안 배운 통계학에서는 우리가 절대 도박장을 이길 수 없다고 말해왔을 텐데, 당시에는 딱히 그 내용을 떠올리고 있는 것 같아 보이지 않았다.

새로운 것을 배울 때는 그 내용을 앞으로 사용할 맥락과 직접적으로 연결해서 정진해야 한다. 현장에서부터 시작해서 외부를 향해 지식을 쌓아나가는 편이 전통적인 학습 전략과 학습전이에 대한 희망을 가지는 것보다는 낫다.

현장에 '딱 달라붙어' 배워라

학습전이 문제와 직접 하기의 중요성을 생각하면서 이제 서로 다른 울트라러닝 프로젝트에서 이 방식을 다룰 몇 가지 방법을 살펴보자. 가장 간단한 방법은 '직접 배우는 것'이다. 가장 공부가 잘되는 시간에 하고 싶은 공부를 할 수 있다면 직접 하기의 문제는 날아가 버린다. 하지만 그렇게 할 수 없다면 자신의 기술을 시험해보는 프로젝트를 만들어보거나 환경을 조성해야 한다. 여기서 가장 중요한 것은 우리가 습득하려는 기술의 인지적 특성들과 그것을 실행하는 방식이 상당히 유사하다는 점이다.

로저 크레이그가 〈제퍼디!〉에 나왔던 시험 문제들을 풀어봄으로써 그 쇼를 시뮬레이션했던 일을 떠올려보라. 실제로 나왔던 질문들을 활용하는 건 그가 만든 프로그램 배경색을 그 쇼의 무대 배경색인 푸른색으로 하는 일보다 훨씬 더 중요하다. 배경색에는 문제에 대한 그의 반응을 바꿀 어떤 정보도 담겨 있지 않으며 그가 연습한 기술이 그 배경색 때문에 바뀌지도 않는다.

하지만 만일 그가 다른 곳에서(말하자면 '트리비얼 퍼슈트'Trivial Pursuit 같은 상식을 주제로 한 보드게임) 상식 문제들을 뽑아서 공부했다면 질문이 던져지는 방식, 즉 〈제퍼디!〉가 끌어내는 주제나 난이도에서 차이가 생겨났을 것이다. 만일 그가 상식을 공부하려고 위키피디아 글들을 무작위로 읽었더라면 〈제퍼디!〉 스타일의 단서를 통해 답을 찾아내는 기본적인 기술을 전혀 연마할 수 없었을 것이다.

당신이 학습으로 얻어낼 것이 실용적인 기술이 아닐 수도 있다. 내가 만난 많은 울트라러너의 최종적인 목표는 특정한 주제를 잘 이해하는 것이었다. 한 예로 비샬 마이니는 기계 학습(슈퍼컴퓨터가 동작을 스스로 개선하는 능력—옮긴이 주)과 인공지능을 더 잘 알고 싶어 했다. 나 역시 MIT 챌린지를 통해 앱이나 비디오게임을 만들겠다는 보다 실용적인 목적이 아니라 컴퓨터과학을 깊이 이해하고 싶었다. 이런 학습에서는 직접 하기 방식이 그다지 중요하지 않아 보이지만 그렇지 않다. 보다 분명하거나 실제적인 부분이 덜한 것은 사실이지만 말이다.

마이니의 경우 기계 학습을 활용하는 회사에서 비기술직으로 자리 잡을 만큼 그 분야에 관해 지적으로 생각하고 말할 수 있기를 바랐다. 자신의 생각을 분명하게 표현하고, 그 개념들을 명확하게 이해하고, 관련 지식에 정통한 사람들과 비전문가들과 함께 논의할 수 있는 수준으로 향상되기를 원했다. 따라서 그의 목표는 기계 학습의 기초를 더욱 적절하게 다져주는 단기 강좌를 듣는 것이 되었다. 이 학습은 그가 해당 기술을 적용하려는 부분, 즉 다른 사람들과 기계 학습에 관해 소통하는 것과 직접적인 관련이 있었다.

학습전이에 관한 연구 결과들이 꽤나 절망적이긴 해도, 어떤 주제를 깊이 알면 그것이 미래의 학습전이를 보다 유연하게 해주리라는 희망한 줄기는 남아 있다. 우리의 지식 구조가 불안정한 곳에서 세워졌어도 관련된 환경이나 맥락에 딱 달라붙어 더 많이 공부하고 시간을 들이면 융통성 있게 널리 활용할 수 있다. 이것이 로버트 해스컬의 결론이다.

새로운 학습자들에게는 그 문제에 관한 단기적인 해결책이 없다고 해도, 어떤 주제를 완전히 습득할 때까지 계속 공부하는 사람들에게는 한 가지 경로가 있다. 어떤 특화된 분야를 전문적으로 익힌 울트라러너 들은 학습전이에도 통달한 사람들인데, 이는 대부분 깊은 지식에서 비롯된 것이다. 깊이 있는 지식은 성취를 보다 쉽게 해준다. 앞서 메타 학습과 관련해 언급했던 댄 에버렛이 대표적인 사례다. 그의 깊이 있는 언어 지식은 공식적으로 언어를 배운 사람들보다 상대적으로 새로운 언어를 배우기 쉽게 해주었다.

울트라러닝의 직접 학습 전략

간접 학습의 어려움에 관한 증거들이 수없이 많은데, 왜 아직도 학교에서나 독학에 실패한 사람들은 간접 학습을 택하는 걸까? 이유는 단순하다. 직접 학습이 어렵기 때문이다. 직접 학습은 책을 읽거나 앉아서 강의를 듣는 것보다 좌절하기 쉽고, 도전적인 일이며, 강도가 높다. 하지만 이런 극도의 어려움이 울트라러닝 지망생들에게는 경쟁적인 이점을 주는 강력한 원천이 되기도 한다. 당신도 어려움을 감수하고 기꺼이 직접 학습을 이용한다면 훨씬 효율적으로 원하는 지식이나 기술을 습득할 것이다.

이제 울트라러너들이 직접 하기 법칙을 극대화해서 전형적인 학교 교육에서는 부족했던 이점을 취한 전략을 몇 가지 살펴보겠다.

프로젝트 기반 학습

많은 울트라러너가 필요한 기술을 배우기 위해 강좌보다는 프로젝트를 시도하는 걸 택한다. 이유는 단순하다. 뭔가를 만들어내기 위해 공부할 계획이라면 최소한 그것을 만들어낼 수 있어야 한다고 생각하기 때문이다. 수업을 듣는다면 목표에 다가가기보다 메모를 하고 글을 읽느라 많은 시간을 보낼 것이다.

컴퓨터 게임을 만듦으로써 프로그램 짜는 법을 배우는 건 프로젝트 기반 학습의 완벽한 본보기다. 엔지니어링, 디자인, 예술, 작곡, 목공, 글쓰기 등 수많은 기술들은 자연스럽게 뭔가를 만들어내는 프로젝트로 마무리된다. 지능과 관련된 분야 역시 프로젝트 기반의 학습을 할 수 있다. 내가 만난 울트라러너 한 사람은 군사 역사를 배우는 것을 목표로 프로젝트를 진행하고 있었는데, 그 프로젝트는 논문을 작성하는 것이었다. 그의 최종 목표는 군사 역사에 관해 지적인 대화를 나누는 것이었고, 논문을 작성하는 건 단순히 많은 책을 읽는 것보다는 더욱 직접적인 학습이다.

담금형 학습

담금형 학습immersive learning은 자신이 목표로 한 기술을 실행할 환경에 뛰어드는 것이다. 이는 그 기술을 이용할 상황에 자신을 노출시켜서 일반적인 학습 방식보다 훨씬 더 많은 연습을 하게 된다는 이점이 있다.

언어를 배우는 일은 고전적으로 담금형 학습이 잘 작동하는 사례다. 그 언어가 발화되는 환경 속에 뛰어들면 결과적으로 그 어떤 상황보다 해당 언어를 더 많이 연습하게 되고, 새로운 단어와 문장을 배워야 하는 다양한 상황들을 마주치게 된다. 하지만 언어 학습만이 담금형 방식을 적용할 수 있는 건 아니다. 학습과 관계된 커뮤니티에 들어가는 것도 유사한 효과를 낼 수 있다. 이런 환경이 새로운 발상과 도전들을 지속적으로 접할 수 있게 해주기 때문이다. 가령 초보 프로그래머들은 코딩에 관한 새로운 도전을 하고자 공개 프로젝트에 참가할 수도 있다.

모의 비행 방식

담금형 학습과 프로젝트는 무척 좋은 방법이지만 현실적으로 많은 기술의 경우 직접 연습할 방법이 없다. 비행기 조종이나 외과 수술 집도 같은 기술들은 이미 상당한 시간의 훈련을 받았다 할지라도 실제 상황에서 연습하는 것이 법적으로 허용되지 않는다. 이런 경우는 어떻게 극복할 수 있을까?

학습전이에서 알아두어야 할 점은, 예컨대 공부하는 동안 어떤 방에 있는지, 어떤 옷을 입고 있는지와 같이 학습 환경의 모든 특성을 필요로 하지는 않는다는 점이다. 학습전이는 인지적 특성, 다시 말해 무엇을 할지 결정할 필요가 있는 상황들과 머릿속에 저장되어 있는 단서적 지식들과 관련된 것이다. 이는 직접 연습이 불가능해서 가상으로 시뮬레이션 할 때, 문제가 되는 작업의 인지적 요소를 중심으로 연습해야 한다는 말이다.

가령 비행기 조종은 조종사들이 내려야 할 결정을 배우고 식별 능력을 키워야 한다. 따라서 비행 시뮬레이터에서 연습하는 것이 실제 비행기를 조종하는 것만큼이나 적절할 수 있다. 더 멋진 그래픽이나 음향이 중요한 게 아니다. 특정한 기술(지식)을 사용할 때 조종사들이 알아야 할 정보나 내려야 하는 결정들의 본질을 바꾸는 것이 아닌 한 말이다.

다양한 학습 방식들을 평가해보면, 직접 하기 방식을 시뮬레이션하는 것이 학습전이를 더 잘 일으킨다. 따라서 프랑스로 여행을 가기 전에 프랑스어를 배우려면 낱말 카드를 넘기는 것보다 스카이프를 통해 공부하는 편이 학습전이가 (완벽하지는 않다 해도) 더 잘 일어날 것이다.

과다 학습법

직접 하기를 강화하는 마지막 방법은 도전을 늘리는 것이다. 그럼으로써 목표를 달성하는 데 필요한 기술 수준에 도달할 수 있다.

트리스탄 드 몽테벨로는 대중 연설 세계 챔피언십에 나갈 준비를 할 때 중학교에서 연설을 했다. 그가 보기에 토스트마스터 클럽의 피드백은 자신의 연설에서 무엇이 장점이고 무엇이 문제인지 딱 잘라 말하기에는 너무 온건하거나 너무 격려하는 내용이었다. 반대로 중학생들은 가차 없을 것이었다. 그의 농담이 재미없거나 연설이 지루하다면 아이들의 얼굴에서 즉시 알아차릴 수 있을 것이었다. 이런 과다 학습법은 극도로 까다로운 기준이 요구되는 환경에 처하게 만들어 중요한 피드백을 놓치지 않게 한다.

이 방식이 너무 강도 높게 느껴질 수 있다. 어쩌면 당신은 지금껏 가까스로 배운 그 언어로 대화하기에는 아직 준비가 덜 되었다고 느끼고 있을지도 모른다. 무대 위에 올라가서 연설을 하다가 외운 것을 잊어버릴까 봐 걱정스러울지도 모른다. 애플리케이션을 곧장 프로그래밍하는 것보다는, 누군가가 코딩하는 법을 촬영한 동영상이나 보고 싶을지도 모른다.

하지만 이런 두려움들은 대개 일시적이다. 동기만 충분하다면 점점 더 이 방법을 밀어붙이기가 쉬워진다. 내가 언어 학습 프로젝트를 하는 동안, 새로운 나라에 갈 때마다 첫 주는 격동의 한 주였지만 곧 새로운 언어 환경에서 온전히 살아갈 수 있었다.

어떤 프로젝트에 과다 학습법을 적용하는 방법 한 가지는 당신 자신에게 필요한 수준 이상의 시험이나 과제에 도전하는 걸 목표로 삼는 것이다. 베니 루이스는 어학 시험을 보는 것을 좋아했는데, 그것이 구체적인 도전이 되기 때문이다. 그는 독일어 프로젝트에서 가장 상급 수준의 시험을 보는 걸 목표로 했다. 그 목표가 편안하게 대화하는 것 이상의 학습을 하도록 자신을 몰아붙이리라고 생각했기 때문이다. 내 친구 하나는 기술과 재능을 끌어올리기 위해 사진 전시회를 열기로 했다. 자신의 작업을 눈에 보이는 형태로 공개하겠다고 결정하면, 배운 지식 한 무더기를 단순히 점검하는 것이 아니라 학습에 접근하는 태도를 바꾸고 원하는 범위에서 활동할 수 있는 준비를 갖추게 해준다.

배움, 스스로 묻고 답하라

직접 학습은 내가 본 수많은 울트라러닝 프로젝트의 중요한 특징으로, 우리 대부분이 받아온 교육 방식과는 상당히 다르다. 뭔가 새로운 것을 배우려고 한다면 그 지식이 어디에서 어떻게 나타나야 하는지 스스로에게 물어보는 습관을 들여라. 거기에 답변할 수 있다면 다음으로 그 맥락에서 자신이 학습 중인 것과 연관된 일을 하고 있는지 물어라. 그렇게 하고 있지 않다면 학습전이 문제가 고개를 쳐들었을 때 조심스럽게 발을 디뎌야 한다.

하지만 직접 학습 방식은 잘 습득하는 방법에 관한 반쪽짜리 대답이다. 그 기술을 사용하려는 환경에서 직접 연습하는 것은 시발점으로서 중요하다. 하지만 기술을 빠르게 숙련하려면 연습량만으로는 충분치 않다. 따라서 울트라러닝의 다음 법칙을 살펴봐야 한다. 바로 특화 학습이다.

ULTRALEARNING

ULTRALEARNING

제7장

법칙4_특화 학습

: 취약점을 공략하라

그 자체로 자연스럽게 해결되도록 마디와 절을 처리하라.

_필립 존스톤Philip Johnston, 작곡가

기업가, 발명가, 과학자, 외교관, 미국 건국의 아버지 등 벤저민 프랭클린은 일생 동안 수많은 직업과 역할을 거쳤다. 하지만 무엇보다도 그는 유명한 작가였다. 그가 처음으로 성공한 분야는 글쓰기였다. 형의 인쇄소에서 도제로 일하던 마지막 해에, 그는 그곳에서 벗어나기 위해 보스턴에서 도망쳐 필라델피아로 갔다. 빈털터리에 무명이었던 프랭클린은 처음에는 인쇄소에서 일하다가 자신의 인쇄소를 세우기에 이르렀다. 그리고 그가 쓴《벤저민 프랭클린, 가난한 리처드의 달력》이 세계적인 베스트셀러가 되었고, 그는 마흔두 살에 직업 전선에서 물러났다. 하지만 그의 저작 활동은 이후에도 꾸준히 이어져 전 세계 사람들을 변화시켰다.

사실 프랭클린은 과학자임에도 수학을 못했다. 그는 우주에 관한 거대 이론보다 과학을 실용적으로 사용하는 데 더 관심이 있었다. 영국의 화학자 험프리 데이비 경은 프랭클린의 글에 대해 "철학자들뿐만 아니라 대중들까지 아우르는 내용이었다. 프랭클린은 사람들이 즐겁게 읽을 수 있도록 명쾌하고도 구체적인 내용을 그렸다."고 말했다. 프랭클린의 이런 작가적 재능은 그의 실용적인 사고방식과 결합해 세계적인 돌풍을 일으켰다.

정치에서도 프랭클린은 글쓰기 재능으로 협력자를 얻고 잠재적인 적수들을 설득했다. 미국 독립혁명 이전에 그는 논설 하나를 썼는데, 프로이센의 프레더릭 2세를 저자로 가정한 〈프로이센 왕의 칙령〉An Edict by the King of Prussia이라는 글이다. 이 논설에서 그는 독일에 기원을 둔 브리티시섬의 초기 성작사들 내문에 프로이센 왕이 "세입은 영국 안에서 인급된 식민지들에서 인상돼야 한다."라고 말하는 내용을 통해 영국-미국 연합에 관해 풍자했다. 나중에는 미국의 독립선언서에도 그의 글이 들어가기에 이른다. 그 글은 토머스 제퍼슨의 글을 편집한 것으로 바로 '우리는 이를 자명한 진실로 여긴다'라는 문장이다.

프랭클린은 이렇듯 놀라운 글쓰기 기술을 어떻게 얻었을까? 다행스럽게도, 대부분 위대한 작가들이 위대한 글쓰기 기술을 어떻게 얻었는지 알 수 없는 것과 달리 프랭클린은 이에 대해 말해주고 있다.《벤저민 프랭클린 자서전》에서 그는 소년 시절 글쓰기 연습을 위해 작문 기술을 부분별로 잘게 쪼개는 데서 시작했다고 자세하게 묘사했다. 어릴 적 그는 교육받은 여성의 장점에 관해 한 친구와 논쟁을 벌였는데(프랭클린이 옹호하는 쪽이고 친구가 반대편이었다), 이때 아버지가 그에게 설득력이 없다고 말했다. 이에 그는 설득력을 향상시키기로 결심하고 글쓰기 기술을 연습하기 시작했다.

그의 연습 방법 한 가지는 자신이 좋아하던 잡지 《스펙테이터》Spectator 에 나온 기사들을 기록해보는 것이었다. 그러고 나서 몇 주 동안 그 기록을 잊고 있다가 다시 돌아가서 머릿속으로 당초의 논쟁을 재구성했다. 다 끝나면 원래의 기사와 자신이 쓴 기사를 비교하고 실수를 발견하면 수정했다. 그러다 자신의 어휘가 제한적이라는 것을 깨닫고서는 다른 전략을 개발했다. 바로 산문을 운문으로 바꾸는 것이었다. 그는 단어들을 길이나 리듬이 서로 맞는 유의어로 바꾸었다. 그리고 산문의 수사적인 흐름을 익히는 데는 모방 방식을 다시 사용했는데, 이때는 단서들을 뒤섞었다가 그 발상들을 정확한 순서대로 배열해 다시 쓰는 연습을 했다.

글쓰기 시스템이 다소 세워지자 그는 조금 더 어려운 일인 설득하는 글쓰기로 넘어갔다. 언젠가 그는 영어 문법책을 읽으면서 소크라테스식 문답법 개념을 접한 적이 있었다. 이는 상대방의 의견을 직접 반박하는 것이 아니라 캐물음으로써 도전하는 방식이다. 그는 "변변찮은 질문자이자 의심꾼"이 되기보다는 "갑작스러운 반박과 긍정적인 논쟁"을 조심스럽게 피하는 데 초점을 맞춰 그 작업을 해나갔다.

이런 노력들은 결실을 맺었다. 열여섯 살에 그는 자신의 작품을 출판하고 싶어졌다. 형에게 단박에 거절당할까 봐 문체를 바꾸고 '사일런스 두굿'Silence Dogood이라는 시골 미망인이라고 자신을 소개한 원고를 형에게 보냈다. 형은 진짜 지은이가 누구인지 모른 채 그 원고를 출판해주었고, 프랭클린은 다시 글을 쓰기 시작했다. 자신의 글을 공정하게 평가받으려고 꼼수를 썼지만 다른 인물로 가장한 것은 훗날의 경력에 큰 도움이 되었다. 그의 저작 중《벤저민 프랭클린, 가난한 리처드의 달력》은 그가 리처드 손더스라는 이름으로 1732년부터 25년간 발행한 달력이었다.〈프로이센 왕의 칙령〉역시 정치적 관점을 상상으로 풀어가는 유연성이 발휘되어 있다.

첫 번째 걸작을 펴내지 않았더라면 그가 오늘날과 같은 명성을 누릴 수 있었을까? 비즈니스든, 과학이든, 발명이든 수많은 업적을 이뤄 그를 위대하게 만들어준 핵심적인 자질은 글쓰기 능력이었다. 그리고 그를 특별하게 만들어준 것은 쓴 글의 양이나 타고난 재능이 아니라 그가 연습한 방식에 있었다. 그는 글쓰기 기술을 잘게 쪼개고 그 요소들을 각각 독립적으로 연습하는 방식으로 어린 시절부터 글쓰기를 연습했고, 이 방식은 훗날 다른 수많은 작업에도 적용되었다. 이런 주의 깊은 분석과 계획된 연습은 울트라러닝의 네 번째 법칙의 토대가 된다. 바로 '특화 학습'이다.

학습 속도에 불붙이는 트리거를 파악하라

화학에는 율속 단계律速段階라고 알려진 무척이나 유용한 개념이 있다. 화학 반응은 여러 단계로 일어나는데, 그중 한 가지 반응에서 나온 부산물들이 나머지 단계들의 시약이 된다. 율속 단계는 이런 연쇄적인 반응들 중 가장 느린 반응이 병목 현상을 유발하면서 궁극적으로 전체 반응이 일어나는 데 필요한 시간을 결정한다. 학습도 이와 비슷하게 병목 현상이 일어나는 구간이 존재한다. 그리고 이 구간이 전반적인 숙련 속도를 관장한다.

수학 공부를 생각해보자. 수학은 다양한 단계와 요소가 포함된 복잡한 기술이다. 기초 개념들을 이해하고 특정 유형의 문제를 푸는 알고리즘을 기억해서 그것이 어떤 맥락에 적용되는지 이해해야 한다. 이런 능력의 기저에는 문제를 풀 수 있는 산술과 대수학 능력이 존재한다. 산술 능력이 약하거나 대수학 능력이 엉성하면 다른 개념들을 완벽히 숙지하고 있다고 해도 잘못된 답을 얻는다.

또 다른 예로 외국어를 배울 때 어휘를 들 수 있다. 성공적으로 말할 수 있는 문장의 수는 알고 있는 단어의 수에 달려 있다. 아는 단어가 적으면 많은 것에 대해 말할 수가 없다. 우리의 머릿속에 어느 날 갑자기 새로운 단어를 수백 개 집어넣을 수 있다면 발음, 문법, 기타 언어적 지식이 변하지 않은 상태에서도 유창하게 말하는 능력이 극적으로 확장될 것이다.

이것이 특화 학습의 전략이다. 자신의 학습 반응 속도에서 율속 단계가 어디인지 확인함으로써 그 부분을 따로 떼어내 집중적으로 학습하는 것이다. 기술의 전체적인 숙련도를 지배하는 그 부분을 증진시키면 해당 기술의 모든 측면을 동시에 연습하는 것보다 훨씬 빠르게 발전할 수 있다. 프랭클린 역시 이런 방법으로 빠르게 글쓰기 실력을 향상시켰다. 글쓰기라는 큰 기술을 요소별로 나누고, 자신에게 중요한 부분을 집어내고, 그 부분을 강조해 연습하는 영리한 방식을 창안해, 단순히 글쓰기 연습을 많이 하는 것보다 단기간에 빨리 잘 쓸 수 있게 된 것이다.

인지 부하를 예방하는 특화 학습

학습에서 율속 단계, 다시 말해 기술을 구성하는 어떤 한 가지 요소가 전체 수행 능력을 결정한다는 생각은 특화 학습을 해야 할 강력한 이유가 된다. 하지만 성과를 방해하는 측면이 따로 존재하지 않는 기술이라 해도 특화 학습을 적용할 수 있다. 그 이유는 기술을 연습할 때 우리의 인지 자원들(주의력, 기억, 노력 등)은 그 과제가 지닌 수없이 다양한 측면들에 뻗어 있어야 하기 때문이다.

프랭클린은 글을 쓸 때 글의 논리적인 부분뿐만 아니라 단어 선택, 수사학적 방식도 고려해야 했다. 이것은 학습의 함정을 만든다. 어떤 한 측면에만 에너지를 쏟아부으면 다른 측면들이 무너질 수 있기 때문이다. 이때 전체적으로 능력이 얼마나 향상되었는지 확인해본다면 점점 발전이 느려지고 있는 것을 발견할지도 모른다. 특정한 부분에서는 나아지고 있지만 전체적으로는 나빠지고 있어서다.

특화 학습은 우리의 인지 자원들을 어떤 한 측면에 집중해서 사용하도록 기술을 단순화함으로써 이 문제를 해결한다. 프랭클린은 이전에 읽었던 논설의 순서를 재구성했다. 당시 그는 단어 사용, 문법, 논쟁 내용에 신경 쓰지 않고 좋은 논설을 만드는 개념들의 시퀀스를 생각하는 데 집중했다.

영리한 독자들은 이 법칙과 나머지 법칙들이 팽팽히 대립한다는 사실을 알아차렸을 것이다. 직접 하기 방식은 어떤 기술이 사용되는 환경과 근접한 환경에서 전체적인 기술을 연습하는 것인데, 특화 학습은 이와 정반대 방향에 있다. 특화 학습은 직접 연습 방식을 취하고, 그것을 부분으로 쪼갠다. 따라서 우리는 하나의 요소만 따로 떼어 연습하게 된다. 이런 모순을 어떻게 해결할 수 있을까?

'직접 학습 다음에 특화 학습' 전략

직접 학습과 특화 학습의 갈등은 전체 학습 주기에서 번갈아 하는 것으로 해결할 수 있다. 많은 사람이 부분적인 기술들을 충분히 개발하면 학습전이가 일어나리라는 희망을 품고 직접적인 맥락을 무시하거나 그 차이를 도외시한다. 이와 반대로 울트라러너들은 '직접 학습 다음에 특화 학습'이라고 부르는 전략을 이용한다.

첫 단계는 그 기술을 직접적으로 연습하는 것이다. 그 기술을 사용할 곳이 어디인지, 어떻게 사용할 것인지를 이해하고 그 기술을 실현할 환경과 비슷한 환경에서 연습한다. 언어 연습을 할 때는 실제 말하는 연습을 하라. 프로그래밍을 배울 때는 소프트웨어를 작성하는 연습을 하라. 글쓰기 기술을 향상시키려면 실제 산문을 써라. 이 같이 초기에 관련성 있는 일을 하고 피드백 순환 고리를 만들면 학습전이 문제가 일어나지 않는다.

다음 단계는 직접 하기 기술을 분석하고, 집중해야 할 요소들이 너무 많아서 진도가 안 나가는 하위 기술 속에서 율속 단계인 요소들을 분리하라. 그리고 이 부분들을 잘하게 될 때까지 특화 학습을 하라.

마지막 단계는 직접 학습으로 되돌아가서 지금까지 배운 것들을 통합하는 것이다. 목적은 2가지다. 먼저 제아무리 잘 설계된 특화 학습일지라도 이전에 따로 떼어낸 기술들을 보다 복잡하고 새로운 맥락으로 옮겨야 하기 때문에 학습전이 문제가 튀어나온다. 여기에 대해서는 각각 따로 단련한 근육들을 모을 연결 조직을 세운다고 생각해보라.

이 단계의 두 번째 기능은 우리의 특화 학습이 적절히 조직되었는지 점검하는 것이다. 특화 학습은 대개 실패로 끝날 수 있는데, 실행 시 어려운 부분만을 떼어내 특화 학습을 하기가 어렵기 때문이다. 그래도 괜찮다. 여기서의 피드백은 우리의 최종 목표와 관련해 중요하지 않은 것들을 배우느라 시간을 낭비하지 않도록 도와준다.

학습 과정 초기일수록 이 주기는 더 빨리 일어난다. 직접 학습과 특화 학습을 주기적으로 반복하는 것은 막 시작했을 때 좋다. 심지어 같은 단계에서도 조금이라도 더 빨리하는 것이 좋다. 학습 진도가 나갈수록, 전체적인 결과가 눈에 띄게 향상되려면 더 많이 노력해야 하고 특화 학습을 하면서 더 멀리 돌아간다는 걸 알게 된다. 점점 더 시간을 들여 특화 학습에 집중력 대부분을 쏟아야만 하고 그러다 보면 복잡한 기술들을 더욱 적절하게 쪼개는 방법을 알게 된다. 그리고 이 능력은 더욱 향상되고 각 부분들은 점점 더 어려워질 것이다.

특화 학습을 하는 가장 쉬운 방법

특화 학습을 적용할 때의 문제는 크게 3가지다. 첫 번째 문제는 언제, 무엇을 특화 학습할지 알아내는 것이다. 기술을 익힐 때 어떤 부분이 율속 단계가 되는가? 어떤 부분을 향상시켰을 때 최소의 노력으로 전체 능력을 가장 많이 향상시킬 수 있을까? 당신의 엑셀 지식이 일천하다면 회계 기술은 거기서부터 정체될 것이다. 이는 당신이 알고 있는 지식을 실제 상황에 적용하는 데 방해가 된다. 언어를 배울 때 발음이 부정확하다면 제아무리 올바른 단어를 안다고 해도 언어 능력이 떨어질 것이다. 기술에서 동시에 다뤄야 하는 측면들이 무엇인지 살펴보라. 이런 측면들을 향상시키기는 더 어렵다. 동시에 여러 측면에 인지 자원들을 충분히 쏟아부을 수 없기 때문이다.

기고문을 쓸 때를 생각해보자. 조사한 내용, 이야기, 어휘를 효율적으로 조직해야 하는데 글을 쓸 때는 이런 수많은 측면을 동시에 다뤄야 할 뿐 아니라 그중 어느 하나가 훨씬 낫기란 어렵다. 어느 부분을 특화할지 결정하기는 까다로운 일 같지만 꼭 그렇지만도 않다. 요지는 실험하는 것이다. 방해꾼이 무엇인지 추적하고, '직접 학습 다음에 특화 학습'을 이용해 특화 학습으로 공략하고, 그것이 올바른 선택이었는지 잽싸게 점검한다.

두 번째 문제는 실력을 향상시킬 특화 학습을 설계하는 것이다. 이 일은 어렵다. 자신이 어느 부분에 취약한지 알고 있다고 해도, 실제 실행할 때 어려운 요소를 제거하지 않은 채 그 요소를 특화해 학습하는 전략을 짜기가 어렵기 때문이다. 프랭클린이 행한 특화 학습은 일반적인 것이 아니다. 우리 대부분은 자신의 글쓰기 능력에서 어떤 부분이 부족한지 알고 있어도 논쟁을 설득력 있게 조직하는 것이나 성공적인 작법을 따라 하는 것 같은 하위 기술들을 특화 학습할 방법을 모른다.

마지막으로, 특화 학습은 어렵고 불편한 일이다. 자신의 성취를 가로막는 가장 취약한 부분이 무엇인지 알아내고, 그것을 따로 떼어내어 연습하는 것은 꺼려지는 일이다. 이미 잘하고 있는 것들에 집중해서 시간을 보내는 일이 훨씬 더 즐겁지 않은가. 이런 본능적인 성향을 고려해서 특화 학습을 하는 몇 가지 좋은 방법을 살펴보고, 그것들을 자신의 프로젝트에 적용해보자.

1. 시간 쪼개기

특화 학습을 하는 가장 쉬운 방법은 행위 시퀀스에서 한 조각을 떼어내는 것이다. 음악가들은 종종 이런 훈련을 한다. 곡의 어떤 소절에서 가장 어려운 마디를 찾아내고, 그 마디별로 연습하고, 그 부분들을 완벽하게 연주하게 되면 전체 곡에 합치는 것이다. 운동선수들도 이와 유사한 과정을 거치는데, 전체 운동 시간에서 부분적인 기술들을 집중 훈련할 시간을 마련한다. 예를 들면 레이업 슛이나 승부차기를 따로 시간 내어 연습하는 것이다.

　새로운 언어를 공부할 때 나는 초기 단계에서 몇 가지 핵심 문장들을 강박적으로 반복하곤 했다. 그러면 그것들이 빠르게 장기 기억으로 들어왔다. 지금 공부하고 있는 과제에서 점점 더 어려워지거나 중요해지는 요소, 시간별로 쪼개서 연습할 수 있는 요소들을 찾아라.

2. 인지 요소 거르기

때로 우리가 연습하려는 기술이 보다 큰 단위의 기술이라서가 아니라 특정한 인지 요소라서 시간별로 쪼갤 수 없을 때도 있다. 언어를 말할 때 문법, 발음, 어휘는 모든 순간에 일어나는데, 이 요소들은 각기 다른 인지적 측면들을 이루고 있어서 동시에 관리해야 한다. 이처럼 서로 다른 요소들이 동시에 일어날 때 한 가지 요소만 파고드는 방식을 찾아야 한다.

만다린어 공부를 할 때 나는 서로 억양이 다른 단어들을 짝지어 발음하고, 그것을 녹음하는 억양 특화 학습을 했다. 이렇게 함으로써 그 단어의 의미나 문법적으로 정확한 문장을 만드는 방법을 생각하느라 정신 팔지 않고 서로 다른 억양을 빠르게 발음하는 연습을 했다.

3. 흉내 내기

특화 학습이 어려운 이유는 어떤 기술은 다른 측면들을 공부하지 않은 상태에서 어떤 한 측면만을 따로 연습하기가 불가능한 경우가 있기 때문이다. 예를 들어 프랭클린이 논점을 논리적으로 배열하는 능력을 향상시킬 때 전체 논설을 작성하지 않고 그 일을 하기란 불가능했다. 이 문제를 푸는 데는 프랭클린에게 배울 부분이 있다. 그는 공부하는 기술에서 파고들고 싶지 않은 부분은 흉내를 냄으로써(타인이나 자신의 과거 작업을 따라 할 수 있다) 다른 부분에 집중력을 쏟아부었다. 이는 시간을 많이 절약해줄 뿐만 아니라 우리가 파고 있는 그 부분만을 반복하게 해주어 인지 부하를 줄인다. 이 말은 특정 측면에만 집중력을 활용해서 잘할 수 있게 된다는 의미다.

그림 그리기 프로젝트를 할 때 나는 사진이 아니라 다른 사람들이 그린 그림에서 시작했다. 그렇게 함으로써 그 장면에 포함된 세부적인 모습들과 장면의 뼈대를 잡는 방법을 단순화하여, 사진을 선으로 적절하게 그리는 데 집중할 수 있었다. 창조적 작업의 경우 자신이 과거에 만든 작업물을 편집하는 것도 같은 효과를 낸다. 원본의 구성 요소들에 필요한 것들을 고려하지 않고, 선별적으로 어떤 한 가지 측면을 향상시킬 수 있게 되는 것이다.

4. 돋보기 방식

새로운 뭔가를 만들어내야 하는데, 편집을 하거나 연습하려는 부분을 따로 떼어낼 수 없다면 어떻게 할까? 어떻게 특화 학습을 할 수 있을까? 돋보기 방식은 기술의 어떤 한 가지 요소에 훨씬 많은 시간을 쏟는 것이다. 이는 전체적인 성과가 줄어들거나 전체 투입 시간이 늘어나는 것을 감수하면서 숙달되려는 하위 기술에 시간과 인지 자원들을 훨씬 많이 쏟아붓는 방식이다.

나는 글을 쓸 때 조사 능력을 향상시키려고 이 방법을 사용했다. 조사를 하는 데 이전보다 10배나 되는 시간을 들인 것이다. 글을 쓰기 위한 다른 부분들도 함께 연습했지만 조사에 훨씬 더 많은 시간을 들임으로써 새로운 습관과 기술들을 개발할 수 있었다.

5. 되돌아가기

울트라러너들에게서 반복적으로 목격된 한 가지 전략이 있다. 그들은 전혀 알지 못하던 기술에서 시작했다. 그러면 필연적으로 작업이 형편없이 이뤄진다. 그때 그들은 특정 단계로 되돌아가서 기초적인 내용 하나를 배우고, 연습하기를 반복했다. 이런 연습은 시작이 무척 힘들고 필요한 선행 지식을 습득하는 과정에서 좌절을 겪을 수 있지만, 실제로 성과를 높이지 못하는 기술들은 배제할 수 있다.

에릭 배런은 픽셀 아트를 직접 만들어 실험해가면서 배웠다. 그는 색

채 같은 특정한 부분에서 어려움을 겪으면 처음으로 되돌아가서 색채 이론을 배우고 작업을 반복했다. 베니 루이스도 이와 비슷한 방식으로 시작했다. 그는 문장집에서 말하는 것을 먼저 배우고 나중에 그 문장들의 기능이 어떤지 설명하는 문법책을 팠다.

학습의 지루함을 이기는 기술

많은 사람이 잘못된 방향으로 특화 학습을 하는 것 같다. 특화 학습을 고안해서 과제를 해나갈 때 완전히 시간 낭비인 곳에 시간을 쏟는 것이다. 이런 일은 자주 일어난다. 자신이 연습하는 근본적인 이유나 그 연습을 보다 넓은 맥락에 맞추는 방법을 모르기 때문이다. 맥락을 배제한 특화 학습의 문제는 너무나 지루하다는 것이다. 하지만 그것이 단순히 병목 현상임을 알면 이 문제는 오히려 새로운 목적을 불어넣는다.

스스로 방향을 설정하는 울트라러닝에서는 특화 학습이 새로운 빛이 된다. 알지 못하는 목적을 위해 하는 게 아니라 자신이 가장 어렵게 생각하는 특정 부분을 빠르게 습득해나감으로써 학습 과정을 증진시키는 방법이기 때문이다. 이 방법을 어떻게 찾느냐는 당신에게 달려 있다. 이런 관점에서 특화 학습은 전통적인 학습의 반대편에 있는 울트라러닝에 특별한 풍미와도 같다. 신중하게 설계된 특화 학습은 복잡한 기술을 부분별로 쪼개고 그 과제를 해결하기 위해 분투하는 사이에 창조성과 상상력을 끌어낸다는 말이다.

특화 학습은 행하기 어렵다. 그래서 많은 사람이 특화 학습을 꺼린다.

우리가 어떤 주제를 집중해서 파고들 때는 대개 편안하고 능숙한 주제인 경우다. 특화 학습은 배우고 있는 것이 무엇인지 깊이 생각하게 할 뿐만 아니라 가장 어려운 부분이 어디인지 알아내고 그 취약점을 공략하게 한다. 가장 재미있는 것이나 이미 숙달된 부분에 초점을 맞추는 것이 아니다. 여기에는 강력한 동기가 필요하고, 적극적인 학습에 편안해져야 한다.

《벤저민 프랭클린 자서전》에서 프랭클린은 작문 특화 학습에 온몸을 바쳤다고 말했다. "내가 글을 읽고 작문 연습을 한 시간은 일이 끝나고 나서나 동이 트기 전, 한밤중이었다." 글쓰기로 큰 명성을 얻었지만 그는 여전히 형의 인쇄소에서 오랜 시간 일해야 했고, 아주 조금의 여가 시간에 성실하고 꾸준하게 글쓰기 기술을 향상시켜 나갔다. 에릭 배런도 이와 유사하게 픽셀 아트를 수십 번 반복해서 만들었고, 완벽해질 때까지 선행적인 개념들과 이론을 공부하는 일로 돌아가곤 했다.

특화 학습의 어려움과 유용성은 패턴으로 반복되는데, 이는 울트라러닝 법칙 전체적으로 반복해서 일어난다. 이런 불굴의 정신은 손쉬운 일보다는 학습에 훨씬 큰 이득을 제공한다. 다음 법칙만큼 이런 패턴이 보다 분명하게 드러나는 법칙은 없다. 바로 '인출'retrieval(장기 기억에서 정보를 찾는 탐색 과정 혹은 장기 기억에서 작업 기억으로 정보를 전달하는 과정—옮긴이 주)이다. 이 법칙의 핵심은 학습 자체의 어려움이 학습을 더욱 효율적으로 만들어준다는 것이다.

ULTRALEARNING

제8장

법칙5_인출

: 배운 것을 시험하라

책을 다시 읽는 것보다 잠시 기다리면서 기억해내려고 노력하는

편이 낫다.

_윌리엄 제임스_{William James}, 심리학자

1913년 봄, G. H. 하디_{G. H. Hardy}는 자신의 인생 항로를 영원히 규정할 편지를 한 통 받았다. 인도의 마드라스 포트 트러스트 회사에서 일하는 한 회계 직원이 보낸 편지에는 놀랄 만한 주장들과 함께 자신을 소개한 단출한 메모가 들어 있었다. 편지를 쓴 사람은 자신이 당대 최고의 수학 지성들도 풀지 못한 문제들에 관한 정리를 발견했다고 주장했다. 나아가 그는 대학 교육을 받은 적이 없고, 혼자 깊이 연구한 끝에 이런 결과들을 도출하게 되었다고 했다.

유명한 난제들을 해결했다고 주장하는 괴짜 아마추어 수학자의 편지를 받는 건 하디같이 수학계에서 한자리를 차지한 사람에게는 흔한

일이었다. 그래서 그 역시 처음에는 비슷한 다른 편지들과 똑같이 취급하면서 그 편지를 무시했다. 첨부된 메모들을 몇 장 넘겨봤지만 거기에 적힌 방정식들은 그의 마음에 남지 않았다. 하지만 몇 시간 후 하디는 자신이 그 방정식들에 대해 생각하고 있다는 것을 깨달았다. 그는 그 편지를 동료인 존 리틀우드John Littlewood에게 보여주었고, 두 사람은 그 이상한 주장을 재미 삼아 증명해보기로 했다. 그러나 그들은 그중 몇 가지만 겨우 증명해냈고 몇 가지는 아예 증명하지 못했는데, 하디는 이 사실을 믿을 수 없었다. 그는 어쩌면 이 편지가 괴짜가 쓴 것이 아닐지 모른다고 생각하기 시작했다.

편지에 적힌 공식들은 무척이나 이상하고 기괴했다. "그것들은 '참'이었다. 그것들이 참이 아니라면 누구도 그것들을 고안할 상상조차 하지 못할 것이기 때문이다."라고 하디는 회상했다. 그날 어렴풋이 이해했을 뿐인 내용을 비로소 이해하게 되었을 때 그는 역사상 가장 영리한 괴짜 수학자 스리니바사 라마누잔Srinivasa Ramanujan을 세상에 알리게 되었다.

스스로 수학 천재가 된 소년

역사의 경로를 뒤바꿀 편지를 쓰기 전, 라마누잔은 인도 남부에 사는 수학을 사랑하는 가난하고 땅딸막한 소년이었다. 다른 무엇보다 그는 수학을 사랑했다. 사실 수학에 대한 사랑 때문에 종종 어려운 상황에 처하기도 했다. 다른 과목을 공부하기 싫어해서 대학에 떨어지고 만 것이다.

그의 관심사는 오직 방정식이었다. 여가 시간이나 일거리가 없을 때 그는 슬레이트 판 하나를 손에 들고 집 앞 벤치에 앉아서 몇 시간이고 수학 공식들을 가지고 놀았다. 때로 늦게까지 밥도 먹지 않고 잠도 자지 않고 수학에 빠져 있기도 했다. 그럴 때면 어머니가 손에 음식을 쥐어주어 겨우 끼니를 해결했다.

라마누잔은 당대 수학의 불모지에서 살았기 때문에 전문적인 수학 서적을 접하는 것조차 보통 일이 아니었다. 그런 그에게 수학 공부를 시작하게 하고 수학의 세계를 열어준 것은 조지 슈브리지 카 George Shoobridge Carr 의《순수수학 및 응용수학의 기초 결과 개요》A Synopsis of Ele-mentary Results in Pure and Applied Mathematics 라는 책이었다.

카는 사실 대단한 수학 천재는 아니었다. 이 책은 학생들을 위한 입문서로 다양한 수학 정리들을 큼직큼직하게 목록화한 것인데, 대개 설명이나 증명은 딸려 있지 않았다. 증명이나 설명은 없었지만 카의 책은 라마누잔 같은 영리하고 열정적인 누군가의 손에서 아주 강력한 재료가 되었다. 라마누잔은 어떤 이론이 파생된 방식을 따라 하고 암기하기보다는 스스로 이해하고자 했다.

하디도 그랬지만, 당대 수많은 호사가는 라마누잔이 교육을 받지 못하고 최신 수학 이론들을 늦게 접한 것이 그의 천재성에 돌이킬 수 없는 해를 끼쳤다고 주장했다. 하지만 현대의 심리학 실험들은 좀 다른 관점을 제시한다. 수학 공식에 관한 비상한 집착을 발휘해 카의 수학 정리 목록을 다루면서, 라마누잔은 자신도 모르는 사이에 깊이 있는 이해를 구축하는 가장 강력한 연습 방법을 실행하고 있었던 것이다.

최고의 성적을 얻는 단 하나의 비밀

당신이 시험을 준비 중인 학생이라고 상상해보자. 제한된 공부 시간을 이용할 3가지 방법이 있다. 첫째, 내용을 복습한다. 노트와 책을 들여다보고 나중에 보지 않고도 떠올릴 수 있을 때까지 전부 공부한다. 둘째, 자체 시험을 치러본다. 책을 덮고 그 안의 내용을 떠올리려고 애쓰는 것이다. 셋째, 개념도를 만들어본다. 다이어그램 안에 주요 개념들을 적어 넣고 그것이 어떻게 조직되었는지, 공부해야 하는 다른 내용들과 어떤 관계가 있는지 적는 방법이다. 기말고사에 좋은 결과를 내기 위해 셋 중한 가지를 선택해야 한다면 당신은 어떤 방법을 택해야 할까?

이는 심리학자 제프리 카피크Jeffrey Karpicke와 저넬 블런트Janell Blunt가 세기한 질문이었나. 이들은 학생들을 네 집단으로 나눴다. 각 집단에 주어진 시간은 동일했으나 학생들은 집단별로 교과서를 한 번 복습하기, 교과서를 반복적으로 복습하기, 자유 회상free recall(이전에 공부한 것을 일정 시간이 지난 후 다시 기억해내는 시험—옮긴이 주), 개념도 작성과 같이 4가지 학습 방식 중 하나를 선택해 공부했다. 그리고 앞으로 치를 시험에서 몇 점을 받을 것 같으냐는 질문을 받았다. 가장 좋은 점수를 받을 것이라고 대답한 학생들은 반복 복습 집단이었고, 그다음으로 한 번 복습한 집단과 개념도를 그린 집단이 뒤따랐다. 자유 회상 연습을 한 집단, 다시 말해 책을 보지 않고 자신이 할 수 있는 만큼 기억해내는 연습을 한 집단은 가장 낮은 기말 고사 점수를 받으리라고 예측했다.

하지만 실제 결과는 이 예상을 완전히 뒤집었다. 스스로 시험을 치러보는 방식, 다시 말해 교과서를 보지 않고 기억 인출을 시도한 행위가 다른 모든 방식을 뛰어넘은 것이다. 교과서 내용과 직접 관련이 있는 질문에 대해 자유 회상을 연습한 학생들은 다른 집단보다 약 50퍼센트 이상을 더 기억했다. 공부를 하면서 학습에 무엇이 중요한지 직접 경험해본 학생들이 어떻게 그런 잘못된 판단을 내린 걸까?

한 가지 주장은 이런 자체 시험이 성공을 측정하는 방식에 잘 들어맞아서 이점으로 작용했다는 것이다. 직접 하기 규칙에서는 학습전이가 이뤄지기 어렵다고 말한다. 자체 시험과 실제 시험이 대부분 유사한데, 어쩌면 이런 유사성 때문에 이 방식이 잘 작동하는 것일 수도 있다. 평가 방식을 달리하면 복습이나 개념도 그리기가 우세할 것이라는 의심은 합당하다. 하지만 다른 실험에서 카피크와 블런트는 이것이 이유가 아님을 증명했다. 이 실험에서는 개념도를 만드는 것을 기말고사로 치렀는데, 평가 과제가 무척 유사했음에도 자유 회상을 연습한 학생들이 여전히 개념도로 공부한 학생보다 잘해냈다.

자체 시험 방식이 어째서 작동하느냐에 관한 또 다른 가능성 있는 설명은 '피드백'이다. 뭔가를 수동적으로 복습하면 자신이 뭘 알고 뭘 모르는지에 관한 어떤 피드백도 받을 수 없다. 시험이 대개 피드백과 함께 이뤄지는 것을 생각해보면 자체적으로 시험을 본 학생들이 개념도 그리기와 수동적 복습을 한 학생들을 어떻게 이겼는지 설명할 수 있을지도 모른다.

다시 한번 말하지만 피드백은 가치 있다. 하지만 그렇다고 해도 인출 방식은 단순히 더 많은 피드백을 얻어내는 것이 아니다. 앞서 언급한 실험에서 학생들은 자신이 누락했거나 잘못 대답한 내용에 관한 어떤 피드백도 받지 못했다. 기억에서 지식을 소환하려고 애쓰는 행동은 직접 학습이나 피드백과 연계되는 것을 넘어서서 그 자체로 강력한 학습 도구다.

학습에 관한 이런 새로운 관점은 라마누잔의 사례를 설명해준다. 해답은 없이 증명 목록만이 담긴 카의 책은 그것을 터득하고야 말겠다는 한 영리한 남자의 손에서 눈부시게 빛을 발휘하는 도구가 되었다. 라마누잔은 그 책을 반복해 읽는 대신 머릿속에서 정보를 인출해 자신만의 해답을 만들어냈다.

공부에 숨겨진 패러독스

기억에서 사실 정보들과 개념들을 불러오는 시도, 즉 인출을 연습하는 것이 훨씬 나은 학습 방식이라면 어째서 학생들은 이를 활용하지 않는 걸까? 책을 덮고 가능한 한 많이 기억해내려고 하는 시도가 훨씬 더 도움이 되는데, 왜 사람들은 개념도 작성이나 수동적인 복습을 고수하는 것일까?

카피크의 연구는 우리가 스스로 무엇을 잘 배웠는지 확실하게 아는 능력이 없음을 보여준다. 대신 우리는 공부 경험에서 오는 단서들, 이른바 잘 배우고 있는지에 관한 느낌에 의존한다. 이는 '학습 판단'이라고 불리는데, 부분적으로 우리가 뭔가를 얼마나 유려하게 처리할 수 있느냐에 기반한다. 학습 과제가 쉽고 평이하게 느껴진다면 우리는 그것을 습득했다고 느끼는 경향이 있다. 반대로 고통스럽게 느껴지면 아직 습득하지 못했다고 느낀다. 공부에 어느 정도 시간을 들이고 난 뒤에 이뤄진 학습 판단은 정확할 수도 있다. 수동적인 복습 전략을 사용해서 뭔가를 공부하고 몇 분이 지나면 인출 연습을 한 뒤보다 수행 능력이 낮기 때문이다.

책을 덮고 기억해내려고 시도하는 것보다 책을 읽고 있을 때 더 잘 습득하는 것 같은 느낌도 틀린 게 아니다. 문제는 그 뒤에 온다. 며칠 후 다시 시험을 치러보면 인출 방식이 수동적 복습을 어마어마한 차이로 이겨버린다. 수동적 복습은 학습 직후에는 도움이 되지만 실제 학습한 내용을 실행하는 데 필요한 장기 기억을 만들어내지는 못하기 때문이다.

학생들이 인출 방식보다 비효율적인 복습 방식을 택하는 또 다른 이유는 스스로 시험해볼 만큼 그 내용을 잘 안다고 느끼지 못하기 때문이다. 한 실험에서 카피크는 학생들에게 학습 전략을 선택하게 했다. 필연적으로 수행 능력이 떨어지는 학생들은 먼저 그 내용을 복습하는 것을 택했고, 시험을 치를 '준비'가 될 때까지 기다렸다. 반대로 초기에 인출 방식을 연습한 학생들은 더 많이 습득했다. 준비가 되었든 아니든 인출 연습은 더 잘 작동한다. 특히 인출 방식과 답을 찾는 능력을 결합시키면 이는 대부분의 학생들이 활용하고 있는 학습 방식보다 훨씬 더 나은 학습 형태가 된다.

머릿속 기억을 뽑아내는 고통을 겪어라

인출 연습이 복습보다 훨씬 나은 이유는 무엇일까? 한 가지 대답은 심리학자 R. A. 비요크_{R. A. Bjork}의 '바람직한 어려움'_{desirable difficulty}이라는 개

넘에서 찾을 수 있다. 인출 연습이 어려울수록 학습에 더 긍정적인 영향을 미치며, 인출 행위를 하는 것은 그 자체로 성공이라는 것이다.

자유 회상은 유도 요인 없이 가능한 한 많이 기억해내야 한다. 반면에 단서가 주어진 회상 시험은 기억해야 할 내용에 관해 힌트를 주기 때문에 자유 회상보다는 기억에 덜 남는다. 그러나 정답을 알아차려야 하는 사지선다형 식의 인지 시험은 가장 기억에 덜 남는다. 뭔가를 학습한 뒤에 즉시 시험을 보는 것은 그 지식이 머릿속에 남아 있지 않을 정도의 시간 간격을 두고 시험을 보는 것보다는 기억에 잔류하는 양이 적다.

낮은 강도의 학습 전략들은 대개 쉬운 수준의 인출 작업을 요구한다. 따라서 어려움을 높이고 미처 '준비가 되기' 전에 자체 시험을 치르는 것이 훨씬 효율적이다. 베니 루이스가 첫날부터 새로운 언어를 말하는 전략을 구사했던 게 떠오르는가? 연구에 따르면 이 방식이 교실 수업이라는 손쉬운 형태보다 훨씬 더 유용하다. 루이스는 스스로 더 어려운 상황에 처하고자 했다. 매번 어떤 단어나 문장을 기억에서 끄집어내는 방식은 교실 환경에서 똑같은 인출 행위를 할 때보다 더 강하게 기억에 남는다. 적어도 단순히 단어나 문장 목록을 훑어볼 때보다는 훨씬 잘 기억될 것이다.

하지만 인출이 불가능해질 만큼 어려움이 커지면 이는 바람직하지 않다. 새로 배운 사실에 대한 첫 시험은 다소 시간을 두고 보는 것이 즉시 보는 것보다 조금 더 이득이다. 하지만 그 기간이 너무 길어지면 학습한 내용을 완전히 잊어버릴 수도 있다. 때문에 적합한 중간 지점을 찾아야 한다. 인출할 대상을 깊이 기억하기 위해서는 충분히 시간을 두되, 그 내용을 잊을 정도로 지체되어서는 안 된다. 너무 오랜 기간을 두고 자체 시험을 보면 인출 단서가 너무 적어져서 어려움이 증가하고 불이 익을 줄 수 있지만, 나중에 거기에 대한 약간의 피드백을 제공하면 도움이 될 때도 있다.

마치 '시험을 보듯' 예습하라

시험이 중요하게 여겨지는 이유는 우리가 수업에서 배운 지식을 평가하는 기능이 있기 때문이다. 그러나 인출은 시험이 학습의 원재료일 뿐만 아니라 비슷한 시간을 들여 복습한 것보다 훨씬 더 나은 학습 결과를 낸다고 말하면서 이런 관점을 쉽사리 뒤엎는다. 그럼에도 지식을 처음 획득하고 나서 나중에 강화하거나 시험을 치른다는 관습적인 생각에도 들어맞는다.

　인출에 관한 연구에서 재미있는 점은 '사전 시험 효과'forward-testing effect 라는 것이다. 인출이 사전에 학습된 내용을 강화할 뿐만 아니라 더 잘 습득하는 준비 과정이 될 수 있다는 것이다. 사전에 학습된 정보에 대해 정기적으로 시험을 치르는 것은 새로운 정보를 쉽게 배울 수 있게 해준다. 이는 인출이 장래의 학습을 강화한다는 의미인데, 아직 인출할 것이 아무것도 없을 때조차 그렇다!

　이런 사전 시험 효과가 어째서 존재하는지를 설명하기 위해 다양한 메커니즘들이 제시되고 있다. 연구에 따르면 아직 배우지 못한 지식을 찾으려고 애쓰는 행위, 그러니까 아직 답을 배우지 못한 문제를 풀려고 애쓰는 일은 검색 전략을 강화한다. 나중에 맞닥뜨릴 지식을 일단 사용하는 것이다. 머릿속에 아직 존재하지 않는 어떤 답을 인출해내려고 시도하는 건 아직 지어지지 않은 건물로 들어가는 길을 닦는 일과 같다. 목적지는 존재하지 않지만 목표가 될 곳으로 가는 길은 일단 구축되면 그와 상관없이 개발된다.

그 메커니즘이 일종의 '주목'_{attention}이라고 주장하는 연구자들도 있다. 어떻게 대답해야 할지 아직 알지 못하는 문제에 맞닥뜨리면, 우리는 나중에 그 내용을 배울 때 해답처럼 보이는 정보를 특정하는 데 자동으로 주목한다는 것이다. 정확한 메커니즘이 무엇이든, 사전 시험 효과는 현실로 나타나고 있다. 이는 인출 연습이 시험 준비를 할 때는 물론 정확한 답을 전혀 모를 때조차도 이점으로 작용하리라는 점을 시사한다.

무엇을 인출해야 하는가

이 연구가 전하는 메시지는 분명하다. 기억에 저장하는 데는 인출 연습이 최선이다. 하지만 여기에는 중요한 질문이 빠져 있다. 처음에 어떤 것을 기억하는 데 시간을 투자해야 할까? 동일한 학습 효과를 얻는 데 인출이 복습보다는 시간이 덜 걸리는데, 전혀 배운 바 없는 대상에 관해서도 마찬가지다. 이는 중요하고 실제적인 질문이다. 누구나 모든 것을 다 통달할 시간은 없다.

MIT 챌린지를 하는 동안 나는 수많은 다양한 개념을 다루었다. 어떤 개념은 내가 나중에 필요한 프로그램과 직접 관련이 있는 것이어서, 그것을 기억해야 할지 먼저 확실히 해야 했다. 또 어떤 개념들은 흥미롭지만 즉시 사용할 계획은 없어서 기술적인 계산보다 기본 개념들을 인출하는 데 더 노력했다.

예를 들어 그때 들었던 과목 중에 양상논리학(논리적 체계에 가능성, 필연성, 우연성 등의 개념을 도입해 명제 양상을 구분해서 그 사이의 관계를 밝히는 논리학―옮긴이 주)이라는 것이 있다. 나는 논리학자가 될 계획이 전혀 없었으므로, 솔직히 말하자면 8년 후인 지금도 양상논리학의 정리들을 증명할 수 없다. 하지만 나는 양상논리학이 무엇을 위한 것인지, 그것을 언제 사용하는지 정도는 말할 수 있다. 만일 내가 그 수업에서 배운 기술이 유용해지는 상황이 발생하면 오히려 그 상황을 알아차리는 데 훨씬 더 시간이 걸릴 것이다(양상논리학은 명제논리학이 확장된 것으로 우리가 '해야 한다', '대개' 혹은 '가능하면'과 같은 개념들을 표현할 수 있게 해준다). 세상에는 늘 우리가 완벽히 습득하려고 선택한 것들과, 필요하다면 찾을 수 있다고 아는 데 족하는 것들이 존재한다.

이 질문에 대답하는 한 가지 방법은 직접 연습을 하는 것이다. 직접하기는 그 기술을 사용하는 도중에 나타날 내용을 인출함으로써 이 문제를 피해 간다. 만일 언어를 배우고 있는데 단어 하나를 기억해내야 한다면 우리는 그것을 연습할 것이다. 또 어떤 단어가 필요하지 않다면 기억하지 않을 것이다. 이 전략의 이점은 우리가 자동으로 그 대상을 높은 빈도로 공부하게 된다는 것이다. 드물게 사용되거나 검색하는 게 더 나은 대상은 인출되지 않는다. 이런 것들은 그다지 중요하지 않은 대상이 된다.

그러나 직접 실행에만 의존하면 머릿속에 없는 지식은 문제를 푸는 데 사용할 수 없다는 문제가 생긴다. 예를 들어 프로그래머가 어떤 문제를 푸는 데 특정한 기능을 사용해야 한다는 건 알지만 그것을 작성하는 방법은 잊었다고 하자. 구문을 검색하는 일은 작업 속도를 늦추겠지만 그는 문제를 풀 수 있을 것이다. 하지만 우리가 문제를 해결하기 위해 어떤 기능을 사용해야 하는데 그것을 알아차릴 만큼 지식이 충분치 않다면, 그 어떤 검색 행위도 도움이 되지 않는다.

지난 20년 동안 온라인에서 쉽게 접근할 수 있는 지식의 양이 폭발적으로 증가했다. 어떤 개념이든, 어떤 사실 정보든 이제는 누구나 스마트폰으로 알아낼 수 있다. 하지만 이런 어마어마한 발전에도 여전히 사람들은 한 세대 전의 사람들보다 수천 배쯤 영리해진 것 같지는 않다. 뭔가를 검색할 수 있다는 건 분명 이점이지만 머릿속에 어느 정도 지식이 없다면 어려운 문제를 푸는 데 하등 도움이 되지 않는다.

직접 연습만으로는 문제를 푸는 데 도움이 될 지식이 누락되어 인출을 촉구할 수 없고, 또 그렇게 하는 게 엄밀하게 필요하지도 않다. 앞서 프로그래머가 문제를 푸는 데 A와 B라는 두 가지 다른 방식으로 접근한다고 해보자. A는 훨씬 더 효율적이지만 B 역시 그 일에 필요한 방식이다. 이제 프로그래머가 B라는 선택지만을 알고 있다고 가정해보자. 그는 자신이 알고 있는 방식이 덜 효율적이라고 해도 계속 그 방식으로 문제를 풀 것이다.

그러다 그가 어느 블로그에서 A라는 선택지에 관해 읽었다고 하자. 하지만 단순히 읽는 행위는 반복된 인출 연습보다는 비효율적이기 때문에 그 기술을 적용해야 할 때 정작 그 선택지를 잊었을 가능성이 있다. 추상적으로 들리겠지만, 프로그래머들에게 무척이나 공통적으로 일어나는 일이다.

위대한 프로그래머와 별 볼 일 없는 프로그래머를 가르는 차이는 대개 이들이 풀 수 있는 문제의 범위가 아니다. 위대한 프로그래머들은 문제를 푸는 수십 가지 방법을 알고 있으며 각 상황에서 최선의 방법을 선택할 수 있다. 이런 폭넓은 경험을 갖추기 위해서는 처음에는 어느 정도 지식에 수동적으로 노출되어야 하며, 그렇게 한 후에 인출 연습에서 이득을 얻을 수 있다.

효율적인 인출을 위한 팁

인출은 누구나 할 수 있지만 언제나 쉬운 것은 아니다. 노력 자체가 장애물이 되기도 하고, 때로는 어떻게 해야 하는지 분명하지 않을 때도 있다. 수동적인 복습은 완전히 비효율적인 것도 아니고 최소한 간단하기는 하다. 책을 펴고 내용을 머리에 집어넣을 때까지 반복해 읽는 것이다. 대부분의 책과 자료에는 그 내용을 우리가 기억하고 있는지 알아보는 시험 문제 같은 것들이 딸려 있지 않다. 이런 상황에서 도움이 될 수 있도록 웬만한 주제에 관해 인출 방법을 사용할 수 있는 몇 가지 유용한 방법들을 소개하겠다.

1. 낱말 카드

낱말 카드는 놀라우리만큼 간단하지만 효율적인 방법으로 질문과 해답을 짝지어 학습하는 것이다. 스스로 특화 학습을 하기 위해 종이에 낱말을 적어 카드를 만드는 이 오랜 방법은 최근에는 SRS로 널리 대체되고 있다. 이 소프트웨어 알고리즘은 일곱 번째 법칙을 다룰 때 논의할 것이다. 이는 수만 장의 '카드들'을 접하게 해주고, 복습 일정을 짜준다.

낱말 카드의 주요 결점은 그것들이 특정한 유형의 인출 작업에만 잘 작동한다는 것이다. 그러니까 특정한 단서와 구체적인 대답이 결합되는 경우다. 따라서 특정 형태의 지식에 적합하다. 예를 들어 외국어 어휘, 지도, 인체해부도, 정의, 방정식 등은 낱말 카드 방식을 통해 암기할 수 있다. 하지만 그 정보를 기억해내야 하는 상황이 변동성이 큰 경우 이 연습법은 결함이 있다. 프로그래머들은 낱말 카드로 구문을 암기할 수는 있겠지만 실제 프로그램에 적용될 개념들은 단서-반응이라는 낱말 카드의 기본 틀에 적합하지 않은 경우가 많다.

2. 자유 회상

인출 작업에 적용할 수 있는 간단한 전술 하나는 책의 어떤 한 부분을 읽거나 강의를 끝까지 들은 뒤, 빈 종이에 기억나는 것을 모조리 적는 것이다. 이와 같은 자유 회상은 무척 어려울 수 있으며 놓친 것도 많을 수 있다. 그 책을 막 다 읽었다고 해도 말이다. 하지만 이런 어려움 때문에 이 방식이 도움이 되기도 한다. 주요한 핵심과 논점들을 기억하도록 스스로를 다그침으로써 나중에 그 내용을 더 잘 기억하기 때문이다. 예를 들어 이 책을 위해 조사하는 동안 나는 종종 기사를 인쇄해서 몇 장의 백지들과 함께 철해두었다. 다 읽은 후에는 글쓰기 작업을 할 때 중요한 내용들을 기억하고 있는지 확인하고자 재빨리 자유 회상 연습을 했다.

3. 문제집 방식

우리는 대부분 공부를 하다 핵심 정보가 나오면 그 내용을 따라 쓰는 방식으로 메모를 한다. 하지만 또 다른 메모 전략이 있다. 바로 기록할 내용을 문제로 바꿔서 적고 나중에 답하는 것이다. 즉 '영국의 권리장전은 1215년에 서명되었다'라고 쓰지 않고, '영국의 권리장전은 언제 서명되었는가?'라는 문제 형태로 만들고 답을 찾을 수 있도록 참조와 함께 써둔다. 답 대신 문제 형태로 기록함으로써 나중에 인출 연습을 하기 위한 자료를 만들어두는 방법이다.

이 기술을 사용하면서 내가 저지른 실수는 잘못된 유형의 질문을 했다는 것이다. 계산신경과학에 관한 책을 볼 때였는데, 질문을 기록하다 못해 마침내는 어떤 신경회로가 어떤 발화율firing rate을 가지고 있는지, 어떤 이론을 누가 주장했는지 등 온갖 종류의 시시콜콜한 질문까지 기록했다. 의도한 일은 아니었지만 그 책에 나온 정보들을 질문으로 안이하게 기록하면서 생긴 실수였다.

더 어렵지만 더 유용한 방법은 그 장이나 부문에 관한 큰 개념들을 질문 형태로 재작성해보는 것이다. 이는 요약한 내용을 단순히 질문으로 바꾸는 것이 아니라 함축적인 작업이기 때문에 더 깊이 있는 사고를 하게 해준다. 여기에 도움을 주는 규칙 하나는 각 장별로 질문을 한 가지로 제한하는 것이다. 그러면 나중에 크게 상관없어질 세부적인 내용들을 들여다보지 않고도 주요 핵심만 습득해서 이를 변형해 표현할 수 있다.

4. 도전 만들기

앞서 소개한 전술들은 간단한 정보를 인출하는 데 가장 잘 작동한다. 책이나 강의의 내용 그 자체나 광범위한 발상에 관한 요약 내용에 적합하다는 말이다. 하지만 단순히 정보를 기억하는 것이 아니라 어떤 기술을 실행하려면 이것으로 충분하지 않다. 프로그래머라면 알고리즘들이 의미하는 바를 알기만 해선 안 된다. 그것으로 코드를 작성할 수 있어야 한다.

이런 경우 자료들을 살펴볼 때 나중에 스스로 해결해볼 도전 과제를 만들 수 있다. 책을 보다 새로운 기술이 나오면 그 기술을 실제 예시로 표현해서 기록하는 것이다. 이런 과제 목록을 만드는 일은 나중에 실전에서 그 정보를 완벽히 다룰 단서 자료가 되며 우리가 실제로 활용할 수 있는 무기고를 확장시킨다.

5. 클로즈 북 closed-book 학습 방법

단서를 검색하는 능력을 차단한다면 대부분 어떤 학습 활동이든 인출 연습을 할 수 있다. 개념도 작성은 카피크와 블런트의 실험에서 학생들에게 잘 먹히지 않은 전략인데, 책을 보지 않고 개념도를 작성하면 이 문제를 상당히 보완할 수 있다. 만일 실험에서 책을 덮고 개념도를 작성하는 전략을 사용했더라면 이 학생들이 최종적으로 개념도 작성 시험에서 훨씬 나은 성적을 거두었을 것이다.

직접 하기든 특화 학습이든, 대상을 검색하는 능력을 차단하고 연습할 수 있다. 자료를 참고하지 않으면 그 정보는 참고 매뉴얼이 아니라 우리 머릿속에 저장된다.

천재를 만드는 최고의 학습 도구

라마누잔은 천재였다. 하지만 그의 천재성은 울트라러너들의 도구 상자가 지닌 2가지 특징의 도움을 받았다. 바로 강박적일만큼 높은 강도와 인출 방식이다. 아침부터 밤까지 슬레이트를 손에 들고 드문드문 이가 빠진 카의 수학 정리들을 이해하는 작업은 상상도 못 할 만큼 힘든 작업이었다. 하지만 이 일은 '바람직한 어려움'이 되어 그의 정신에 거대한 도구와 비결의 저장고를 구축하게 해주었고, 이는 훗날의 수학 작업들에서 큰 뒷받침이 되었다.

인출 작업은 라마누잔의 수학적 성장에서 중대한 역할을 했다. 이 전략에서 이점을 취한 사람은 그만이 아니다. 위대한 천재들을 비롯해 내가 만난 현대의 울트라러너들의 전기 대부분에는 각기 다른 형태의 인출 연습이 언급돼 있다. 벤저민 프랭클린은 머릿속으로 논설들을 재구축하면서 글쓰기 연습을 했다. 메리 서머빌은 밤에는 촛불을 끄고 머릿속으로 문제들을 끝까지 다 읽었다. 로저 크레이그는 해답을 보지 않고 일반 상식 문제를 풀었다. 인출은 천재성을 만들어내기 위해 필요한 도구가 아니라 필수적인 도구인 것 같다.

하지만 단순히 해답을 복습하지 않고 해답을 만들어내는 시도를 하는 것은 반쪽자리 해결책일 뿐이다. 인출 작업이 실제 효과를 발휘하려면 우리가 머릿속에서 떠올리는 해답이 올바른 것인지 알 수 있어야 한다. 마음의 준비가 될 때까지 자체 시험을 회피하는 것처럼, 우리는 그 답이 마음에 들 것 같을 때까지 자신의 기술 수준에 대한 정보를 찾는 일을 회피하곤 한다. 그 정보를 효과적으로 처리할 수 있는 것과 그 안에 담긴 메시지를 크고 분명하게 듣는 것은 쉬운 일이 아니다. 이 때문에 울트라러닝의 다음 법칙, 피드백feedback이 그토록 중요한 것이다.

ULTRALEARNING

제9장

법칙6_피드백

: 날아드는 조언을 피하지 마라

누구나 얼굴에 한 방 맞을 때까지는 계획이 있다.

_마이크 타이슨

자신의 이름이 불리자 뒤쪽 좁은 계단에서 크리스 록이 무대로 등장했다. HBO 특별 중계와 함께하는 공연은 관객의 함성으로 가득했다. 스탠드업 코미디언인 록의 공연은 마치 록 콘서트 같았다. 그는 마치 음악의 코러스처럼 주요 농담 하나를 계속 반복하는 것으로 잘 알려져 있는데, 그의 에너지 넘치는 리듬을 보고 우리는 그가 재미있는 농담을 할 것이라고 예상한다. 사실은 이것이 문제였다. 무엇이 그 농담을 재미있게 하는 건지 어떻게 알 수 있을까?

꽉꽉 들어찬 콘서트홀과 환성을 지르는 군중으로부터 멀리 떨어진, 뉴욕 그리니치빌리지 '코미디 셀라'의 수수한 무대 위로 록이 걸어 나왔다. 손에는 직접 휘갈긴 문장들이 쓰인 카드 더미가 들려 있었다. 주말

목사인 택시 운전사 할아버지에게 배운 새로운 코미디 소재였다. 그는 다른 때처럼 자신의 공격적인 스타일로 나아가지 않았고, 무대 벽에 풀썩 기대앉았다. 이곳은 그의 실험실이었고, 그는 새로운 코미디를 시도하는 중이었다.

"그렇게 잘되지는 않을 겁니다. 이 개런티라면 당장 나가버릴 수도 있어요! 사실 이 가격에서는 할 수 없죠."

작은 코미디 무대에 아무 공지 없이 온 그를 보고 놀란 군중을 향해 그가 말했다. 그는 전체적으로 개요를 그려 보였다. '크리스가 나왔다가 떠났다. 그건 좋았다! 그는 어떤 농담도 하지 않았다. 하지만 그게 좋았다!' 손에 쪽지를 쥐고, 록은 이것이 자신의 전형적인 공연 방식이 아니라는 걸 청중들에게 재미있게 경고했다. 그는 통제된 조건 아래서 새로운 내용을 실행해보고 싶었다.

"사람들은 당신이 유명하기 때문에 당신에게 6분 정도를 줄 겁니다. 그러고 나서 그들은 원래 위치로 돌아갈 겁니다."

그는 자신이 우스운 짓을 하지 않을 때 무엇이 재미있는 건지 알고 싶었다. 록이 사용한 방법이 독특한 것은 아니다. 코미디 셀라는 유명인들이 잠시 들르는 곳으로 유명하다. 데이브 샤펠, 존 스튜어트, 에이미 슈머 등 수많은 코미디언이 주요 시간대의 특집 방송에서, 콘서트 규모의 공연에서 코미디를 하기 전에 이곳의 소규모 청중들 앞에서 그 내용을 시험해본다. 대규모 관중 앞에서 거대한 공연을 펼쳐 수천 달러를 쉽게 벌 수 있는데, 왜 작은 공연장에서 공연을 하는 것일까? 대체 왜 이런 무대에서 코미디언으로서의 능력을 헐값에 파는 것일까? 록은 울트라러닝의 여섯 번째 규칙을 알고 있었다. 바로 피드백이다.

울트라러너들의 공통 전략, 피드백

피드백은 울트라러너들이 사용하는 전략에서 가장 자주 나타나는 측면이다. 〈제퍼디!〉 문제 출제에 관한 단서들을 자체 시험한 로저 크레이그의 단순한 방식에서부터 새로운 언어를 말하기 위해 낯선 사람들에게 걸어가는 베니 루이스의 불편한 방식에 이르기까지 피드백은 울트라러너들의 가장 공통적인 전술 중 하나다.

전통적인 학습 방식과 울트라러닝 전략을 가장 크게 구분 짓는 것은 제공된 피드백의 즉시성, 정확성, 강도다. 트리스탄 드 몽벨로는 대부분의 토스트마스터들처럼 대본을 세심하게 준비하고 한 달이나 두 달에 한 번 강연을 하는 평범한 길을 택할 수도 있었다. 하지만 그는 직접 뛰어드는 방식을 택했다. 자신의 연설에 관해 다양한 관점을 얻고자 여러 강연장을 다니면서 매주 몇 차례 연설을 한 것이다. 좀 불편하지만 이렇게 급격히 몸을 담금으로써 그는 무대에서 발생할 수많은 불안들에 둔감해질 수 있었다.

안데르스 에릭슨과 다른 심리학자들이 수행한, 전문가의 계획된 연습에 관한 연구에서는 피드백이 현저한 특징으로 나타난다. 에릭슨의 연구에 따르면 행위에 관한 즉각적인 피드백을 얻는 능력이 전문가 수준에 도달하게 만드는 근본 요소다. 피드백 없이는 어떤 기술을 계속 연습해도 더 나아지지 않는 침체기가 있다. 때로 피드백 결핍은 능력을 감소시키는 결과를 가져올 수도 있다. 의사들 대부분이 의과대학에서 축적된 지식이 사라지기 시작하고 진단에 대한 빠른 피드백을 받지 못하면 더 많은 경험을 가지고도 실력이 악화된다.

피드백이 역효과를 낳을 수 있을까?

피드백의 중요성은 별로 놀랍지 않을 수 있다. 우리 모두 직감적으로 알고 있지 않은가. 자신이 무엇을 바르게 했는지, 무엇을 잘못했는지에 대한 정보는 학습을 가속화한다. 피드백에 관한 연구에서 흥미로운 사실은 피드백이 많다고 더 좋은 것은 아니라는 점이다. 중요한 것은 피드백의 유형이다.

아브라함 클루거Avraham Kluger와 안젤로 드니시Angelo DeNisi는 광범위한 메타 분석을 통해 학습에 미치는 피드백의 영향력을 다룬 수백 건의 논문을 살펴봤다. 피드백은 전반적으로 긍정적인 효과가 있었지만 38퍼센트 이상의 사례에서 부정적인 영향을 끼쳤다. 그러나 한편으로는 계획된 연습에 관한 과학적인 연구가 보여주듯, 피드백은 전문가 수준으로 기술을 습득하는 데 필수였다. 또한 피드백은 울트라러닝 프로젝트의 큰 특징으로서 피드백 하나 없이 울트라러너들이 성공했으리라고는 생각하기 어렵다. 하지만 동시에 증거를 검토해보면, 피드백이 보편적으로 긍정적이라는 그림을 그릴 수가 없다. 이 상황을 어떻게 해명할 것인가?

클루거와 드니시는 그 차이가 피드백의 유형에 있다고 주장한다. 피드백은 장래의 학습에 지침이 될 유용한 정보를 제공할 때 잘 작동한다. 우리가 뭔가를 잘못하고 있다거나 그것을 어떻게 수정할 것인지 말해주는 피드백은 강력한 도구가 될 수 있다. 하지만 피드백이 개인의 자아에 초점을 맞춘 것일 때는 종종 역효과를 낳는다.

예를 들어 칭찬은 선생님들이 자주 사용하는(그리고 학생들이 즐거워하는) 일반적인 유형의 피드백으로 대개 장래의 학습에는 해가 된다. 피드백이 개인적인 평가 쪽에 맞춰지면("너는 무척 똑똑하구나!"라든가 "너는 게을러." 같은) 대개 학습에 부정적인 영향을 미친다. 나아가 피드백에 유용한 정보가 포함되어 있다고 해도 그 피드백을 학습의 동기부여 요소나 도구로 올바르게 처리해야만 한다.

클루거와 드니시는 피험자 스스로가 피드백을 건설적으로 사용하지 않아서 부정적인 영향력을 발생시킨 몇 가지 연구들을 주시했다. 이 피험자들은 피드백을 거부했는데, 자신에게 기대되는 기준을 낮추거나 학습 과제를 전적으로 포기한 듯했다. 클루거와 드니시는 누가 피드백을 주느냐 역시 중요할 수 있다는 점에 주목했다. 동료나 선생님의 피드백이 우리의 능력을 향상시키는 정보 이상으로 중요한 사회적 역학 관계를 이루는 것처럼 말이다.

나는 이 연구에서 2가지 흥미로운 사실을 발견했다. 먼저 정보 피드백은 이득을 주지만 적절하게 처리되지 않거나 유용한 정보를 제공하지 못하면 역효과가 날 수 있다. 이는 피드백을 구할 때 2가지 가능성을 경계해야 함을 의미한다. 먼저 피드백이 긍정적이든 부정적이든, 실력 향상으로 이끄는 특정한 정보를 제공하지 못하는 피드백에 과잉 반응을 해서는 안된다. 어떤 피드백이 실제로 유용한지 감지한 다음에 나머지 것들을 조율해야 한다. 이것이 내가 만났던 울트라러너들이 모두 피드백을 이용했지만 각각의 가능성 하나하나까지 죄다 대응하지는 않았던 이유다. 예를 들어 에릭 배런은 게임 초안을 작성할 때 자신에게 돌아오는 비평 모두에 주의를 기울이지는 않았다. 그 조언이 자신의 비전과 상충될 때는 무시했다.

다음으로 피드백은 정확하게 적용하지 않으면 동기에 부정적인 영향을 미칠 수 있다. 몹시 부정적인 피드백도 우리의 동기를 약화시키지만 몹시 긍정적인 피드백 역시 마찬가지다. 우리는 자신의 현재 학습 단계에 관한 올바른 수준의 피드백을 요구하고, 둘 사이에 균형을 맞춰야 한다. 우리 모두 냉혹하고 도움이 안 되는 비판주의를 알고 있다(그래서 그런 비판은 직관적으로 피한다). 앞에서 록이 자신의 명성에서 나온 긍정적인 피드백을 무시했던 것은 이 때문이다.

  이 연구에서 내가 흥미를 느낀 두 번째 관점은 왜 사람들은 피드백을 구하려고 노력하지 않는지다. 그리하여 피드백은 울트라러너들의 강력한 전술로 남는다. 일반적인 사람들의 입장에서 볼 때 피드백은 불편한 것이다. 그것은 가혹하거나 의지를 꺾는 것일 수 있고, 늘 좋은 기분을 안겨주지는 않는다. 코미니 클럽 무대에 서서 농담을 던지는 것은 어쩌면 스탠드업 코미디를 더 잘하게 되는 최선의 방법 중 하나일 수도 있다. 하지만 그 행위 자체는 어색한 침묵을 깊게 가르는, 무척이나 끔찍한 일일 수 있다. 이와 비슷하게 새로운 언어를 즉시 말하는 것도 모국어를 사용할 때보다 소통 능력이 급격하게 떨어지는 느낌을 준다는 점에서 고통스러울 수 있다.

  피드백에 대한 공포는 종종 피드백 그 자체를 경험하는 일보다 불편하게 느껴진다. 결과적으로, 향상을 지연시키는 것은 부정적인 피드백 그 자체라기보다는 비판을 들을지 모른다는 공포심이다. 그래서 처음에는 엄청나게 부정적인 피드백을 받게 되어도 극한의 환경으로 곧장 뛰어들어 가는 것이 좋을 수 있다. 이는 프로젝트를 시작하는 공포를 줄여주고, 나중에 더 가혹한 상황(어려워서 오히려 도움이 될 수 있는 상황)에도 적응할 수 있게 해준다.

이 행동들에는 모두 자신감, 단호함, 끈기가 필요하다. 이 때문에 공격적인 피드백이 더 빠른 결과를 낼 수 있게 해줌에도 많은 자기주도 학습자가 이를 구하지 않는 것이다. 상황 한복판으로 들어가 곧장 피드백을 받고 그 정보를 이용하여 빨리 습득하는 대신, 우리는 한 방 먹고 중요한 학습 자원을 회피하곤 한다. 이와 다르게 울트라러너들은 공격적인 피드백을 추구해서 기술을 빠르게 습득한다.

어떤 종류의 피드백이 필요한가?

피드백은 학습 프로젝트 유형에 따라 수많은 형태로 나타난다. 스탠드업 코미디를 잘하는 일과 컴퓨터 프로그램을 배우는 일은 피드백의 종류가 무척이나 다르다. 고등수학을 배우는 일과 언어를 배우는 일은 다른 방식으로 피드백을 이용해야 한다. 더 나은 피드백을 구하는 기회는 무엇을 배우느냐에 따라 달라진다.

하지만 내 생각에는 자신의 학습 프로젝트에 어떤 피드백이 필요한지 판독하려고 애쓰기보다, 다양한 종류의 피드백을 고려하고 각각 어떻게 사용되고 배양될 수 있는지 고려하는 것이 중요하다. 어떤 종류의 피드백을 받아야 할지 알면 그것을 가장 잘 이용할 수 있게 되고 그 한계도 알게 된다.

나는 3가지 유형의 피드백을 고려하려고 한다. '결과 피드백', '정보 피드백', '수정 피드백'이다. 결과 피드백은 가장 흔한 것이자 많은 상황에서 받을 수 있는 피드백 형태다. 정보 피드백 역시 상당히 흔하다. 여기서는 우리가 학습 중인 일부분에 관해 피드백을 얻고자 결과들을 쪼갤 수 있을 때와, 전체적인 결과에 관한 피드백만이 가능할 때를 알아차리는 것이 중요하다. 수정 피드백은 구하기가 가장 힘들지만 학습을 가장 가속화한다.

결과 피드백: "너, 그거 잘못하고 있는 것 같은데?"

결과 피드백은 가장 흔하고 자주 받는 피드백이다. 이는 우리가 전반적으로 얼마나 잘하고 있는지는 말해주지만 더 나아지고 있는지, 혹은 나빠지고 있는지는 알려주지 않는다. 이런 피드백은 성적이라는 형태나 (합격과 불합격, A, B, C 등) 우리가 행하는 수많은 판단에 관한 총합의 형태가 될 수 있다.

트리스탄 드 몽테벨로가 연설 후에 받은 찬사(혹은 침묵)는 결과 피드백의 예다. 이는 그가 잘했는지 못했는지를 말해줄 수 있지만 왜, 어떻게 그것을 수정해야 하는지는 말해주지 못했다. 기업은 새로운 상품을 시장에 내놓았을 때 이런 종류의 피드백을 경험한다. 엄청나게 잘 팔리거나 완전히 외면당한다. 그 피드백은 다량으로 오나 상품을 다양한 측면에서 직접적으로 분석하지 못한다. 상품 가격이 너무 높은가? 마케팅 메시지가 불분명한가? 포장 디자인이 소구력이 있는가? 고객 후기들이 단서를 제공할 수는 있지만 궁극적으로 어떤 신상품의 성공이나 실패에는 수많은 요소가 복잡하게 뭉쳐 있다.

이런 유형의 피드백은 얻기 쉽다. 또한 연구를 살펴보면 성과 향상과 관련된 메시지가 결여된 이런 피드백조차도 도움이 될 수 있다. 한 연구에 따르면 시각적인 예리함을 요구하는 작업에서는 피드백이 학습을 용이하게 하는데, 심지어 그 피드백이 너무 총괄적이고 광범위해서 의미 있는 정보를 주지 않을 때조차도 그렇다.

프로젝트에 피드백이 아예 결여되어 있다면 이런 광범위한 수준의 피드백을 얻는 것으로도 쉽게 변화시킬 수 있다. 에릭 배런은 자신의 게임 작업을 공개하고 게임 초안에 대해 피드백을 받기 위해 신개발품 블로그를 만들었다. 그 블로그에서 정확히 무엇을 향상시키고 변화시켜야 하는지 자세한 정보를 얻어낼 수는 없었지만, 단지 피드백을 주는 환경 속에 있는 것만으로도 유용했다.

결과 피드백은 몇 가지 메커니즘을 통해 우리가 더 나은 방식으로 학습할 수 있게 해준다. 그중 한 가지는 목표에 관한 동기적 기준점을 우리에게 제공한다는 것이다. 어떤 특정한 질적 피드백에 도달하는 게 목표라면 이 피드백은 우리에게 진척 상황을 계속 알려줄 수 있다. 다른 한 가지는 우리가 시도 중인 방식들 간의 상대적 이점을 알려준다는 점이다. 빠르게 발전 중일 때는 기존의 학습 방식을 고수할 수 있다. 발전이 지체되고 있을 때는 현재 방식에서 무엇을 바꿀 수 있을지 살펴볼 수 있다. 결과 피드백은 완전하지는 않지만 이용할 수 있는 유일한 피드백인 경우가 많으며, 우리의 학습 속도에 강력한 영향을 미칠 수 있다.

정보 피드백: "너, 뭔가 잘못하고 있는 것 같은데?"

정보 피드백은 우리가 무엇을 잘못하고 있는지 말해준다. 하지만 그것을 어떻게 고쳐야 할지까지 말해주는 것은 아니다. 나와 다른 언어를 사용하는 사람과 그 나라 언어로 말하는 것은 정보 피드백 활동이다. 우리가 단어를 잘못 사용했을 때 상대의 혼란스러운 눈동자는 어떤 단어가 정확한지는 말해주지 않지만, 우리가 잘못을 하고 있다는 사실은 말해준다.

트리스탄 드 몽테벨로는 연설 후 청중으로부터 자신의 연설에 관한 전반적인 평가를 받는 것뿐 아니라 순간순간 어떻게 진행되고 있는지 생생한 정보 피드백을 얻었다. 이 농담이 먹힐까? 내 이야기가 청중들을 지루하게 하고 있는 건 아닐까? 연설을 하는 동안 청중의 시선이 다른 곳을 향한다든지, 뒤에서 수군거린다든지 등의 행동으로 이런 정보를 얻을 수 있었다. 록의 스탠드업 코미디 실험 또한 정보 피드백을 받는 행위다. 그는 어떤 농담이 제대로 먹혔을 때와 그렇지 않을 때를 청중의 반응을 보고 알 수 있었다. 하지만 청중은 무엇을 해야 더 재미있어질지는 알 수 없다. 코미디인은 록이지, 청중이 아니지 않은가.

이런 종류의 피드백은 실시간으로 피드백을 받을 수 있는 상황에서 얻기 쉽다. 그러나 프로그램이 적절하게 명령어를 번역하지 못할 때 에러 메시지를 접한 컴퓨터 프로그래머는 자신이 무엇을 잘못했는지 알 수 없다. 다만 실수가 증가하거나 줄어듦으로써 자신이 했던 일을 생각해보고 그 신호를 통해 문제를 수정할 수 있다. 자체 피드백 또한 무척이나 흔한 것으로, 어떤 경우에는 타인의 피드백만큼이나 잘 작동한다. 그림을 그릴 때 우리는 단순히 그 그림을 보고 붓질을 더하거나 덜해야 한다는 걸 감지할 수 있다. 이런 종류의 피드백은 대개 환경과 직접 소통하는 데서 오기 때문에 세 번째 울트라러닝 법칙인 '직접 하기'와 좋은 짝을 이루곤 한다.

수정 피드백: "네가 잘못하고 있는 것을 어떻게 고칠 수 있을까?"

가장 좋은 피드백은 수정 피드백이다. 이는 우리가 무엇을 잘못하고 있는지, 그것을 어떻게 수정해야 할지까지 알려준다. 이런 종류의 피드백은 대개 코치, 스승, 교사에게서 오는데, 올바른 학습 자원을 사용하고 있다면 자동적으로 받을 수 있다.

MIT 챌린지를 하는 동안 나는 과제와 해답을 왔다 갔다 하면서 공부했다. 따라서 한 문제를 다 끝마치고 나면 그 문제를 맞혔는지 틀렸는지는 물론, 내 답이 정답과 어떻게 다른지 정확히 볼 수 있었다. 이와 유사하게 낱말 카드나 다른 활동적인 회상 방식들도 질문에 관해 우리가 답을 추측한 뒤에 정답을 보여줌으로써 수정적인 피드백을 제공한다.

교육자인 마리아 애라셀리 루이즈-프리모Maria Araceli Ruiz-Primo와 수전 브룩하트Susan Brookhart는 "가장 좋은 피드백은 정보를 담고 있는 것이며, 그것을 받는 학생들이 사용할 수 있는 것이어야 한다. 최선의 피드백은 현재 상태와 목표의 차이를 알려주고 학생들이 더 잘 공부할 수 있는 단계를 취하도록 돕는 것이다."라고 주장한다.

이런 유형의 피드백은 우리의 실수를 콕 집어주고 바로잡아줄 교사, 전문가, 스승과 접촉해야 한다는 점이 어렵다. 하지만 단순한 정보 피드백 이상으로 수정의 칼날이 덧붙여지기 때문에 그런 스승들을 찾는 노력은 할 만하다. 트리스탄 드 몽테벨로는 마이클 젠들러와 함께 연습함으로써 자체 피드백이나 경험이 적은 청중의 폭넓은 피드백으로는 알아채지 못했을 자신의 취약점을 상세히 알아차릴 수 있었다.

이 피드백은 무엇을 증진시켜야 하는지 알려주지 못하는 결과 피드백과, 무엇을 증진시켜야 하는지는 알려주지만 어떻게 해야 할지는 알려주지 못하는 정보 피드백을 능가한다. 하지만 이 역시 불안정한 것일 수 있다. 트리스탄 드 몽테벨로는 연설 후 서로 상충하는 조언들을 얻기도 했다. 어떤 사람들은 그에게 말의 속도를 늦추라고 말했는데, 어떤 사람들은 속도를 올리라고 말했다. 이럴 땐 차라리 코치나 교사에게 비용을 지불하는 편이 좋다. 그들은 우리가 저지른 실수의 특징을 정확히 알아차리고, 우리 입장에서 보다 손쉽게 수정할 수 있도록 해주기 때문이다. 울트라러닝의 이런 자기주도적인 특성은 학습이 온전히 혼자서 해나가는 것이 최선은 아님을 알려준다.

피드백 업그레이드의 유의점

여기서 몇 가지는 살펴볼 가치가 있다. 먼저 피드백 '업그레이드'를 시도할 때 주의를 기울여야만 한다. 결과 피드백을 정보 피드백으로 바꾸기 위해서는 그동안 행한 것들의 각 요소에 대한 피드백을 끌어내야만 한다. 그 피드백이 우리가 행한 일 전반에 관한 평가라면 이를 정보 피드백으로 바꾸는 시도는 역효과를 낼 수 있다.

　게임 디자이너들은 이런 것을 조심해야 한다는 사실을 안다. 게임 테스터들에게 어떤 게임에서 무엇이 마음에 들지 않느냐고 물으면 종종 거짓된 답변이 돌아오기 때문이다. 예를 들어 테스터들이 캐릭터의 색깔이나 배경 음악이 마음에 들지 않는다고 말했다고 하자. 여기서 진실은 테스터들이 그 게임을 전반적으로 평가하고 있으며, 따라서 그들은 이런 종류의 피드백을 줄 수 없는 경우가 많다는 것이다. 피드백을 주는 사람이 해당 내용을 한 측면씩 개별적으로 체험한 것이 아니라 전체적으로 체험을 한 것이라면, 전문적인 부분에 대해 묻는 건 그저 추측을 끌어낼 뿐이다.

이와 유사하게 수정 피드백에도 올바른 대답 혹은 인정받는 전문가가 필요하다. 만일 전문가가 없거나 접근 방식이 틀렸다면 정보 피드백을 수정 피드백으로 바꾸려는 시도는 역효과를 낼 수 있다. 잘못된 피드백을 적용해서 학습 방법을 수정할 수 있다는 말이다. 트리스탄 드 몽테벨로는 대부분의 사람들이 해준 조언은 끔찍할 만큼 유용하지 않았으며, 그 조언들 간에 일관성이 있을 때만 유용했다고 말했다. 연설을 하고 나서 각기 다른 무수한 반응들이 나왔다면 그는 자신이 해야 할 일이 많다고 여겼다. 피드백이 훨씬 더 일관적으로 나오면 그는 자신에게 뭔가 가능성이 있다고 여겼다.

울트라러닝은 단순히 피드백을 많이 끌어모으는 것이 아니다. 유용한 정보를 끌어내기 위해 언제 어떤 피드백들을 선별적으로 무시할지 알아야 한다. 이렇게 각 유형의 피드백이 지닌 장점들을 이해하는 일은 올바른 학습 전략을 선택하는 데 매우 중요하다.

언제 피드백을 받아야 하는가

피드백에 관한 조사에서 흥미로운 질문 하나는 피드백을 얼마나 빨리 받아야 하는가다. 실수에 관한 피드백을 즉시 받아야 할까? 아니면 약간 시간을 두고 받아야 할까?

일반적인 조사에 따르면 실험실 바깥에서는 즉각적인 피드백이 낫다고 말한다. 제임스 쿨릭James Kulik 과 첸-린 쿨릭Chen-Lin Kulik 은 피드백 시간에 관한 문헌들을 검토한 뒤 "실제 교실에서 이뤄진 퀴즈나 학습 내용들을 조사한 연구 대부분은 지연이 있는 것보다 즉각적인 피드백이 더 효율적임을 발견했다."라고 정리했다. 전문 연구원인 안데르스 에릭슨도 여기에 동의한다. 그는 피드백이 실수를 규정하고 수정하는 데 도움을 줄 때, 피드백을 받고 나서 수정과 개선 방법을 강구해야 할 때는 즉각적으로 이뤄지는 편이 낫다고 말한다.

그런데 흥미롭게도 실험실 연구에서는 대체로 지연된 피드백(문제의 정답을 알려주는 과정을 지연시키는 방식)이 훨씬 효율적이라는 결과가 나온다. 이에 대해 문제와 답을 다시 언급해주는 일은 일정 간격을 두고 한 번 더 그 내용을 섭하게 하는 것이라고 설명한다. 이 설명이 옳다면, 한 번 노출되는 경우와 비교했을 때 기억을 강화하기 위해서는 즉각적인 피드백은 지연된 복습(혹은 추가 시험)을 할 때 필요하다고 볼 수 있다. 피드백 간격을 비롯해 그것이 우리의 기억에 어떻게 영향을 미치는지는 다음 장 '유지'retention 를 다루는 부분에서 더 살펴볼 것이다.

피드백 시간에 관한 과학적인 문헌들을 보면 언뜻 그 결과가 뒤죽박죽으로 보인다. 일반적으로 나는 피드백은 빠른 편이 좋다고 생각한다. 더 빨리 실수를 알아차릴 수 있게 해주기 때문이다. 하지만 이는 문제의 답을 찾는 데 최선을 다하거나 직접 문제를 풀기도 전에 피드백을 먼저 받아버리는 위험을 초래할 수 있다.

피드백 시간에 관한 초기 연구들은 학습에서 즉각적인 피드백의 중립적 혹은 부정적 영향을 보여주곤 했다. 하지만 이런 연구들에서는 종종 피험자가 시험지를 다 작성하기 전에 그들에게 정확한 답을 보는 재량을 주었다. 이는 피험자가 답을 머릿속에서 끄집어내려고 애쓰는 것이 아니라 정답을 보고 따라 쓸 수 있었음을 의미한다. 이처럼 너무 빠른 피드백은 인출 작업을 수동적인 복습 상태로 넘어가게 한다. 그리고 답을 이미 알고 있는 것은 학습의 효율성을 떨어뜨릴 수 있다. 어려운 문제를 접했을 때 정답을 찾는 걸 포기하기 전에 어느 정도 시간까지는 그 문제와 씨름해보라.

더 나은 피드백을 얻는 4가지 전략

지금까지 우리는 학습에서 피드백의 중요성을 살펴봤다. 나는 어째서 피드백이, 특히 다른 사람들에게 받는 피드백이 때때로 역효과를 발생시키는지 설명했다. 또한 결과, 정보, 수정 피드백이라는 3가지 유형의 피드백이 어떻게 각기 다른 강점을 지니는지, 그것들이 효율적으로 작동하기 위해서는 무엇이 전제되어야 하는지 이야기했다. 이제 당신이 더 나은 피드백을 얻기 위해 적용할 수 있는 몇 가지 구체적인 전술을 설명해보려고 한다.

1. 소음을 제거하라

피드백에는 우리가 처리하고 싶은 유용한 정보가 담긴 신호와 소음, 2가지가 존재한다. 소음은 무작위로 발생한다. 스스로 발전하기 위해 노력하고 있을 때는 거기에 과도하게 반응해서는 안 된다. 당신이 온라인상에 게시할 글들을 작성하면서 글쓰기 능력을 향상시키려고 있다고 해보자. 그 글들 대부분은 많은 주의를 끌지는 않겠지만 만일 크게 주의를 끌게 된다면 그건 대개 우리의 통제 바깥에 있는 요소들 때문이다.

예를 들어 어떤 사람이 당신의 글을 공유해서 그것이 SNS상으로 퍼져나가고 있다고 해보자. 당신의 글쓰기 자질도 그 글이 퍼져나가는 요인이겠지만 그보다는 무작위적인 요인 때문이다. 하지만 당신은 그 데이터 지표에 근거하여 전반적인 접근법을 바꾸지 않도록 신경 쓸 것이다. 기술을 향상시키는 노력을 할 때 소음은 실제 문제가 된다. 글을 잘 쓰기 위해 동일한 정보를 얻으려고 더 많은 일을 하게 되기 때문이다. 수많은 피드백의 물결에 주의를 기울여 선별하고 수정하라. 그러면 소음을 줄이고 더 많은 진짜 신호를 얻어낼 것이다.

음성 처리 방식에서 사용뇌는 소음 제거 기술은 필터링이다. 음향 엔지니어들은 인간의 음성이 특정한 주파수 범주에 속하며, 반대로 백색소음은 전체 주파수 스펙트럼을 아우른다는 점을 알고 있다. 그래서 인간의 음성에서 일어나는 주파수를 증폭시켜 신호를 증가시키고 다른 모든 소리는 잠재울 수 있다. 그 한 가지 방식은 프록시 신호를 찾는 것이다. 정확히 똑같이 성공하는 것은 아니지만 이는 소음 데이터 일부를 제거한다.

블로그 글쓰기에서도 이와 비슷하게 마지막까지 당신의 글을 읽는 사람들의 비율을 알아내는 추적 코드를 사용할 수 있다. 이것이 당신의 글쓰기가 좋은지는 입증해주지 못하지만, 순수 유입 지표보다는 소음을 훨씬 많이 줄여준다.

2. 바람직한 어려움의 적정선 찾기

피드백은 정보다. 정보가 많다는 말은 학습 기회가 많다는 말이다. 정보에 대한 과학적 측정은 거기에 어떤 메시지가 담길지 얼마나 쉽게 예측하느냐에 기반한다. 우리가 성공이 보장돼 있다는 걸 안다면 피드백은 정보를 제공하지 못한다. 지금 하는 일이 계속 잘될 거라는 걸 알고 있으니 말이다. 좋은 피드백은 반대다. 예측하기가 어려워야 피드백을 받을 때마다 더 많은 정보를 얻게 된다.

학습은 맞닥뜨리는 어려움에 따라 영향을 받곤 한다. 많은 사람이 지속적인 실패를 직관적으로 피하는데, 이때의 피드백이 늘 도움이 되는 건 아니기 때문이다. 하지만 반대의 문제, 즉 무척이나 성공하고 있다는 피드백의 문제 역시 넘쳐난다. 울트라러너들은 자신이 성공할지 실패할지 예측할 수 없도록 환경을 주의 깊게 조정한다. 실패가 너무 잦으면 문제를 단순화해서 그 일을 제대로 하고 있는지 알아차릴 수 있다. 실패가 거의 없으면 과제를 더 어렵게 하거나 기준을 더 엄격하게 올린 뒤 다양한 방법으로 해보고 무엇이 더 성공률이 높은지 알아볼 수도 있다. 기본적으로 자신의 성취에 관해 좋은 기분(혹은 나쁜 기분)을 느끼게 하는 상황을 피하도록 노력해야 한다.

3. 메타 피드백

전형적인 피드백 유형은 성취에 대한 평가다. 이는 우리가 목표를 제대로 달성했는지 보여주는 시험 점수나 측정 가능한 평가 같은 것이다. 하지만 이보다 훨씬 더 유용한 피드백이 있다. 바로 메타 피드백이다. 이 피드백은 우리의 성과가 아니라 우리가 사용하는 학습 전략의 전반적인 성공도를 평가한다.

메타 피드백에서 중요한 유형 하나는 '학습 속도'다. 이는 우리가 얼마나 빨리 내용을 습득하는지 알려준다. 최소한 학습 중인 내용의 어떤 한 측면에서 얼마나 빨리 발전하고 있는지에 관한 정보를 준다. 체스 선수들은 엘로 평점 시스템Elo ratings system(2인 게임 실력 측정 산출법. 아르파드 엘로 박사가 체스 선수들의 실력을 표현하기 위해 만든 평점 시스템이다―옮긴이 주)으로 성장을 추적한다. LSAT(법과대학원 입학시험)를 준비하는 학생들은 모의고사로 실력이 얼마나 향상되었는지를 측정한다. 언어를 공부하는 사람들은 글을 쓰거나 말을 할 때 자신이 배운 어휘나 저지른 실수를 추적한다.

이 도구는 2가지 방법으로 사용할 수 있다. 한 가지는 이미 사용했던 전략에 집중해야 할 때와 다른 방법을 실험해야 할 때를 결정하는 것이다. 만일 학습 속도가 느려지고 있다면 현재 사용 중인 방식에서 수확체감의 법칙이 시작되었다는 뜻이다. 따라서 이때는 기존의 학습 방식에서 벗어나 특화 학습, 바람직한 어려움, 환경 등 다른 학습 방식을 적용해보는 게 이득이 될 수 있다.

메타 피드백을 적용하는 두 번째 방식은 어느 것이 더 잘 작동하는지 보는 것이다. MIT 챌린지를 하는 동안 나는 종종 문제들을 하위 주제들로 쪼개서 각기 다른 방식으로 자체 시험을 봤다. 문제 풀이로 직행하는 편이 더 나은가? 아니면 먼저 시간을 조금 들여서 주요 개념들을 이해하는 편이 더 나은가? 이를 알 수 있는 유일한 방법은 자신의 학습 속도를 시험해보는 것이다.

4. 빠르고 강도 높은 피드백을 받아라

피드백을 향상시키는 가장 쉬운 방법 하나는 많이, 자주 받는 것이다. 이는 피드백 빈도가 낮거나 피드백 자체가 적을 때 좋은 방법이다. 드 몽벨로의 대중 연설 향상 전략은 기본적으로 다른 연설자들이 하는 것보다 훨씬 많이 무대에 올라가는 것이었다. 해당 언어 환경에 잠겨 공부하는 루이스의 전략 역시 대부분의 학생이 단어를 소리 내어 말하지 않고 있을 때 그가 발음에 관한 정보에 많이 노출되게 해주었다.

강도 높고 재빠른 피드백은 정보적 이점을 제공하지만 훨씬 더 큰 장점은 감정적인 부분에 있다. 피드백에 대한 두려움은 종종 그 무엇보다 우리를 움츠러들게 한다. 강도 높고 빠른 피드백이 몰아치는 상황에 스스로 몸을 던지면 처음에는 불편하겠지만, 몇 달이고 몇 년이고 기다렸다 피드백을 받는 것보다 나을 수 있다.

또한 피드백 상황에 놓이는 것은 다른 일보다 훨씬 더 공격적인 학습을 하도록 촉구한다. 자신의 작업에 관한 평가를 받을 거라는 사실을 알면 최선을 다하게 된다. 강도 높은 피드백에 몸을 맡기는 일은 결국 피드백이 제공하는 정보적 이점보다 이런 동기부여의 이점을 훨씬 더 크게 얻는 일이다.

빠르고 강한 피드백으로 소음을 제거하라

피드백을 받는 일은 쉽지 않다. 피드백을 자신의 기술에 관한 것이 아니라 자기 자신에 관한 것으로 처리한다면 그 주먹질에 쓰러지기 쉽다. 피드백 환경을 신중하게 통제해서 사기를 북돋울 수 있다면 좋겠지만 현실의 삶은 그런 기회가 존재할 형편이 거의 안 된다. 대신 빨리 피드백을 구해 한 대 맞고 심판이 숫자를 세지 못하게 하는 편이 낫다. 단기적 피드백은 스트레스를 줄 수 있지만 일단 피드백을 받는 습관이 들면 감정적으로 과잉 반응하지 않고 더 쉽게 처리할 수 있다. 울트라러너들은 이를 자신의 장점으로 이용한다. 스스로 어마어마한 양의 피드백에 노출되어 신호에서 소음을 제거하는 것이다.

하지만 피드백과 정보는 그것이 가르쳐주는 내용을 기억할 때만 유용하다. 망각은 인간의 본질이지만 학습을 하는 데는 괜찮지 않다. 우리는 정보를 잘 간직하고 있어야만 한다. 울트라러닝의 다음 법칙인 '유지'retention를 살펴보도록 하자. 여기서는 우리가 배운 교훈을 잊지 않게 해주는 전략들에 대해 논의할 것이다.

ULTRALEARNING

제10장

법칙7_유지

: 새는 양동이에 물을 채우지 마라

기억은 생각의 잔여물이다.

_대니얼 윌링엄_{Daniel Willingham}, 인지심리학자

   벨기에의 작은 도시 루뱅라뇌브에 가 있는 나이절 리처즈_{Nigel Richards}
가 이제 막 스크래블(철자가 적힌 플라스틱 타일로 글자를 만드는 보드게
임―옮긴이 주) 세계선수권대회에서 우승했다. 리처즈는 이전에 세 차
례 우승을 했고, 뛰어난 기량과 수수께끼 같은 성격으로 경쟁이 심한 스
크래블 세계에서 전설이 되었다. 그리고 이번에는 영어 십자말풀이 대회
가 아니라 프랑스 세계선수권대회에서 우승하는 위업을 달성한 것이다.

   이는 무척이나 어려운 일이다. 대부분의 영어 사전들에는 대략 20만
개의 유효 단어가 실려 있다. 그런데 프랑스어는 명사와 형용사에서 성_性
을 구분하며 방대한 활용형이 존재한다. 약 38만 6,000개의 유효 단어
형태가 있다. 단어의 양이 거의 두 배에 이르는 것이다. 그리고 사람들

의 이목을 끄는 또 다른 사실이 있다. 바로 리처즈가 프랑스어를 한마디도 못 한다는 것이다.

엔지니어인 리처즈는 뉴질랜드의 크라이스트처치에서 태어나 성장했다. 긴 수염에 복고풍 고글을 낀 그는 간달프와 나폴레온 다이너마이트를 섞은 듯 보인다. 하지만 그의 스크래블 기술은 장난이 아니다. 그는 20대 후반 어머니의 말에 고무되어 비교적 늦은 나이에 게임을 시작했다.

"나이절, 너는 단어를 많이 알지 못하니까 이 게임을 잘할 수는 없을 거야. 하지만 꾸준히 가지고 놀 수는 있을 거야."

시작할 때는 그다지 전망이 좋다고 할 수 없었지만, 그는 경쟁이 심한 스크래블 세계의 맨 꼭대기 자리까지 올라갔다. 어떤 이들은 그가 역사상 가장 훌륭한 스크래블 선수라고 말하기도 한다.

당신이 세상과 담을 쌓고 사는 사람이라면 십자말풀이 형태의 스크래블을 할 것이다. 선수들은 각각 7개의 철자가 쓰인 타일 7개를 자루에서 꺼내 단어 형태를 만든다. 어려운 점은 그 단어들을 칠판에 있는 단어들과 연결시켜야 한다는 것이다. 게임을 잘하려면 일상적으로 사용되는 단어는 물론 단어 길이 때문에 유용하면서도 사람들이 잘 알지 못하는 단어까지 방대하게 기억해야 한다. 괜찮은 수준의 평범한 선수는 철자 2개짜리 유효 단어들을 빠르게 습득하는데, 여기에는 'AA'(용암의 종류), 'OE'(페로제도에서 부는 폭풍) 같은 범상치 않은 단어들도 포함되어 있다. 토너먼트에 출전할 수준까지 가려면 최대 7자에서 8자 정도의 짧은 단어를 모조리 암기해야 한다.

만일 한 번에 7개의 타일을 모두 사용한다면 추가 50점의 보너스(스크래블 용어로 '빙고'라고 한다)를 획득할 수 있다. 하지만 여기에 필요한 기술은 암기가 전부가 아니다. 다른 시합들처럼 토너먼트 형식의 스크래블 경기도 시간제 시스템이다. 따라서 숙련된 선수들은 뒤죽박죽 섞인 타일들로 유효 단어들을 만들어낼 뿐 아니라 빠르게 공간을 찾고 가장 높은 점수를 기록할 단어들을 계산해내야 한다. 리처즈는 이 분야에서 달인이다. 'CDHLRN'과 빈 공간 하나(어떤 철자든 사용할 수 있다)가 주어졌다고 하자. 그는 분명히 보이는 'CHILDREN'이라는 단어를 무시하고, 대신 몇 개의 십자말풀이들을 연결해서 훨씬 더 점수가 높은 'CHLORODYNE'이라는 단어를 만든다.

이런 리처즈의 기술은 그를 둘러싼 수수께끼 같은 분위기 때문에 더욱 유명하다. 그는 조용한 성품으로 평소엔 방 안에 틀어박혀 지낸다. 온갖 취재를 거절하고 유명세나 돈, 심지어 자신이 어떻게 그런 실력을 발휘하는지 설명하는 데도 전혀 관심이 없다. 같은 십자말풀이 선수 밥 펠트는 한 경기에서 수도승처럼 고요한 그와 마주쳤을 때 이렇게 말을 걸었다.

"나이절, 우리가 만나게 되면 그쪽이 이길지 아닐지는 뚜껑을 열어봐야 알겠죠."

그러자 리처즈는 단조로운 어조로 이렇게 대답했다.

"그래서 내가 신경을 안 쓰는 거요."

심지어 프랑스 세계선수권 대회에서 그는 언론사들의 스포트라이트를 받는 장소로 잠시 떠밀려 갔다가, 유럽으로 자전거 여행을 하러 가야 한다며 사과를 하고 돌아왔다. 이번에 그는 시합에서 우승하기 전에 딱 9주간 준비를 했다. 결승에서 가봉의 셸리크 일라구 레카웨라는 프랑스어권 선수를 이긴 후 기립박수를 치는 청중에게 감사 인사를 하기 위해 통역사를 거쳐야 할 정도로 프랑스어를 말하지 못했다.

십자말풀이 챔피언의 비결

나이절 리처즈에 관한 기사를 읽으면 읽을수록 나는 점점 흥미를 느꼈다. 리처즈는 어마어마한 기억 능력만큼이나 수수께끼의 인물이다. 그는 취재 요청들을 무시하고 우승한 비결에 대해서는 아주 간단히 말하는 것으로 유명하다. 루뱅라뇌브에서 우승했을 때 한 기자가 그에게 그 모든 단어를 기억하는 특별한 방법이 있느냐고 물었다. 그는 "아니요."라고 딱 한마디로 대답했다. 이렇게 전략을 밝히지 않았지만 어쩌면 몇 가지 실마리를 파볼 수는 있을 것이다.

내가 발견한 첫 번째 사실은, 벨기에 루뱅라뇌브에서 리처즈의 승리는 무척 놀랍지만 완전히 선례가 없는 일은 아니라는 점이다. 다른 스크래블 선수들도 해당 대회의 언어에 능숙하지 않은 상태에서 우승을 한 적이 있다. 예를 들어 스크래블은 태국에서 인기가 별로 없는데, 전 우승자인 파누폴 수자야콘과 파콘 네미트르만수크는 영어에 능숙하지 않았다. 이유는 간단하다. 모국어에서 단어를 기억하는 일과 스크래블에서 단어를 기억하는 일은 암기 기술이 다르다. 언어를 발화할 때는 단어의 의미, 발음, 느낌이 중요하다. 하지만 스크래블에서는 이런 것들이 중요치 않다. 여기서 단어는 그저 철자들의 조합일 뿐이다.

리처즈는 프랑스어를 말하지 못하면서 프랑스어 스크래블 대회에서 우승할 수 있었는데, 이는 경기가 영어 대회와 크게 다르지 않기 때문이었다. 그는 단지 다른 철자 패턴만 기억하면 되었다. 물론 원어민의 장점은 있다. 많은 철자들에 이미 익숙하기 때문이다. 그래도 스크래블 경기를 할 수 있는 모든 언어에는 공통점이 있다. 수수께끼 같고 익숙하지 않은 단어들을 수없이 암기해야 하며, 철자를 재조합해서 보드에 넣고 계산해 최대한의 점수를 획득하는 기술이 있어야 한다.

내가 발견한 두 번째 사실은, 리처즈가 유난히 잘하는 활동이 스크래블만은 아니라는 점이다. 그가 사랑하는 또 다른 종목은 사이클이다. 초창기에 뉴질랜드의 더니든에서 토너먼트를 할 때 그는 직장에서 퇴근한 뒤 자전거를 타고 경기장까지 왔다. 크라이스트처치에서 더니든까지 200마일(약 320킬로미터)이 넘는 거리를 밤새도록 페달을 밟아 도착해서 아침 첫 경기를 시작한 것이다.

그가 우승한 후 다른 선수들이 그에게 집까지 차로 태워다주겠다고 제안했는데, 그는 정중하게 거절했다. 다시 하룻밤 동안 자전거를 타고 달려서 크라이스트처치의 집으로 가겠다는 것이었다. 처음 그의 프로필에서 느꼈던 괴짜 같은 느낌, 이를테면 집에서 머리를 직접 자른다거나 취재를 꺼린다는 데서 느낀 그 느낌이 찾아왔다. 거기에 수수께끼의 일부를 푸는 열쇠가 있다는 생각이 들었다.

물론 사이클에는 대단한 암기 기술이 필요치 않다. 그렇다면 란스 암스트롱이 경쟁자로 달려들었을 것이다. 하지만 이는 리처즈의 성격에서 일관되게 나타나는 특징 하나를 드러내는데, 내가 만났던 울트라러너들과 겹치는 특성이기도 하다. 그가 평범한 수준을 넘어서서 극단적인 강도로 노력한다는 점이다. 그리고 또 다른 실마리가 있다. 그는 철자 2개짜리 단어에서 시작해 점차 철자가 많은 단어로 나아가는 목록들을 읽는 것에 대해 이렇게 말했다.

"사이클을 타는 것은 머릿속으로 단어 목록들을 살펴보는 데 도움이 됩니다."

그는 철자들을 조합하는 데 극도로 집중하고 정의나 시제, 복수형은 무시하고 사전을 읽는다. 그리고 나서 사이클을 타는 몇 시간 동안 기억에서 단어를 끄집어내 계속 반복하고 또 반복한다. 다른 울트라러너들에게서도 공통적으로 나타나는 이 방식은 지금껏 다룬 울트라러닝 법칙들과도 합치한다. 바로 능동적인 회상과 리허설이다. 단어를 인출함으로써 리처즈는 대단한 암기력을 쌓고, 이를 적극적으로 연습함으로써 난공불락의 실력으로 만든다.

리처즈의 성과에 관한 실마리는 또 있다. 그는 아나그래밍anagramming, 즉 타일을 재조합해 단어를 만드는 연습을 하는 게 아니라 기억에 집중한다. 그는 짧은 단어에서 시작해서 긴 단어로 갔다가, 다시 이것을 반복하면서 작업한다. 그는 자신이 단어를 시각적으로 떠올린다며, 단어를 입으로 말하는 것만으로는 외울 수가 없다고 말한다.

이 실마리들을 통해 그의 머릿속을 살짝 들여다볼 순 있지만 밝혀지지 않은 것들은 훨씬 많다. 머릿속에서 리허설을 할 수 있기까지 그는 단어 목록들을 몇 번이나 읽을까? 그 단어들은 어떤 방식으로 조직되어 있는 걸까? 아니면 단순히 알파벳순으로 작성되어 있는 걸까? 그는 다른 평범한 부분에서는 지능이 떨어지고 예외적인 부분에서만 지능이 발달한 서번트일까? 아니면 스크래블 단어 암기 능력이 다른 수많은 대단한 능력들 중 하나인 만능 천재일까? 어쩌면 그의 지능은 무척이나 평균적일지 모른다. 스크래블에서 그토록 특출한 것은 그 게임에 온몸을 다 바친 결과일 수도 있다. 우리는 이 질문들에 대한 대답을 절대 알 수 없을 것이다.

리처즈의 재능이 단지 타고난 것인지, 아니면 기억력이 다른 사람들보다 나을 뿐인지 우리는 알 수 없다. 무엇보다도 그의 방식은 아무도 모를 정도로 담대하거나 독창적인 부분이 없다. 그럼에도 그는 스크래블 세계를 지배하고 있다. 몇 시간이고 사이클을 타면서 머릿속으로 단어 목록을 복기하는 강도 높은 훈련과 강박적인 성격이 최소한 부분적으로나마 이를 설명할 수 있지 않을까 생각한다. 그가 어떤 재능을 소유했든지 간에, 그 역시 내가 이 책에서 다룬 울트라러너들의 정신을 소유하고 있는 듯하다. 그것의 가치가 무엇이든 리처즈는 전자보다 후자를 더 강조한다.

"힘든 일이에요. 공부하는 데 온몸을 다 바쳐야 합니다. 거기에는 비결이랄 게 없습니다. 그저 단어를 공부하는 문제예요."

스크래블 단어들은 우리 삶에 중요하지 않을 수 있다. 하지만 기억은 어떤 대상을 잘 배우는 데 필수다. 프로그래머들은 코드의 명령어들을 기억해야만 한다. 회계사들은 비율, 조례, 법규 등을 기억해야 한다. 변호사들은 판례와 법령을 기억해야 한다. 의사들은 해부학에서 약물 작용에 이르기까지 수만 건의 시시콜콜한 정보들을 기억해야 한다. 이해, 직관, 실용적 기술과 같은 더 큰 개념들에 둘러싸여 있을지라도 기억은 필수적이다. 무엇이 어떻게 작용하는지, 특정한 기술을 어떻게 수행하는지 이해한다 해도 기억해낼 수 없다면 무용지물이다.

유지는 전략적으로 우리가 배운 것을 머릿속에서 새나가지 않게 하는 능력이다. 하지만 유지에 관한 전략을 논하기 전에 뭔가를 기억하는 일이 왜 그토록 어려운지 먼저 살펴보자.

뇌는 처음에 배운 것부터 망각한다

리처즈의 경우는 극단적인 사례지만, 그렇더라도 그의 이야기는 중대한 의미를 담고 있다. 배운 것들을 어떻게 기억으로 유지할 수 있을까? 힘들게 배운 내용과 기술을 어떻게 잊지 않을까? 이미 얻은 지식을 어떻게 저장하고, 필요할 때 어떻게 인출해낼 수 있을까? 학습에 대해 이해하려면 우리가 어떻게, 왜 잊는지 알아야 한다.

이전에 학습한 지식에 접근하지 못하는 일은 교육자, 학생, 심리학자들에게 영원히 반복되는 문제다. 희미해진 지식은 우리가 일을 하는 데 영향을 미친다. 한 연구에서는 의사들이 일한 기간이 오래되었을수록 의학적 처치의 질이 떨어졌는데, 직업적으로 하루 종일 일하고 있음에도 의과대학 시절 저장했던 지식을 점차적으로 잊었던 것이다. 다음은 그 연구의 일부분이다.

> 더 경험 많은 의사들은 몇 년간 실무 경험을 하는 동안 지식과 기술이 축적되었고, 따라서 더 질 높은 의료를 제공했다고 믿었다. 하지만 증거에 따르면 의사들이 실무를 한 햇수와 그들이 제공한 의료의 질 사이에는 반비례 관계가 성립했다.

역사상 최초의 심리학 실험을 한 사람으로 꼽히는 헤르만 에빙하우스Hermann Ebbinghaus는 몇 년 동안 무의미한 철자를 외우고(이는 리처즈가 스크래블 단어를 기억하는 방식과 많이 겹친다), 그것을 기억하는 자신의 능력을 추적했다. 이 독창적인 연구는 나중에 더 실험적이고 견고한 연구들로 입증됐는데, 여기서 에빙하우스는 망각 곡선을 발견했다. 이 곡선은 우리가 공부를 한 다음에 어마어마하게 빨리 그 내용을 잊는 경향이 있음을 보여준다. 지식은 기하급수적으로 쇠퇴하며, 특히 학습 직후 가장 급격하게 쇠퇴한다.

하지만 시간의 흐름에 따라 이런 망각은 점차 줄어들고 잊히는 지식의 양도 줄어든다. 우리의 정신은 물이 새는 양동이와 같다. 하지만 대부분의 구멍은 꼭대기 쪽에 있으며, 따라서 바닥에 남은 물은 훨씬 더 서서히 새나간다.

그로부터 수년 후 심리학자들은 우리의 뇌가 최초에 배웠던 것을 훨씬 많이 망각하는 이유를 설명하는 3가지 주요 이론을 규정했다. 바로 '쇠퇴'decay, '간섭'interference, '망각된 신호'forgotten cue다.

쇠퇴: 시간의 흐름에 따라 망각한다

망각의 첫 번째 이론은 기억이 단순히 시간의 흐름에 따라 쇠퇴한다는 것이다. 이 관념은 기억에 대한 일반적인 생각들과도 부합한다. 우리는 지난주의 사건, 뉴스, 학습 내용을 지난달의 것보다 훨씬 명확하게 기억한다. 올해 배운 것들은 10년 전에 일어났던 사건들보다 훨씬 더 정확하게 회상한다. 이렇게 생각하면 망각은 단지 시간의 흐름에 따른 필연적인 쇠락이다. 모래시계 속의 모래들처럼 우리의 기억은 계속해서 빠져

나가고, 우리는 그 기억들에서 점점 멀어진다.

　하지만 완전한 설명을 제공하는 이론에도 취약점은 있다. 많은 사람이 지난주 화요일 아침에 무엇을 먹었는지는 기억하지 못해도 아주 어린 시절의 사건들은 생생하게 기억할 수 있다. 이를 보면 기억이 처음에 새겨진 후 시간의 흐름을 넘어서 기억되는 대상과 잊히는 대상들에 패턴이 있음을 보여준다. 말하자면 생생하고 유의미한 대상들이 평범하거나 임의적인 정보보다 쉽게 기억나는 것이다. 단순히 쇠퇴하는 망각에 어떤 요인이 있다면 그것이 유일한 요인은 아닐 것이다.

간섭: 새로운 기억으로 과거의 기억을 덮어쓴다

간섭은 또 다른 관념을 제공한다. 우리의 기억은 컴퓨터 파일과 달리 뇌에서 그것들이 저장된 방식으로 또 다른 기억에 겹쳐진다는 것이다. 그리하여 서로 다르지만 비슷하게 보이는 기억들은 서로 경쟁할 수 있다. 예를 들어 프로그래밍을 공부하고 있다면 포 루프for loop가 무엇인지 배우고, '반복적으로 뭔가를 행한다'는 의미로 기억할 것이다. 그런 다음에 와일 루프while loop, 순환recursion, 리피트-언틸 루프repeat-until loop, 고 투 문GO TO statement에 관해 배울 것이다. 이것들은 모두 뭔가를 반복적으로 행하는 일이라는 유사점이 있지만 그 방식은 모두 다르다. 때문에 포 루프가 정확히 어떤 행위인지 기억하는 데 나머지 용어들이 간섭한다.

　이런 간섭은 2가지 형태로 나뉘는데, 순행 간섭과 역행 간섭이다. 순행 간섭은 이전에 배운 정보가 새로운 정보를 받아들이기 어렵게 만들 때 일어난다. 정보가 저장되는 공간이 이미 차 있다고 생각해보자. 그러면 새로운 기억을 생성하는 것이 어려워진다. 이는 어떤 단어의 정의를 배우고 싶은데, 그 단어가 이미 머릿속에서 다른 것과 연관돼 있어서 새롭게 배우기가 어려워지는 경우다.

심리학에서 '부정적 강화'negative reinforcement라는 개념에 대해 배우려한다고 생각해보자. 여기서 '부정적'이라는 단어는 '나쁜'이라는 의미가 아니라 '결핍된'이라는 의미다. 따라서 부정적 강화는 뭔가를 제거함으로써, 즉 고통스러운 자극 같은 것을 제거함으로써 어떤 행동을 촉구하는 일을 말한다. 하지만 '부정적'이라는 단어는 이미 우리 머릿속에 '나쁜'이라는 의미로 존재하기 때문에, 우리는 이 용어를 기억하는 데 어려움을 겪고 부정적 강화를 징벌과 동일시하기 쉽다.

역행 간섭은 새로운 뭔가를 배우는 것이 과거 기억된 것을 삭제하거나 넘어서는 경우를 말한다. 스페인어를 배운 뒤 프랑스어를 배운 사람은 역행 간섭 때문에 얼마나 힘들어질 수 있는지 안다. 다시 스페인어를 말하려고 할 때 프랑스어 단어가 튀어나오기 때문이다.

망각된 신호: 열쇠 없이 잠긴 상자

망각에 관한 세 번째 이론은 우리의 많은 기억이 실제로는 잊히는 게 아니라 단지 꺼낼 수 없을 뿐이라는 것이다. 즉 뭔가를 기억하고 있다는 말은 그것이 기억 창고에서 인출될 수 있다는 말이다.

우리는 장기 기억 전체를 동시에 끊임없이 경험하지는 못하기 때문에 적절한 신호가 주어지면 그 정보를 건져 올리는 약간의 과정이 필요하다. 이 경우 정보를 인출하는 고리에 연결된 링크 중 하나가 (어쩌면 쇠퇴 혹은 간섭 때문에) 끊기면 전체 기억에 접근할 수 없게 된다. 하지만 신호가 다시 저장되거나 그 정보에 접근하는 다른 경로가 발견되면 우리는 지금보다 훨씬 더 많이 기억할 수 있다.

이 설명에는 또한 몇 가지 이점이 있다. 설단 현상을 생각해보라. 어떤 사실이나 단어가 기억이 날 것만 같은데, 즉시 튀어나오지 않았던 적이 있지 않은가? 이 설명은 직관적으로 어느 정도 진실로 보인다. 또 다른 예로, 뭔가를 다시 배우면 처음에 배웠을 때보다 훨씬 더 빨리 배울 수 있다. 최초의 학습이 완전히 새 건물을 짓는 것이라면 재학습은 보수 작업에 가깝기 때문이다.

망각된 신호 이론 역시 우리가 많은 것을 잊는 일에 관해 완전히 설명해주지는 못한다. 우리의 기억에 대한 고민들을 완전히 설명하기에 망각된 신호라는 개념은 그 자체로 문제가 있다. 기억을 다루는 많은 연구에 따르면 현재 우리가 기억하는 행위는 수동적인 과정이 아니다. 사실 정보, 사건, 지식을 회상하는 데 있어 우리는 재구축이라는 창조적인 과정에 참여한다. 기억은 기억되는 과정에서 종종 수정되고, 강화되고, 조작된다. 어쩌면 새로운 신호를 통해 인출된 '잃어버린' 기억들은 실제로는 날조된 것일 수도 있다. 이는 트라우마에서 회복된 증언자들의 사례에서 흔히 볼 수 있다. 이와 관련된 실험들은 제아무리 진짜 같이 느껴지는 생생한 기억도 진실이 아닐 수 있음을 보여준다.

망각을 이기는 4가지 암기법

망각은 기본값이다. 예외는 없다. 때문에 울트라러너들은 이런 삶의 진실에 대항하기 위해 다양한 전략들을 고안했다. 이 전략들은 크게 2가지 범주로 나뉜다. 첫 번째 범주는 울트라러닝 과정에 착수하는 동안 기억 유지 문제를 다룬다. 첫째 주에 배운 것을 어떻게 계속 기억할 수 있을까? 마지막 주에 그것들을 다시 배우지 않아도 될까? 이는 베니 루이스의 언어 학습이나 로저 크레이그의 〈제퍼디!〉 학습같이 기억 집중형 울트라러닝에서 특히 중요하다. 이 범주를 비롯해 다른 수많은 범주에서는 습득된 정보량이 너무 많아서 망각이 즉시 장애물이 된다.

두 번째 범주는 프로젝트가 완료된 후 얻은 지식과 기술을 지속적으로 적용하는 일을 다룬다. 언어를 만족스러운 수준까지 습득했다면, 어떻게 몇 년 후까지 완전히 잊지 않도록 할 것인가?

내가 만난 울트라러너들은 이 2가지 문제를 다루는 데 각기 다른 방법들을 고안했는데, 그 노력과 강도도 무척이나 다양했다. 크레이그 같은 사람들은 보다 복잡한 것을 감수하고 멋진 알고리즘으로 낭비 없고 효율적으로 기억을 최적화할 정교한 전자적 시스템을 선호했다. 반면 나이절 리처즈 같은 사람들은 그들의 소박한 성향에서 성공하는 기본적인 체계를 선호했다.

목적을 달성하고 단순히 그것을 고수해나갈 거라면 암기술 시스템을 선택하라. 내 경우 언어 학습에 집중하는 기간 동안 순전히 어휘량을 늘리는 일에서는 SRS(단어 카드에 기반한 학습 방식으로, 흔히 단어 카드 앱이라고 불린다—옮긴이 주)가 도움이 되었다. 다른 기간에는 말하기 능력을 유지하기 위해 대화하는 것을 선호했다. 그 방법이 무척이나 정확도가 떨어진다고 해도 말이다. 다른 주제에서는 앞으로도 계속 사용해야 하고 다시 배울 수 있는 기술들인 경우에는 오래 연습한 만큼 어느 정도 잊는 것도 즐겁게 허용한다.

내가 취한 학습법들이 이상적이라고 할 순 없지만 실수 가능성을 낮춰주고 더 쉽게 기억을 유지시키면서 잘 작동했다. 하지만 어떤 시스템이든 4가지 메커니즘 중 하나에 포함되는 것 같다. 공백spacing, 절차화proceduralization, 초과 학습overlearning, 연상 기호mnemonics 다. 먼저 이 4가지 기억 유지 메커니즘을 살펴보고, 각기 다른 울트라러닝 프로젝트에서 사용된 고유의 특성들을 이해해보자.

1. 공백: 기억하기 위해 반복하라

학습과 관련된 연구들이 가장 많이 지지하는 조언은, 장기 기억 유지를 위해서는 욱여넣지 말라는 것이다. 공백 기간이 잦고 더 오랜 시간 공부하면서 학습 기간이 늘어나는 건 단기 기억에서는 성과를 다소 낮추는 경향이 있지만(간격 사이에 망각의 기회가 존재하기 때문이다) 장기 기억에는 훨씬 좋다. 이는 내가 MIT 챌린지를 하면서 주의했던 점이기도 하다. 처음 몇 가지 수업을 들은 뒤에 나는 한 번에 한 가지 수업을 듣는 것에서 동시에 몇 가지 수업을 듣는 것으로 바꿨다. 빡빡한 학습 시간이 기억에 미치는 영향을 줄이기 위해서였다.

10시간을 들여 뭔가를 공부한다면 하루에 10시간 공부하는 것보다 하루 한 시간씩 열흘 동안 공부하는 편이 훨씬 낫다. 하지만 학습 사이의 간격이 길어진다면 단기 기억 효과가 장기 기억 효과를 능가하기 시작한다. 10년 동안 일정한 주기 없이 무작위로 몇 차례 뭔가를 공부한다면, 두 번째 공부를 하기 전에 처음에 배웠던 내용을 완전히 잊을 수도 있다.

어떤 울트라러너들은 공백이 너무 길거나 너무 짧지 않도록, 정확한 중간 지점을 찾는 데 다소 집착한다. 학습 기간들 사이의 공백이 너무 짧으면 효율성이 떨어진다. 또 공백이 너무 길면 이미 배운 내용을 잊게 된다. 이 때문에 많은 울트라러너들은 최소의 노력으로 더 많은 지식을 보유하기 위해 SRS를 활용하기도 한다. SRS는 로저 크레이그가 〈제퍼디!〉를 준비할 때 사용한 것으로, 나 역시 중국어와 한국어를 배울 때 엄청나게 사용했다.

이 시스템에 대해 들어본 적이 없다면 핌슬러Pimsleur, 멤라이즈Memrise, 듀오링고(모두 언어 학습 앱이다―옮긴이 주) 등을 활용할 수 있다. 여기에 있는 일반적인 법칙은 많은 언어 학습 결과들을 반영한다. 이런 프로그램들은 기본적으로 '공백' 알고리즘을 깔고 있는 경향이 있는데, 그 때문에 성가시다면 다른 프로그램을 추천한다. 조금 더 성과를 짜내려는 극단적인 울트라러너들은 오픈소스인 안키Anki 같은 프로그램들을 선호하기도 한다.

SRS는 놀랍기 그지없는 도구지만 너무 애플리케이션에 집중되는 경향이 있다. 사실 정보나 일반 상식, 단어, 정의는 한 가지 답을 지닌 한 가지 문제를 제시하는 낱말 카드식 소프트웨어에 이상적이다. 이는 현실 세계에서 연습해야만 구축되는 복잡한 정보 조합에 기반한 보다 복잡한 정보 덩어리에는 적용하기 어렵다. 하지만 여전히 몇 가지 일에서는 이 기억의 병목 현상이 무척이나 빡빡해서, SRS는 이를 느슨하게 하는 데 강력한 도구가 된다. 심지어 다소 후퇴할 수 있다고 해도 그렇다.

의과대학 학생들이 보는 인기 있는 연구 지침서의 저자들은 SRS를 활용한다. 이는 의과대학 학생들이 기억해야 할 것이 너무나 많고, 망각과 재학습을 기본값으로 한 전략이 무척이나 많은 시간 투자를 요하기 때문이다.

하지만 공백 전략에는 군이 복잡한 소프트웨어가 필요한 건 아니다. 리처즈의 이야기가 분명하게 보여주듯이, 단순히 단어 목록을 프린트하고 거듭 읽은 후 그 목록을 보지 않고 머릿속으로만 되짚어보는 일은 어마어마하게 강력한 기술이다. 이와 유사하게 어떤 기술을 반정기적으로 연습하는 일도 무척이나 도움이 될 때가 있다. 나는 1년간 언어를 공부하고 나서 그 내용을 잊지 않았는지 확인하고 싶었다. 사용한 방법은 무척이나 간단했다. 한 주에 한 번 스카이프를 켜고 아이토키ITALKI(외국어 학습 마켓플레이스―옮긴이 주)로 30분 동안 대화 연습을 하는 것이었다. 아이토키는 전 세계적으로 상대를 바꿔가며 공부하는 교육 및 언어 학습 온라인 서비스다. 나는 1년을 이렇게 공부했고, 그 후 2년 동안은 한 달에 한 번 연습했다. 이 연습 일성이 괜찮은지는 모르겠지만 그 기간 동안 자발적으로 한 번 더 연습하는 편이 아무것도 하지 않은 것보다는 훨씬 나았다고 생각한다. 완벽하게 하려는 마음에 충분히 괜찮은 일을 미루지 않도록 하라.

공백을 적용하는 또 다른 전략은 반정기적으로 재환기 프로젝트를 행하는 것이다. 이 전략은 우리의 일상생활 습관들에 통합되기 어려운, 보다 정교한 기술들을 더 잘할 수 있게 해준다. 나는 MIT 챌린지에 이 전략을 시도해보기로 했다. 내가 가장 유지하고 싶은 기술은 코드를 작성하는 것이었는데, 일주일에 딱 30분밖에 할 수 없었다. 이 방식은 최적의 공백 기간과는 무척이나 거리가 멀 때도 있다. 하지만 재학습으로 보강을 좀 하려고 한다면 아예 연습하지 않는 것보다는 이렇게라도 하는 게 낫다. 이런 유지 방법을 적용할 일정을 사전에 계획하는 것은 학습이 한 번에 끝나는 일이 아니라 평생 계속되는 과정임을 일깨워준다.

2. 절차화: 자동화될수록 더 오래 기억한다

왜 사람들은 '삼각법을 기억하는 것과 같이'라고 말하지 않고 '자전거를 타는 것과 같이'라고 말하는 걸까? 흔히 사용하는 이 말은 신경학적 현실을 근거로 한다. 자전거 타기와 같은 절차적 기술은 피타고라스 정리나 사인 법칙을 아는 것 같은 서술적 지식과는 다른 방식으로 저장된다. 이렇게 '방법을 아는 것'과 '그 대상을 아는 것' 사이의 차이는 또한 장기 기억에서 각기 다른 결과를 낸다. 자전거 타는 법을 평생 기억하는 일 같은 절차적 기술은 인출할 때 분명하게 떠올려야 하는 지식보다는 훨씬 덜 망각된다.

우리는 여기서 이점을 취할 수 있다. 학습에 관한 지배적인 한 가지 이론은 대부분의 기술이 단계적으로 발전한다는 것이다. 이 말은 연습을 해나갈수록 서술적으로 시작되어 절차적으로 끝난다는 말이다. 이 서술적–절차적 이행의 완벽한 사례는 타이핑이다. 키보드로 타이핑을 할 때 시작 단계에서는 철자들의 위치를 기억해야만 한다. 어떤 단어를 입력하고 싶을 때마다 철자를 떠올려야 하며, 키보드 위에 해당 철자가 어디 있는지 기억에서 끄집어내고 손가락을 움직여 그 키를 두드려야 한다. 이런 과정은 실패할 수도 있다. 키가 어디에 있는지 잊으면 자판을 내려다보며 그 키를 두드려야 한다. 하지만 연습을 거듭할수록 자판을 내려다보지 않게 된다.

나중에는 키의 위치를 생각하거나 그 키에 가 닿기 위해 손가락을 어떻게 움직여야 하는지도 생각하지 않게 된다. 심지어는 철자들을 떠올리지 않고도 그 위치에 가 닿을 수 있으며, 전체 단어가 동시에 튀어나온다. 이런 절차적 지식은 무척이나 탄탄하며 서술적 지식보다 훨씬 오래 기억되곤 한다. 가령 타이핑에 익숙해진 뒤 누군가가 키보드 위에 'w' 키가 어디 있느냐고 물어본다면, 우리는 실제로 키보드의 그 위치에 손을 가져가서(혹은 그것을 상상하고) w 키를 치는 흉내를 내면서 정확하게 말할 것이다.

내가 이 문장을 타이핑할 때 내게 일어나는 일이 꼭 이렇다. 초기에는 지식, 그러니까 자판 위치에 관한 정확한 기억에 접촉한다. 그러나 이런 상황은 점차 사라지고, 이제는 우리의 운동 영역에 부호화되어 보다 지속력 있는 절차 기억을 불러와야 한다. 자주 사용하는 비밀번호나 핀코드를 입력할 때도 우리는 철자나 숫자의 정확한 조합을 떠올리는 게 아니라 느낌으로 떠올린다.

절차적 지식이 더 오랫동안 저장된다는 사실을 고려해, 한 가지 유용한 체험 학습 방법을 생각할 수 있다. 대량의 지식이나 기술을 균등하게 공부하기보다 일부 핵심 정보에 훨씬 자주 초점을 맞춰 공부하는 것이다. 그러면 이는 절차적 지식이 되어 더욱 오래 저장될 수 있다. 룸메이트와 내가 언어 학습 프로젝트를 할 때도 이런 의도치 않은 부수적 효과가 나타났다. 지속적으로 언어를 말해야 하는 상황이 되자, 일부 문장과 패턴을 자주 반복하게 되어 우리 둘 다 그것들을 잊지 않게 된 것이다. 사용된 단어나 문장들의 빈도수가 덜하다면 상황이 다를 수도 있지만 회화 연습의 시작 단계에서는 망각이 거의 불가능하다.

고전적인 언어 학습 방식에서는, 다시 말해 초급 단어와 문법에서 더 복잡한 단어나 문법으로 옮겨 간 학생들은 다르다. 이런 핵심 패턴들은 반복 연습을 하지 않고서는 몇 년씩 기억에 달라붙어 있지 않는다.

핵심 기술을 완전히 절차화하지 못한 일은 내가 처음 시도한 자기주도 학습인 MIT 챌린지의 주요 흠결이었다. 나는 이후 언어 학습 프로젝트와 초상화 그리기 프로젝트를 할 때는 이를 강화했다. MIT 챌린지는 자주 반복되는 수학과 프로그래밍 기술을 주로 다루긴 했지만, 이를 절차화하는 것은 응용컴퓨터과학의 필수적인 기술들 대부분을 자동화하는 의식적 판단을 내리는 일보다 훨씬 무작위적인 일이다.

우리가 배운 대부분의 기술은 완전하게 절차화할 수 없다. 그중 일부를 자동적으로 행할 수는 있겠지만 대부분은 머릿속을 활발하게 탐색해야만 한다. 예를 들어 당신이 생각을 하지 않고도 어떤 방정식 한 부분에서 대수학의 어떤 부분으로 쉽게 넘어간다고 하자. 하지만 지수나 삼각법에 관해서는 조금 더 생각을 해야 할 수 있다. 어떤 기술들은 그 자체의 특성 때문에 완전히 자동화할 수 없다. 늘 어느 정도 의식적으로 생각해야 한다. 이 때문에 더 오랜 시간 착실하게 얻어진 지식과 잘 잊히는 다른 지식들이 뒤섞인다. 여기서 나올 수 있는 한 가지 전략은 실행이 끝나기 전에 특정한 양의 지식을 완전히 절차화하는 것이다.

또 다른 방법은 어떤 기술을 절차화하는 데 추가적인 노력을 하는 것이다. 이는 다른 지식에 관해서는 신호나 접근 지점이 된다. 예를 들어 새로운 프로그래밍 프로젝트를 시작하기 위해 사용하는 과정을 완전히 절차화하기로 목표를 세웠다면, 새로운 프로그램을 짜는 과정 속에서 그 일을 처리할 수 있다. 이런 전략들은 다소 투기적이지만 나는 지식의 서술적-절차적 이행을 가능하게 하는 많은 방식을 장래의 울트라러닝에 활용할 수 있으리라고 생각한다.

3. 초과 학습: 더 연습할수록 완벽해진다

초과 학습은 많이 연구된 심리학적 현상으로, 이해하기도 무척 쉽다. 어떤 내용을 충분히 익히는 데 필요한 것 이상으로 연습을 더하면 기억이 더 오래 저장될 수 있다는 것이다.

이와 관련된 전형적인 실험 설계는 피험자에게 라이플총을 조립한다든지 응급 상황 점검표를 살펴보게 하는 등 한 가지 과제를 주고 이를 정확히 해낼 수 있도록 연습 시간을 충분히 주는 것이다. 0에서 정확한 실행까지의 시간이 학습 시간이다. 피험자가 정확히 실행하면 그다음에는 각기 다른 양의 초과 학습을 허용하거나 계속 연습할 수 있게 해준다. 피험자들은 이미 그 기술을 정확히 시도했기 때문에 이 시점에서 수행 능력이 전보다 나아지지는 않는다. 하지만 초과 학습은 그 기술의 지속 기간을 늘려준다.

일반적인 경우 초과 학습으로 인한 지속성은 무척 짧을 수 있다. 한번에 약간 더 연습하는 것은 한두 주 정도 기억을 더 유지시킨다. 이는 초과 학습이 애초에 단기적 현상임을 의미한다. 그래서 응급 처치나 응급 대응 매뉴얼 같은 기술, 즉 연습을 거의 할 수 없지만 정기적인 훈련 기간들 사이사이에 환기해야 하는 일들에 유용하다.

하지만 나는 초과 학습이 훨씬 장기적인 프로젝트를 통해 공백이나 절차화 방식과 결합된다면 장기적인 영향을 미칠 수 있지 않을까 생각한다. 초상화 그리기 프로젝트를 할 때 나는 비트루비안 스튜디오에서 배운 얼굴 특징들을 배치할 때의 사고 과정을 잊기 어려울 만큼 수없이 반복했다. 연습 기간은 단 한 달뿐이었지만 말이다. 또한 프로그래밍이나 수학에서 반사적으로 튀어나오는 어떤 일들은 중간에 연습한 적이

236

없었음에도 MIT 챌린지 덕분에 아직도 쉽게 기억에서 끄집어낼 수 있다. 그것들이 당시 정확한 수행에 필요한 것 이상으로 많이 반복해서 패턴화가 되었기 때문이다.

초과 학습은 직접 하기 법칙과 멋지게 들어맞는다. 기술을 직접 사용하는 건 특정 핵심 능력들을 초과 연습하는 것과 연관 있으며, 이는 대개 몇 년이 지난 뒤에도 망각에 저항하기 때문이다. 반대로 공교육에서는 전체 교과과정을 다루기 위해 각 교과나 분야에서 최소한의 역량을 갖출 수 있도록 전체적으로 고르게 연습을 시킨다.

그동안 만나본 사람 중 내가 습득한 외국어를 공교육을 통해 배운 이들은 나보다 어휘나 문법적인 차이들을 훨씬 많이 알고 있었다. 하지만 이들은 무척이나 기초적인 구문에서 발이 걸려 넘어졌다. 공통적인 패턴을 이루는 요소들을 파고들기보다는 전반적인 내용과 기술을 골고루 배웠기 때문이다.

초과 학습 전략을 적용할 때 나는 2가지 주요 방법을 사용했다. 첫 번째는 핵심 연습으로, 어떤 기술의 핵심 요소들을 꾸준히 연습하고 제련하는 것이다. 이 방법은 울트라러닝 단계를 일차적으로 거친 뒤에 보다 집중적이거나 광범위한(고강도와 반대인) 프로젝트와 짝을 이루면 효과적이다. 학습에서 실행으로의 전환은 더 깊이 있고 섬세한 학습 형태로서, 그전에 학습한 지식을 단순히 적용하는 것으로 치부해서는 안 된다.

두 번째 전략은 고급 과정의 연습으로, 보다 상위 수준에서 하위 기술의 핵심 부분들을 연습하는 것이다. 즉 좀 더 어려운 영역에서 작은 기술들을 사용하는 것이다. 대수학을 공부하는 학생들에 관한 한 연구는 이 두 번째 전략의 결과를 보여준다. 대수학 수업을 들었던 학생들에게 몇 년 후 다시 시험을 치르게 하자 대부분 자신이 배운 것을 거의 다 잊어버렸다. 정보가 진짜로 사라져서일 수도 있고, 단순히 망각 신호가 그 지식의 많은 부분에 접근하지 못하게 만들어서일 수도 있다.

흥미롭게도, 망각되는 비율은 성적이 좋은 학생과 나쁜 학생이 똑같았다. 더 잘하는 학생들이 못하는 학생들보다 더 오래 기억하기는 했지만 망각되는 비율은 똑같았던 것이다. 하지만 한 집단은 이런 급격한 망각 곡선을 보이지 않았다. 바로 미적분학을 공부한 집단이다. 이는 더 고급 수준으로 올라가자 이전의 기술이 초과 학습되어서, 망각을 다소 가로막은 것이다.

4. 연상 기호: 그림 하나로 수천 개의 단어를 기억하기

많은 울트라러너가 공통적으로 사용한 마지막 도구는 연상 기호다. 연상 기호 전략은 수없이 많지만 그것들을 모두 다루는 건 이 책의 목적에서 벗어난다. 여기서는 연상 기호 전략의 특징과 일부 예시만을 살펴볼 것이다. 이 전략들의 공통점은 우선 무척이나 특화적인 경향이 있다는 점이다. 다시 말해 정보의 아주 특정한 패턴들을 기억하도록 고안된 전략이라는 말이다.

또한 이 전략들은 대체로 추상적이거나 자의적인 정보를 생생한 그림이나 공간적인 지도로 변환하는 것과 관련이 있다. 연상 기호가 내는 결과들은 대개 믿기 어려울 정도다. 수학 정수 파이의 수를 기억하는 것에 관한 세계기록 보유자인 라즈비어 메나는 7만 개의 소수를 암기했다고 알려져 있다. 기억력 대회에 출전하는 연상술의 달인들은 60초 안에 한 벌의 카드 순서를 외우고, 시 한 구를 1~2분만 보고 몽땅 외운다.

더 인상적인 사실은 인내심만 있다면 이 역시 배울 수 있는 기술이라는 점이다. 대체 그들은 어떻게 하는 것일까?

공통적으로 사용되는 연상 기호 전략 하나는 키워드 방법이다. 외국어 단어를 자신의 모국어에서 소리가 비슷한 단어로 변환시키는 방법이다. 나는 프랑스어를 배울 때 이 방법을 썼다. 예를 들어 '샤비레'chavirer (뒤집히다)라는 단어는 '셰이브 언 이어'shave an ear 라는 단어로 바꿨다. 원래 단어를 떠올리는 데 효율적인 신호로 작동하도록 소리가 비슷한 단어로 바꾼 것이다.

다음으로 나는 소리가 비슷한 단어와 그 변환 단어의 이미지를 독특하고 잊기 어려운 생생한 배경 이미지와 결합시켰다. 위 단어의 경우 나는 뒤집힌 배에 앉아서 긴 수염을 면도 중인 거대한 귀를 상상했다. 그러고 나서 '뒤집히다'라는 뜻의 프랑스어를 생각해내야 할 때면 뒤집힌 배를 떠올리고, '셰이빙 언 이어'를 연상시키는 구체적인 그림을 끄집어냈다. 그러면 '샤비레'가 나왔다.

이 과정은 처음에는 쓸데없이 복잡하고 정교한 것처럼 들리지만, 어려운 조합(임의적인 소리와 새로운 의미 사이의)을 훨씬 더 쉽게 조합하고 기억하게 하는 몇 개의 연결 고리로 변환시키면 된다. 연습을 하다 보면 이런 유형의 변환을 하는 데 각각 15~20초밖에 들지 않으며, 외국어 단어를 기억하는 데 도움이 된다. 하지만 목록, 숫자, 지도, 절차적 단계에서 작동하는 연상법은 따로 있다. 이 주제에 관한 입문서로 나는 조슈아 포어의 책《1년 만에 기억력 천재가 된 남자》를 강력히 추천한다.

연상 기호들은 무척 잘 작동하고 누구나 연습할 수 있다. 그런데 왜 이 방법을 이 책의 맨 앞이나 중심부가 아니라 뒤에서 소개하는 걸까?

나는 연상 기호가 SRS처럼 어마어마하게 강력한 도구라고 생각한다. 이것은 잘 모르고 있던 사람들에게 새로운 가능성들을 열어줄 수 있다. 하지만 많은 시간을 들여 연상 기호를 탐색해보고 현실 세계의 학습법으로 적용해보면 처음 생각했던 것보다는 협소하게 적용될 수 있고 때론 번거로운 일이 될 수도 있다.

내가 보기에 연상 기호 전략에는 2가지 단점이 있다. 첫 번째는 가장 멋진 연상법 시스템들에는(수학 정수 파이의 수천 개의 숫자를 암기하는 것 같이) 상당한 선행 투자가 필요하다는 점이다. 그 투자를 하고 나면 숫자들을 쉽게 암기할 수 있지만 실제로 유용한 일은 아니다. 우리 사회 대부분은 사람들이 일반적으로 숫자들을 암기할 수 없다는 사실에 맞춰져 있다. 그래서 우리는 종이나 컴퓨터로 그 일을 한다.

두 번째 단점은 연상 기호로 기억을 끄집어내는 건 뭔가를 직접 기억해내는 것만큼 자동적이지 않은 경우가 많다는 점이다. 외국어 단어에 관한 연상 기호를 만들어두면 그 단어를 전혀 기억하지 못하는 것보다야 낫지만, 연상 기호로 암기된 단어들 외에 다른 단어들로 문장을 만들려면 속도가 느릴 수밖에 없다. 연상 기호들은 기억하기 어려운 정보를 위한 다리 역할을 할 수 있지만, 영원히 지속될 기억들을 만들어내는 최종 단계는 아니다.

따라서 연상 기호는 매우 강력하지만 다소 불안정한 도구다. 만일 매우 특정한 상황에서 엄청나게 많은 정보를 기억해야 한다면, 특히 그 정보를 몇 주 혹은 몇 달 동안만 사용할 거라면 연상 기호는 당신이 별 생각 없이 그것을 이용할 수 있게 해줄 것이다. 또는 정보가 무척이나 조밀할 때 초기 정보 습득을 매끄럽게 해주는 중간적인 전략으로 사용할 수 있다. 내게 연상 기호는 언어 공부나 전문 용어를 습득할 때 유용했다. 전부를 기억할 방법이 없다고 느껴질 때 SRS와 함께 사용하면 꽤 깊이 기억하는 데 효율적이었다.

실제로 세상에 종이, 컴퓨터, 기타 외부 기억 장치들이 나타나기 이전에 연상 기억술은 마을에서 주요한 게임이었다. 하지만 대부분의 사람이 컴퓨터처럼 기억할 수 없다는 사실에 관한 훌륭한 대응 메커니즘이 개발된 현대 사회에서는 연상 기호가 학습 방식이라기보다는 멋진 마법처럼 사용되고 있는 듯 보인다. 하지만 여전히 이 기술을 맹렬하게 사용하는 울트라러너들도 있으며, 내 생각이 최종 평결은 아니다.

기억의 차이를 만들어내는 기술

지식을 계속 보유하는 일은 필연적으로 망각할 수밖에 없는 인간의 특성에 대항하는 일이다. 이 과정은 우리 모두에게서 일어나고 있으며 완전히 피할 방도는 없다. 하지만 공백, 절차화, 초과 학습, 연상 기호 등 특정한 전략들로 단기적이고 장기적인 망각에 맞서고, 기억에 거대한 차이를 만들어낼 수 있다.

나는 스크래블을 정복한 나이절 리처즈의 수수께끼로 이 장을 시작했다. 그가 수많은 단어를 빨리 기억해내고, 그 단어들을 스크래블 타일한 묶음으로 보는 비결은 아직 수수께끼다. 그러나 그에 대한 또 다른 사실들은 기억 집약적인 주제를 공부하는 울트라러닝 프로젝트와 유사한 측면이 있다. 적극적인 회상, 공백 있는 리허설, 강도 높은 연습과 강박적인 헌신이 그것이다. 당신이나 내가 리처즈보다 훨씬 더 멀리 갈 수 있을지는 아직 알 수 없다. 하지만 노력과 좋은 전략이 있다면 망각과의 싸움에서 지고만 있지는 않을 것이다.

리처즈의 스크래블 연습은 의미도 모르는 단어를 기억하는 데 도움이 되었지만, 실제 우리의 삶은 다른 종류의 기억에 보상을 해준다. 지식을 사물을 깊이 이해하는 데 통합시키는 것이다. 다음 법칙에서 우리는 기억이 '직관'intuition으로 향하는 과정을 살펴볼 것이다.

ULTRALEARNING

제11장

법칙8_직관

: 뼈대를 세우기 전에 깊게 파라

ULTRALEARNING

어떤 진술이 무슨 의미인지 알기 전까지, 그 진술이 진실인지 묻
지 마라.

_에럿 비숍Errett Bishop, 수학자

노벨상을 수상한 물리학자이자 괴짜 교수 리처드 파인만의 전기를
쓴 작가는 그를 천재라고 부른다. 하지만 파인만을 아는 사람들은 그가
마법사라고 말한다. 그의 동료이자 수학자 마크 칵Mark Kac은 세상에는
두 종류의 천재가 있다고 말했다. 첫 번째는 보통의 천재다. "그들이 무
엇을 했는지 이해하고 나면 우리는 자기도 그 일을 할 수 있을 거라고
확신한다." 두 번째는 마법사다. 이들의 정신은 헤아릴 수 없는 방식으
로 작동하며 "심지어 그들이 무엇을 했는지 이해한 뒤에도 그들이 그렇
게 한 과정을 하나도 알 수 없다." 칵의 판결에 따르면 파인만은 '최고 등
급의 마법사'다.

파인만은 다른 사람들이 몇 달 동안 애쓰고 있던 문제들에 즉시 해답을 내는 사람이었다. 고교 시절 그는 수학경시대회에 나간 적이 있는데 종종 문제가 언급되고 있는 도중에 정답을 말하곤 했다. 다른 참가자들은 계산을 막 시작했는데 그는 이미 답에 동그라미를 그리고 있었다.

대학 시절 그는 우승자가 하버드대학교를 선택하면 장학금을 받을 수 있는 퍼트넘 수학경시대회에 나간 적이 있다. 이 대회는 어렵기로 악명이 높았는데, 이전에 배웠던 법칙들을 직접적으로 활용하는 문제가 아니라 꾀바르게 꼰 문제를 냈기 때문이다. 시간 역시 하나의 채점 요소였다. 어떤 문제는 평균 문제 풀이 시간이 0이었다. 즉 참가자들이 정답을 하나도 내지 못했다는 뜻이다. 하지만 파인만은 일찌감치 시험장 밖으로 걸어 나갔고, 그는 1위를 했다. 그가 속한 남학생 사교 클럽 동기들은 나중에 파인만의 점수와 2, 3, 4, 5위를 기록한 학생들의 점수 사이에 어마어마한 차이가 있음을 알고는 크게 놀랐다.

맨해튼 프로젝트(제2차 세계대전 중에 추진된 미국의 원자폭탄 개발 계획—옮긴이 주) 당시 가장 명망 높고 최고의 물리학자였던 닐스 보어는 어떤 발상이 떠오르면 젊은 박사 과정 학생에게 맡기기 전에 다른 물리학자들과 의견을 나누곤 했다. 그런데 그는 늘 파인만에게 제일 먼저 찾아와 대화를 청했다.

"그는 저를 무서워하지 않는 유일한 사내였죠. 제가 미친 생각을 했다면, (그는 그렇다고) 말할 거예요."

파인만의 마술은 물리학에 국한되지 않는다. 어린 시절 그는 사람들의 라디오를 고쳐주고 다녔는데, 대공황 시기에는 수리 비용이 무척이나 비쌌던 데다가 그는 사람들이 혀를 내두를 만큼 수리를 잘했다. 한번은 수리할 라디오를 켰는데 끔찍한 소리가 나서 그는 원인을 알아내려고 골똘히 생각하고 있었다. 라디오 주인이 "얘, 뭐하니? 라디오를 고쳐야지, 그냥 왔다 갔다 하면 어떻게 해!"라고 소리치자, 파인만은 이렇게 대답했다. "생각 중이라고요!" 소년의 배짱에 놀란 주인은 나중에 파인만이 유명해졌을 때 이렇게 말했다. "그 애는 생각으로 라디오를 고쳤답니다!"

청년 시절 맨해튼 프로젝트에서 원자폭탄을 만드는 동안 그는 여가 시간에 상사의 책상과 캐비닛의 자물쇠를 여는 데 몰두했다. 한번은 장난으로 연장자인 동료의 파일 캐비닛 자물쇠를 땄는데, 거기에는 핵폭탄을 만드는 기밀문서가 들어 있었다. 나중에 그는 군 장교에게 자물쇠 따는 기술을 보여주었고, 그 장교는 보안 규칙을 수정하는 대신 파인만이 그들의 금고를 열 것이라고 경고하는 적절한 방안을 만들어냈다. 나중에 파인만은 자물쇠공에게 이런 찬사도 들었다. "세상에! 당신이 파인만이군요. 최고의 금고털이요!"

또한 그는 말 그대로 인간 계산기이기도 했다. 브라질 여행을 할 때 그는 주판 영업사원에게 정면으로 맞선 적이 있는데 1,729.03의 세제곱근 같은 어려운 숫자들을 계산해냈다. 그는 정답인 12.002를 답으로 냈을 뿐만 아니라 주판 영업사원보다 더 많은 소수점 자리까지 계산해냈다. 그가 숫자 다섯 개를 보여주었을 때 영업사원은 아직 12를 계산 중이었다.

이 능력은 수학자들에게도 깊은 인상을 주었다. 그는 누구든 10초 안에 10퍼센트의 오차 이내로 말할 수 있는 문제에 관해 자신은 1분 안에 정답을 말할 수 있다고 주장했다. 수학자들이 파인만에게 던진 문제는

'e(자연 대수의 밑≒2.71828 — 옮긴이 주)의 3.3거듭제곱' 혹은 'e의 1.4거듭제곱' 같은 것이었고, 파인만은 거의 즉시 정답을 말했다.

마술사로 불린 과학자의 유쾌한 비밀

파인만은 분명 천재였다. 그의 전기 작가인 제임스 글릭James Gleick을 비롯해 많은 사람이 그렇게 여긴다. 그러나 마술의 트릭은 무엇보다도 그 마술이 어떻게 행해졌는지 모를 때 가장 빛이 난다. 어쩌면 이것이 그토록 많은 사람이 그의 비법을 알기보다는 그의 마술에만 집중하는 이유일지도 모른다.

파인만이 부적이나 영리하기는 했지만 그의 마술에는 약간의 간극이 있다. 그는 수학과 물리학에는 탁월했지만 그 외에는 영 소질이 없었다. 그의 대학 시절 역사 성적은 과에서 밑에서 다섯 번째였고, 문학 성적은 밑에서 여섯 번째, 미술 성적은 동기들 중 하위 7퍼센트도 안 되었다. 심지어 시험을 통과하기 위해 커닝 쪽지를 만든 적도 있었다.

학창 시절 측정했던 그의 아이큐는 125였다. 대학 졸업자들의 평균은 115로, 파인만은 보통보다 약간 높은 수준이었다. 어쩌면 훗날 사람들의 이야기처럼 파인만의 천재성은 아이큐 지수로는 측정될 수 없는 것이었거나 그저 그가 시험을 잘못 치른 것일 수도 있다. 이런 일화들은 파인만이 사실은 보통 사람이었음을 말해준다.

파인만의 암산 능력은 어느 정도였을까? 그가 어떻게 영업사원이나 수학자들보다 빠르게 계산할 수 있었는지에 대해 스스로 한 말이 있다.

1,729.03의 세제곱근에 대해 파인만은 이렇게 설명한다. "먼저 전 1세제곱피트가 1,728세제곱인치라는 사실을 떠올립니다. 그러면 그 답은 12보다 아주 조금 크죠. 나머지는 1.03인데, 이건 거의 2,000 대 1의 비율로 기여해요. 그러면 전 미적분학으로, 세제곱근에서 남는 부분은 초과분의 3분의 1만큼 기여한다는 걸 알고 있죠. 그러면 그저 1,728분의 1을 찾고, 거기에 4를 곱하면 됩니다."

다시 'e의 1.4거듭제곱' 문제로 돌아가 보자. 파인만은 여기에 대해서는 이렇게 설명했다. "방사능(평균수명과 반감기) 때문에 전 $\log_e 2$가 0.69315임을 알고 있습니다. 또한 e의 0.7거듭제곱이 거의 2에 근접한다는 것도 알고 있죠." 1.4거듭제곱으로 가기 위해 그는 단지 e의 0.7거듭제곱을 제곱하기만 하면 되었다. 비결은 특정한 계산 결과에 대한 비상한 기억력과 수에 관한 직관으로, 이것들을 보정하기만 하면 된다. 하지만 파인만을 연구한 학자들 몇몇은 여전히 그의 계산 능력을 마술 같은 능력으로 여긴다.

그의 유명한 자물쇠 따기 이야기는 어떻게 된 걸까? 이 역시 마술사가 열심히 훈련해서 트릭 마술을 시도한 것처럼 보인다. 자물쇠가 작동하는 조합이 어떤 것인지 알아내는 데 몰두하던 파인만은 어느 날 금고가 열렸을 때 마지막 비밀번호 두 개를 알아냈다. 그 동료의 방을 떠나기 전에 그는 공책에 그 숫자 두 개를 적어 넣었고, 나중에 다시 살금살금 그 방으로 들어가서 다소의 인내심을 가지고 남은 숫자들을 알아냈다. 그리고 금고 안에 불길한 쪽지를 남겨둔 것이다.

그는 물리학에 관한 마술적 직관에 관해서도 이렇게 설명한다. "누군가가 뭔가를 설명할 때 그걸 이해하기 위해 지금까지 사용하는 꾀 하나가 있어요. 예시를 만드는 거죠." 어떤 방정식을 따라가려고 애쓰기보다는 그는 그것이 묘사하는 상황을 상상하려고 한다. 더 많은 정보가 주어질수록 그것을 자신이 떠올린 예시를 통해 살펴본다. 그러면 말하는 상대방이 실수를 저질렀을 때 그것을 알 수 있다.

"누군가 제게 어떤 정리의 조건들에 관해 말하고 있을 때 전 그 모든 조건에 들어맞는 뭔가를 구축합니다. 예를 들어 당신에게 집합 하나(공 한 개)가 있는데, (공 두 개가 되면) 교집합이 없는 공집합이에요. 그러고 나서 그 공들에서 색이 생기고, 털이 숭숭 돋아나고, 뭐 이런 식으로 제 머릿속에서 그것들의 조건이 점점 더 많아집니다. 상대방이 그 정리에 대해 언급하는데, 거기에 제 북슬북슬한 녹색 공에 대해 참이 아닌 바보 같은 특징이 있다면 전 '거짓!'이라고 말하죠."

파인만은 마술사는 아니었을지 모르지만, 숫자와 물리학에 관한 믿기 어려운 직관을 소유하고 있었다. 나는 그의 정신이 우리 같은 사람들과는 근본적으로 다른 방식으로 작동한다는 생각을 폄하하는 것도, 그의 위업을 부인하는 것도 아니다. 파인만의 날랜 솜씨 뒤에 있는 논리를 알고 있어도 나는 그가 손쉽게 했던 계산을 할 수 없을 것이며, 내 머리로는 그의 복잡한 이론을 따라갈 수 없을 것이다.

이 정도 설명으로는 만족스러운 '유레카'의 순간을 맞이할 수 없다. 그러니까 마술사의 트릭을 밝혀내지 못할 거라는 말이다. 따라서 우리는 파인만 같은 사람이 이런 믿기지 않는 직관을 어떻게 계발할 수 있었는지 더욱 깊이 파봐야 한다.

비상한 직관의 도서관

심리학자들은 파인만 같은 직관의 달인들이 어떤 문제에 대해 초보자들과 어떻게 다르게 생각하는지 탐구해왔다. 한 연구에서는 상급 박사와 물리학과 학부생에게 물리학 문제들을 주고 분류시켰다. 즉시 극명한 차이가 나타나기 시작했다. 초보자들은 문제의 표면적인 특징들(그 문제가 도르래에 관한 것인지 혹은 기울어진 비행기에 관한 것인지)을 살펴보는 경향이 있는 데 반해, 전문가들은 그 작업의 근본적인 규칙들에 초점을 맞췄다(그 문제가 에너지 보존 문제임에 주목했다).

여기서 우리는 이들이 어떤 물리학 법칙으로 그 문제를 분류했음을 대략 알 수 있다. 문제의 표면적 특징은 그것을 풀어야 하는 올바른 절차와 관계없다. 학생들은 시행착오를 거치며 그 문제를 풀 올바른 절차를 알아나가지만, 전문가들은 즉시 올바른 방식으로 접근하며 시작한다.

문제에 숨은 법칙을 먼저 생각하는 방식이 훨씬 더 유용하다면, 왜 학생들은 그렇게 하지 않고 표면적인 특징들에서 시작할까? 그렇게 할 수 없기 때문이다. 문제 풀이에 관한 경험이 충분히 축적돼야만 다른 문제를 풀 방법에 관한 정신적 모형이 구축될 수 있다. 직관은 마술처럼 들리지만 사실 지극히 평범하다. 문제를 다루는 수많은 경험들이 조직화된 생성물이라는 말이다.

또 다른 연구에서는 체스 선수들과 초급자들을 비교했는데, 이 연구는 왜 이런 일이 벌어지는지에 대한 설명을 제공한다. 체스 마스터들과 초급자들 간에 체스 말의 위치를 기억하게 한 실험으로, 체스 배열을 본 뒤에 빈 체스판 위에 복기하는 실험이었다. 체스 마스터들은 초급자보다 훨씬 많은 것을 기억했다. 초급자들은 하나씩 체스 말을 놓았고, 대개 그 위를 다 기억해내지 못했다. 반대로 마스터들은 패턴으로 인지하고 그에 따라 판 위에 체스 말들을 뭉텅이로 기억했다. 심리학자들은 체스 마스터가 초급자들과 다른 점은 그들이 몇 수 앞서 계산할 수 있다는 게 아니라, 실제 경기를 통해 나온 정신적 표상들로 거대한 도서관을 세운 것이라는 이론을 제시했다.

연구자들은 전문가의 위치에 도달하기 위해서는 이런 정신적 뭉텅이들이 약 5만 개 정도 저장되어 있어야 한다고 추정했다. 이런 표상들은 그들이 복잡한 체스 배열을 보고 몇 가지 패턴으로 축소해서 직관적으로 기억하게 한다. 이 능력이 부족한 초급자들은 체스 말을 개개의 조각들로 저장했고, 그 속도도 훨씬 느렸다(뭉텅이로 기억하는 것을 '청킹'chunking이라고 하는데, 모든 연구자가 여기에 동의하는 것은 아니다. '의도적 훈련' 모형을 주장한 심리학자 안데르스 에릭슨은 '장기 작업 기억'이라고 불리는 대안적인 모형을 선호한다. 청킹과 장기 작업 기억의 차이는 대체로 기술적인 것인데, 아무튼 두 모형은 특정한 상황에서 수많은 연습을 함으로써 전문성을 얻을 수 있다는 개념이다).

하지만 이런 체스 마스터들의 기술은 실제 게임에서 나타나는 패턴에 따라 달라진다. 초급자들과 전문가들에게 무작위로 배열된 체스 판을 제시하자(일반적인 게임에서 발생하지 않는 배열로), 전문가들은 더 이상 이 같은 장점을 보여주지 못했다. 그들은 패턴의 도서관을 갖추지 못한 초급자들처럼 체스 말을 개별적으로 기억했다.

이 연구는 파인만처럼 위대한 직관주의자들의 정신이 어떻게 운용되는지 어렴풋한 실마리를 전해준다. 파인만 역시 먼저 법칙에 초점을 맞추고, 사례들의 표면적인 특징을 보지 않고 그것을 해체해 문제가 나타내는 것이 무엇인지 그 핵심으로 곧장 들어갔다. 이렇게 할 수 있는 능력은 물리학적·수학적 패턴들이 저장된 방대한 도서관에서 세워진 것이다. 우리에게는 무척이나 인상적이지만 그에게는 별일 아니었던 대단한 암산 능력은 그가 수많은 수학적 패턴들을 알고 있는 덕분이었다.

하지만 그의 직관 역시 이런 가정들과 관계없는 주제에서는 빛을 발하지 못했다. 파인만의 수학자 친구들이 반직관적인 수학적 정리들을 가지고 그를 시험한 적이 있었다. 그 방법의 특징(예를 들어 무한한 수의 작은 조각들로 잘릴 수 있는 물체 같은 것)이 일반적인 물리학 법칙에서 벗어나자 그의 직관은 발휘되지 않았다.

파인만의 마술은 수년 동안 수학적·물리학적 패턴을 가지고 논 데서 만들어진 비상한 직관이었다. 그의 학습법을 따라 하면 우리도 그런 마술을 부릴 수 있을까? 파인만의 학습법과 문제 풀이 방법을 약간 살펴보고, 이 마술사의 비밀을 다소나마 밝혀보도록 하자.

깊이 있는 직관을 기르는 법

깊이 있는 직관을 형성하는 데는 단순히 시간을 많이 들여 공부하는 것만으로는 충분치 않다. 파인만의 경험도 이를 보여준다. 그는 학생들이 특정한 문제에 대한 해답을 잘 기억하고 있으면서도 교과서 바깥 영역에 적용하는 데는 실패하는 모습을 수없이 보았다. 학창 시절 그는 반 친구들이 곡선제도용 운형자를 어떻게 붙잡고 있는지와 관계없이 그

끝이 수평선으로 접선接線되기 때문에 특별한 것이라고 믿게끔 속인 적이 있었다. 하지만 반 친구들은 이것이 매끈한 형태에서 참이며, 미적분 초급 내용이라는 사실을 알아야 했다. 파인만은 학생들이 이미 배운 것을 교과서 밖의 문제와 연결시키지 못한다는 불안정한 학습의 예로 이 일화를 들었다.

　그렇다면 우리는 어떻게 이런 운명을 피해 갈 수 있을까? 시간을 들여 공부하면서도, 파인만 같은 유연한 직관은 계발하지 못하는 운명 말이다. 운명을 타개할 비결은 사실상 존재하지 않는다. 다만 경험과 지능이 올바르게 투입되어야 한다. 하지만 파인만이 공부했던 과정을 살펴보면 그의 공부 방법이 어떻게 남다른지 유용한 조언을 얻을 수 있다.

1. 어려운 문제라고 쉽게 포기하지 마라

파인만은 문제를 푸는 데 집착했다. 라디오를 고치던 소년 시절부터 그는 문제가 주어지면 완전히 정복할 때까지 고집스럽게 매달렸다. 때로 라디오를 고쳐달라고 가져온 사람이 더 기다리지 못하고 "괜찮아, 너무 오래 썼어."라고 말하면 화를 냈다. 그는 "하는 데까지 해보고 그 망할 것을 이기고 싶었"던 것이다.

　이런 성향은 수학과 물리학으로 옮겨 갔다. 그는 종종 라그랑주 승수법(프랑스 수학자 조제프 루이 라그랑주의 이름에서 딴 것으로, 등식으로 주어진 제한 조건을 만족하는 범위에서 다변수함수의 극값을 찾을 때 사용되는 방법—옮긴이 주) 같은 보다 쉽게 풀이할 수 있는 기법들을 피하고 직접 온 힘을 들여 계산했다. 그저 그 편이 더 이해가 잘 되어서였다. 파인만은 어떤 문제에 대해 사람들의 기대보다 훨씬 더 밀고 나가는 데 달인이었으며, 이런 면 때문에 독특한 발상을 수없이 할 수 있었다.

이 방법을 직접 시도해보고 싶다면 어떤 문제에 매달려 있을 때 '고통 타이머'를 사용해보라. 어떤 어려운 문제에 대한 해답을 알아내는 게 불가능해서 포기하고 싶은 마음이 들면 10분만 더 하도록 타이머를 설정하는 것이다. 고통 타이머의 이점은 그 문제에 관한 생각을 조금 더 하면 문제를 풀 수 있는 경우가 무척이나 많다는 것이다. 만약 풀지 못한다 해도 해답을 마주했을 때 거기에 도달하는 방법을 훨씬 쉽게 머릿속에 새기게 된다. 앞서 언급했듯이 정보를 인출하는 데 있어 어느 정도의 어려움은(그에 대한 정보가 없어서 어려운 것이라 할지라도) 나중에 정보를 훨씬 더 잘 기억하게끔 우리를 준비시켜준다.

2. 대상을 증명하는 방식으로 이해하라

파인만은 물리학자 T.D. 리와 C.N. 양의 작업을 접했을 때의 이야기를 한 적이 있다(세 사람이 공동으로 노벨상을 수상한 이 작업은 우리가 살고 있는 우주가 대칭적인 거울상이 아니라는 사실을 밝혀낸 논문으로, 거울상과는 다르게 보이는 어떤 물리적 과정이 존재한다는 근거를 제시해 당시 우주에 대칭성이 존재한다고 주장해왔던 물리학자들을 매우 놀라게 했다). "전 리와 양이 말하고 있는 것들을 이해할 수 없었어요. 죄다 너무 복잡했거든요." 그의 여동생은 그가 그 문제를 이해할 수 없는 건 아니지만 그걸 창안해내지는 못하지 않느냐고 살짝 놀렸다. 나중에 파인만은 꼼꼼하게 그 논문을 읽어보기로 했다. 그는 그 내용이 아주 어려운 게 아니었으며, 단지 마주하는 걸 겁냈을 뿐임을 알게 되었다.

이 이야기는 파인만의 재미있는 일면을 묘사하는 한편으로 그의 행동 방식을 알려준다. 파인만은 어떤 문제를 습득할 때 다른 사람들이 낸 결과를 따르기보다는 그 결과들을 머릿속에서 재구성하는 과정을 거쳤다. 이미 어떤 형태로 존재하는 과정을 가지고 다시 반복해서 작업하고 같은 과정을 재창안하는 이런 방식은 시간 면에서는 단점으로 작용할 수 있다. 하지만 스스로 결과를 만들어내는 미덕으로 사물을 이해하려는 그의 욕구는 깊은 직관을 기르는 데 도움이 되었다.

파인만만 이런 방식을 사용한 것은 아니다. 앨버트 아인슈타인은 어린 시절 수학과 물리학 명제를 증명하면서 직관을 길렀다. 한 예로 어린 시절에 그는 닮은꼴 삼각형의 기초에 관한 피타고라스의 정리를 증명하려고 애썼다. 아인슈타인과 파인만은 어떤 대상에 관해 깊게 파고들고 나서야 그것을 이해했다고 생각하는 경향이 있었던 것이다. 파인만이 정말 이해하지 못해서 리와 양의 이론을 모르겠다고 우스갯소리를 한 것은 아니었다. 실제로 그는 그 문제의 배경이 되는 작업들을 수없이 한 사람이었다. 그는 논문을 읽으면서 그것을 따라가며 고개를 끄덕이기보다는 더 깊은 차원의 '이해'를 추구했고, 직접 그 결과들을 설명해내야 이해한 것이라고 생각했던 듯하다.

반대로 우리는 불행하게도 스스로 이해하지 못하는 뭔가를 이해하고 있다고 생각한다. 레베카 로손 Rebecca Lawson 은 이를 가리켜 '다 알고 있다는 착각' illusion of explanatory depth 이라고 부른다. 이 개념은 우리가 직접적으로가 아니라 다양한 신호들을 통해 스스로의 학습 숙련도를 판단한다는 것이다. 프랑스의 수도가 어디인지 같은 사실 정보를 아는지 모르는지 가늠하기는 무척이나 쉽다. '파리'라는 단어가 머릿속에서 떠오르는지를 알면 되는 일이다. 하지만 어떤 개념을 이해하고 있는지 아는 일

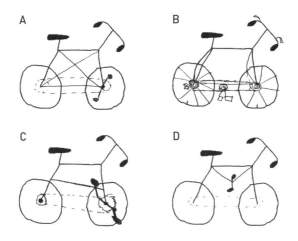

은 보다 어렵다. 그것을 파악할 만큼의 이해가 충분하지 않을 수 있기 때문이다.

이 문제를 이해하게 도와줄 완벽한 사고 실험이 하나 있다. 종이를 한 장 꺼내서 자전거가 어떻게 생겼는지 대강 스케치를 해보자. 예술 작품을 그릴 필요는 없다. 그냥 안장, 핸들, 타이어, 페달, 체인을 올바른 위치에 그려 넣기면 하면 된다. 할 수 있겠는가?

자전거를 마음속으로 상상하는 일로 자신을 속이려 들지 마라. 실제로 자전거를 그릴 수 있는지 직접 해보라. 당장 쓸 만한 연필이나 종이가 없다면 무엇이 무엇에 연결되는지 입으로 말해보면서 머릿속으로 그려보라. 해보았는가?

이것은 레베카 로손이 한 실험이다. 그림을 다 그렸을 때 대부분의 실험 참가자들은 그 기계가 어떻게 조립되어 있는지 알지 못했다. 심지어 하루 종일 자전거를 타고 자전거에 대해 잘 알고 있다고 생각한 사람조차 그랬다. 이해하고 있다는 착각은 더 깊이 있는 지식을 얻는 데 장벽이 된다. 실제로 그런지 시험해보지 않는 한, 우리는 이 착각 때문에 어떤 대상에 관해 실제보다 더 많이 이해하고 있다고 생각하는 실수를 저지른다. 그러나 파인만과 아인슈타인은 어떤 정리를 이해할 때 그것을 증명하는 방식으로 접근해서 다른 사람들은 하기 어려운 방식으로 이 문제를 방지했다.

당신은 자전거 체인을 올바른 위치에 놓은 몇 안 되는 행운아인가? 다시 한번 이 연습 문제를 해보자. 이번에는 캔 따개를 그려보자. 캔 따개가 어떤 식으로 작동되는지 설명할 수 있는가? 톱니가 몇 개나 있는가? 어떻게 캔 뚜껑을 절단하는가? 이것이 어려우면 캔 따개를 이해한다고 말할 수 없다!

3. 늘 구체적인 사례를 가지고 시작하라

인간은 추상적인 것은 잘 배우지 못한다. 설명 변환에 관한 연구에서는 대부분의 사람이 수많은 구체적인 사례를 접해야만이 추상적이고 일반적인 규칙들을 배울 수 있었다. 단순히 일반적인 규칙을 제시하고 이를 구체적인 상황에 적용할 수 있는지 기대하는 건 불가능하다. 이를 알고 있기라도 한 듯 파인만은 구체적인 사례가 주어지지 않았을 때도 스스로 사례를 제시했다. 그는 마음속 눈으로 구체적인 사례를 받아들이고, 그것을 따라가서 그 수학 정리가 무엇을 묘사하고 있는지 보았다.

스스로 만든 사례들을 좇는 이런 과정은 대상을 보다 깊은 수준에서 처리하게 해준다. 기억과 관련해 처리 수준 모형level of processing effect이라는 것이 있다. 기억의 지속성은 어떤 정보에 얼마나 오래 주의를 기울였

258

느냐가 아니라, 그 정보에 주의를 기울이는 동안 어떻게 생각했느냐에 따라 결정된다는 개념이다.

이 모형을 다룬 한 연구에서 실험 참가자들은 단어 목록 하나를 복습했다. 절반은 시험을 치를 것이라는 말을 사전에 들었고(그렇게 학습 동기가 부여되었다), 나머지 절반은 단순히 목록을 복습했다. 각각의 집단은 다시 한번 그 목록을 복습하는 데 사용한 정향 과제orienting task(자극의 특정 측면에 주의를 기울이는 것 —옮긴이 주)에 따라 나뉘었다. 절반은 단어에 'e'라는 철자가 들어가는지 여부를 살펴보는, 피상적인 수준의 과정을 거치도록 했다. 나머지 절반은 단어가 유쾌한지 불쾌한지라는, 단순히 철자가 아니라 의미를 생각하는 다소 깊이 있는 과정을 거치게끔 했다.

그 결과 동기부여 방식은 차이를 발생시키지 않았다. 시험을 대비하며 공부하라는 요청은 학생들이 그 내용을 얼마나 기억하는지에 영향을 주지 못했다. 하지만 정향 과제는 큰 차이를 만들어냈다. 철자만 본 학생들에 비해 단어를 깊이 있게 처리한 학생들은 거의 두 배가량 기억했다.

문제에 관해 구체적인 사례를 개발하는 파인만의 습관은 보다 깊이 있는 수준의 처리 과정에 관한 예로 볼 수 있다. 이는 기억의 지속성을 향상시키는 것은 물론 직관적인 이해를 발달시킨다. 또한 다소의 피드백을 주는데, 우리가 뭔가를 충분히 잘 알지 못하고 있으니 계속 나가지 말고 몇 단계 되돌아가서 더 공부하는 것이 낫다고 말해주는 것이다. 자신이 뭔가를 알고 있는지 아닌지 시험하는 피드백 과정을 이용하는 것은 파인만의 학습 방식이 지닌 특징이었다.

4. 자신을 속이지 마라

"자신을 속이지 마라. 그리고 당신은 가장 속기 쉬운 사람이다."

파인만의 이 말은 매우 유명하다. 그는 자신의 앎에 무척이나 회의적이었다. 그는 대부분의 사회과학자가 자신이 발견하지 않은 것을 발견했다는 믿음으로 스스로를 속이고 있다고 생각했는데, 이는 오늘날 심리학에서 말하는 재현성 위기Replication Crisis에 관한 개념을 먼저 제시한 것이다. 이런 시각은 파인만이 자신이 무엇을 알고 있는지에 관해 엄격한 기준을 적용했기 때문에 생겨난 듯하다.

더닝-크루거 효과Dunning-Kruger Effect는 어떤 주제에 관해 제대로 이해하지 못하면서 실제로 아는 것보다 더 많이 알고 있다고 믿는 걸 말한다. 이런 현상은 그 주제에 관해 지식이 없으면 자신의 능력을 판단할 수 없기 때문에 발생한다. 어떤 주제에 관해 더 많이 배울수록 더 많은 질문을 하게 된다. 반대 역시 성립되는데, 질문할 게 없을수록 그 주제에 대해 잘 모르고 있다는 말이다.

스스로를 속이는 이 문제를 피하는 방법 하나는 그냥 질문을 많이 하는 것이다. 파인만은 스스로에게 이 방식을 적용했다. "어떤 사람들은 시작 단계에서 나는 느린 사람이고 그 문제를 이해하지 못한다고 생각한다. 내가 바보 같은 질문을 너무 많이 해서다. 가령 '이 음극선관은 플러스극인가 마이너스극인가?', '이 음이온은 이런 방식인가, 저런 방식인가?' 같은 질문 말이다."〔파인만의 이런 방식에 이름을 붙이는 것은 오히려 어리석은 짓일 수 있다. 파인만이 정확히 이런 방법을 사용했는지는 분명치 않으며, 따라서 내가 무심코 빛나는 역사에 없는 것을 있다고 생각했을 수 있다. 다만 이런 기법이 그의 위대한 물리학적 업적 중 하나인 '파인만 다이

어그램'(소립자간 등의 상호작용을 나타내는 도표 ― 옮긴이 주)을 만드는 동력이 되었을지도 모른다.)

얼마나 많은 사람이 이런 '바보 같은' 질문을 할 능력이 결여되어 있는지 모른다. 파인만은 자신이 영리하다는 것을 알았고, 따라서 사람들에게 질문하기를 주저하지 않았다. 외견상 분명한 질문들을 던짐으로써 그는 자신이 공부했던 대상이 확실한 게 아니라는 암시를 알아차렸던 것이다.

잘 알고 있는 듯 보이는 대상에 대해 헛되이 질문을 하지 않는 경향은 상당한 비용을 발생시킨다. 브라질에서 강연을 하는 동안, 파인만의 학생들은 종종 그가 강의는 하지 않고 이미 알고 있는 단순한 질문만 한다고 불평을 터트렸다. 왜 그러느라 귀중한 수업 시간을 낭비했을까? 파인만은 학생들이 그 답을 알지 못하면서도 수업 시간에 모두의 앞에서 인정하고 싶지는 않으며, 자신만 답을 모르고 있다는 잘못된 추측을 하고 있다는 걸 알았기 때문이다. 사물을 분명히 설명하고 바보 같은 질문들을 하는 것은 우리가 어떤 것을 알지 못하면서도 안다고 생각하며 스스로를 속이는 일을 막을 수 있다.

'파인만 기법' 활용하기

처음 파인만에 관해 읽었을 때 나는 그의 남다른 생각들을 학습에 적용시킬 구체적인 방법으로 만들고 싶었다. 그 결과로 만든 것을 나는 '파인만 기법'이라고 부르며 MIT 챌린지 기간 동안 두루두루 활용했다. 이 기법의 목적은 학습 중인 개념에 관한 직관을 계발하는 데 있다. 어떤 아이디어가 전혀 이해되지 않거나 약간 이해했지만 그것을 더 깊이 있는 직관으로 바꾸고 싶을 때 사용할 수 있다. 방법은 무척이나 간단하다.

1. 종이 한 장을 꺼내 이해하려는 개념이나 문제를 위에서부터 쭉 써 내려간다.
2. 그 아래 공간에 누군가에게 가르치듯이 설명을 해본다.
   a. 그것이 개념이라면, 그 개념에 대해 한 번도 들어보지 못한 사람에게 어떻게 전달할 수 있을지 스스로 물어본다.
   b. 그것이 문제라면, 어떻게 풀지 설명한다. 그리고 풀이 과정이 어째서 타당한지 스스로 설명해본다.
3. 벽에 부딪혔을 때, 즉 자신이 이해하고 있는 것으로 정답을 도출하지 못했을 때는 책, 공책, 교사, 참고 자료 등으로 돌아가 답을 찾는다.

이 방법에서 가장 중요한 부분은 '다 알고 있다는 착각'을 제거해야 한다는 점이다. 우리가 이해한 것의 많은 부분을 입 밖으로 설명하지 않기 때문에, 우리는 자신이 이해하지 못하는 것을 이해하고 있다고 생각하기 쉽다. 파인만 기법은 우리가 세세하게 이해하고자 하는 개념을 입 밖에 내어 설명함으로써 이 문제를 해결한다. 빠르게 자전거를 그리는 것만으로도 자전거의 형태에 대한 기본적인 지식이 있는지 없는지 확인할 수 있다. 이 기술을 이용하면 우리가 어떤 주제에 관해 정말로 얼마나 이해하고 있는지 빠르게 알게 된다. 우리가 이해하는 것과 이해하고 있다고 생각하는 것의 간극은, 그 개념의 주요 부분들을 설명해보면 분명하게 밝혀진다.

이 기술은 그 자체로 다소 미묘한 차이를 지니며, 특정한 직관이 부족한 상태에서도 몇 가지 방식으로 적용해 도움을 얻을 수 있다.

1. 대상을 전혀 이해하지 못할 때

첫 번째로 이 방법을 사용할 때는 뭔가가 전혀 이해되지 않을 때다. 가장 쉬운 방법은 책을 보며 설명해보고, 설명하는 사이사이 책 앞뒤를 살펴보고, 그 책 안에서 설명해보는 것이다. 이 방법은 인출 연습이 주는 이점은 없지만 어떤 설명을 이해하지 못할 때 근본적인 방법이 될 수 있다. 파인만 역시 철학적으로 이해할 수 없는 말들을 봤을 때 이와 비슷한 일을 했다.

> 전 "난 아직 멀었구나."라는 불편한 느낌을 받았습니다. 그리고 마침내 제 자신에게 "이제 그만할 거야. 그리고 천천히 '한 문장'을 읽을 거야. 그러면 이 빌어먹을 말이 무슨 의미인지 이해할 수 있겠지."라고 말했죠.
>
> 저는 멈춰 서서, 무작위로, 무척이나 조심스럽게 다음 문장을 읽었습니다. 정확히 떠올릴 수는 없지만 대충 이런 말이었죠. "사회적 커뮤니티의 구성원들은 종종 자신의 정보를 시각적·상징적 매개물을 통해 받는다." 전 그것을 앞뒤로 왔다 갔다 하며 읽고 해석했습니다. 이게 무슨 말인지 아시겠습니까? 바로 "사람들이 읽는다."였습니다.

파인만의 방법은 의미의 차이를 이해하려는 시도라기보다는, 일부러 혼란스럽게 작성된 문장의 뜻을 밝히는 데 초점을 맞추고 있다. 이런 방법은 뭔가를 머릿속으로 이리저리 굴려보며 배울 때 도움이 된다.

나는 이 기술을 MIT 챌린지에서 컴퓨터 기계시각 수업을 들을 때 사용했다. 어떤 대상에 관해 각기 다른 조명 아래서 찍힌 2D 사진 한 벌을 가지고 3D 형태로 만드는 기술인 사진측량법을 도무지 이해할 수가 없었기 때문이다. 거기에는 다소 까다로운 개념들이 있었고, 그것이 어떻게 작동하는지 정말이지 확실히 알 수 없었다. 나는 교과서를 치우고 노트 몇 장에 큼직큼직한 선들을 스케치하면서 설명을 써 내려갔다. 그렇게 해서 그 과목의 일반적인 골자를 알 수 있었다.

2. 문제를 풀지 못할 것 같을 때

두 번째 방법은 어려운 문제를 풀거나 어떤 기술에 완전히 숙련되는 데 사용할 수 있다. 이 경우에는 자신이 만든 설명을 따라 한 단계씩 차근차근 문제를 풀어나가는 일이 무척이나 중요하다. 단순히 요약하는 것이 아니다. 요약은 결국 문제에서 어려운 부분의 핵심을 건너뛰게 한다. 깊이 파고드는 일은 시간이 들지만 반복해서 그 단계들을 기억하는 것보다는 새로운 방법을 완전히 파악하게 해준다.

나는 이 방법을 컴퓨터 그래픽 수업에서 그리드 가속화grid acceleration 라는 기술로 애를 먹을 때 사용했다. 이는 그림을 그릴 때 스크린에 들어가지 않을 것이 분명한 사물은 분석하지 않음으로써, 광선 추적 렌더링 시스템ray tracing(가상의 광선을 물체의 표면에서 반사시켜 카메라를 거쳐 다시 돌아오는 경로를 계산하는 것. 물체를 이루는 입자 하나하나에서 반사되는 빛을 모두 계산해야 하기 때문에 렌더링에 시간이 많이 걸리는 기법이 다—옮긴이 주)의 성능을 올리는 방법이다. 이 기술을 더 잘 다루고자 나는 문제로 직접 뛰어들었다. 2차원의 화상에 광원, 위치, 색상 등 외부 정보를 고려해 3차원 화상으로 만드는 렌더링 과정을 눈사람을 대상으로 해본다고 생각하고, 눈사람에서 반사되어 카메라 렌즈에 투사된 선들을 직접 그려본 것이다.

3. 직관을 확장할 때

마지막 방법은 그 일에 관해 대단한 직관을 가지고 있다면 실제로 도움이 될 법한 개념에 대해 사용할 수 있다. 이 방법은 전체적으로 세세한 부분까지 설명하려 들거나 핵심 내용들을 따라가는 게 아니다. 그 개념에 관해 자신보다 잘 알지 못하는 누군가를 이해시키기 위해 구체적인 사례를 만들거나 비유나 시각화를 하는 데 초점을 맞추는 방법이다.

어떤 개념을 가르치는 게 아니라 거기에 대해 설명하는 잡지 기고문을 의뢰받았다고 해보자. 추상적인 개념을 분명하게 정의 내리기 위해 어떤 직관적인 시각적 이미지를 사용할 수 있을까? 보편적인 규칙을 더 구체적으로 보여주는 사례는 무엇이 있을까? 헷갈리는 대상을 어떻게 분명하게 느끼게 할 수 있을까?

나는 MIT 챌린지에서 전자기학 입문 과정에서 전압에 관한 개념을 이해할 때 이 방법을 썼다. 문제에 그 개념을 적용하는 건 어렵지 않았지만 그것이 무엇인지에 관해서는 직관적으로 잘 와 닿지 않았기 때문이다. 그것은 분명 에너지도, 전자도, 어떤 사물의 흐름도 아니었다. 여전히 전선에 관한 추상적인 개념의 이미지가 잘 떠오르지 않았다. 나는 이 기법을 거쳐 중력 개념에 관한 등식과 비교해보고 나서, 높이가 중력에 관한 것처럼 전압도 전기적인 힘에 관한 것임을 알게 되었다.

이제 나는 시각적 이미지를 만들 수 있다. 전선들은 각기 다른 높이에 있는 홈통들 같은 것이다. 배터리는 물을 퍼 올리는 펌프와 같다. 레지스터는 아래로 떨어진 호스와 같은데, 물이 빠져나가는 흐름을 방해하는 다양한 혹이 난 호스다. 이런 홈통과 호스 그림은 등식을 푸는 데 필요하진 않지만, 전압을 그저 추상적인 '양'의 개념으로만 생각할 때보다는 새로운 상황에 대해 내 방식으로 추론할 수 있게끔 해주었다.

집요한 연습을 놀이로 만든 천재 울트라러너

리처드 파인만 같은 천재를 바라볼 때 우리는 별 노력 없이 직감으로 단계를 건너뛰는 겉모습에 초점을 맞춘다. 유쾌한 스타일과 반항적이고 열정적인 그는 학습에 노력이 필요하다는 생각을 거부하는 듯 보인다. 하지만 그 안을 들여다보면 파인만은 울트라러너들과 많은 공통점을 가지고 있었다. 그는 사물을 이해하는 데 많은 노력을 기울였고, 직관적으로 작업할 수 있는 방법들을 터득하기까지 어마어마한 시간을 투자했다.

대학 시절로 돌아가, 파인만은 친구와 함께 초창기 양자역학에 관한 책들을 뒤적이고 있었다. 두 사람은 이미 다른 과 친구들보다는 그 책들에 대해 더 많이 이해하고 있었다. 파인만은 지적 추구를 할 시간들을 시간표로 꼼꼼하게 짰고, 사소한 것이어도 공격적으로 탐구했다. 예를 들면 그는 자물쇠 여는 법을 습득할 때 가능한 모든 조합을 탐색하고 이를 반복적으로 실행하면서 스스로 훈련했다. "나는 그것을 완벽한 리듬으로 익혔다. 그래서 30분도 채 되지 않아 400개의 가능한 백넘버를 시도할 수 있었다. 이 말은 내가 최대 8시간 안에, 평균적으로는 4시간 만에 금고 하나를 열 수 있다는 말이다."

천재성에 관한 이야기, 특히 파인만처럼 인습 파괴주의자의 면모를 지닌 천재에 관한 이야기를 들을 때 우리는 그들의 노력이 아니라 재능에 초점을 맞추는 경향이 있다. 파인만에게 재능이 있었음은 의심할 여지가 없다. 하지만 그의 가장 위대한 재능은 집요한 연습을 놀이로 만든 점이다. 그는 자물쇠 열기와 양자역학의 비밀을 밝히는 퍼즐들을 푸는 데 똑같은 열정을 가지고 다가갔다. 내가 다루고 싶은 마지막 울트라러닝의 규칙이 바로 이런 즐기며 탐색하는 정신이다. 바로 '실험'experimentation 이다.

ULTRALEARNING

ULTRALEARNING

제12장

법칙9_실험

: 자신의 안전지대 밖을 탐험하라

ULTRALEARNING

결과? 어째서 내가 수많은 결과를 얻을 수 있었냐고?

나는 무엇이 작동하지 않는지 수천 가지나 알고 있다!

_토머스 에디슨

만일 당신이 빈센트 반 고흐의 작품을 보지 않고 그의 이야기를 읽었다면 그가 역사상 가장 유명한 화가 중 한 사람이 되리라고는 생각하지 못했을 것이다. 반 고흐는 당시에는 늦은 나이인 스물여섯 살에 그림을 시작했다. 예술은 어린 나이에 시작하는 분야로서, 유명한 대가들은 일찍부터 재능을 내보였다.

파블로 피카소가 입체파 양식을 창조한 것도 소년 시절 이미 사실주의적인 그림을 그릴 수 있었기 때문에 가능했다. 피카소는 대담하게도 "네 살 때 라파엘로만큼 그렸지만 평생 나는 어린아이처럼 그렸다."라고 선언할 정도의 실력이 있었다. 레오나르도 다 빈치는 10대 시절 화가로서 도제 생활을 시작했다. 그가 청년기에 소작농의 방패에 괴물을 그려준 일이 있는데 그것을 밀라노 공작이 되샀다는 이야기도 전해진다. 살바도르 달리는 열네 번째 생일을 맞이하기 전에 첫 전시회를 열었으며, 이미 유명세를 떨치고 있었다.

그러나 반 고흐는 늦게 시작했다. 또 특별한 재능을 지녔다는 분명한 신호도 보이지 않았다. 화상畵商과 목사라는 직업 모두에서 실패하고 나서야 그는 붓을 들었다. 동료이자 가족의 지인이었던 H. G. 테르스티그는 그의 예술적 열망은 게으름을 감추는 데 사용된 것이라고 믿었다.

"자넨 너무 늦게 시작했어. 자넨 예술가가 아니야. 내가 확신하네. 자네의 이 그림은 자네가 시작했던 온갖 다른 일들과 같은 결과를 맞을 거야. 그러니까 아무것도 아니라고."

늦은 나이에 시작했다는 사실보다 더 안 좋은 건 그가 그림에 소질이 없었다는 점이다. 그의 스케치는 어린아이가 대강 그린 것 같았다. 초상화를 그릴 때 그는 모델들에게 앉아 있으라고 설득하며(독일인의 까다로운 성격을 고려하면 사소한 일이 아니었다) 그들과 닮게 그리려고 수없이 많은 시도를 했다.

파리의 화실에서 가난하게 사는 동안 그는 앙리 드 툴루즈 로트렉 같은 후기 인상주의의 기수가 될 인물 곁에서 공부하기도 했다. 하지만 로트렉이 별로 노력하지 않고 손목을 몇 번 터는 것만으로 어떤 장면을 똑같이 포착해냈던 것과 달리, 반 고흐는 매일 그림과 씨름해도 좀처럼 실력이 나아지지 않았다.

"우리는 그의 작업에 무척이나 기교가 없다고 생각했죠. 그의 스케치는 대상과 닮은 구석이 하나도 없었어요."

같은 화실에서 그림을 배운 한 사람은 이렇게 회상했다. 동료들과 어울리지 못하고, 재능도 없고, 누구에게도 호감을 주지 못했던 반 고흐는 3개월도 채우지 못하고 화실을 떠났다. 공식 교육을 받아보고자 시도했지만 공식적인 교육을 아주 짧게 받았으며 결국 대부분 독학을 했다.

늦은 출발, 드러나지 않는 재능 거기에 신경질적인 측면이 더해졌다. 그의 삶에 존재했던 거의 모든 사람이 마침내는 그를 거부했다. 그의 광적인 열정과 형제간의 결속은 필연적으로 그와 마주친 모든 사람과 쓰디쓴 전투를 벌이고 틀어지게 했다. 인생 말미에 그는 자주 정신병원에 입원했고 '일반적인 섬망으로 인한 극심한 조광증'에서 '간질의 일종'에 이르기까지 다양한 장애 진단을 받았다. 갑작스러운 폭발, 그의 말에 따르면 '공격' 때문에 동료, 멘토, 교사가 될 수도 있었던 사람들은 그를 멀리했다.

반 고흐의 수수께끼 같고 때 이른 죽음은 너무나 늦게 시작된 예술가의 길을 끊어놓았다. 서른일곱 살에 그는 복부 총상으로 숨졌다. 그의 죽음은 자살이라는 설도 있지만, 전기 작가인 스티븐 나이페Steven Naifeh 와 그레고리 화이트 스미스Gregory White Smith 는 사고 아니면 폭행 치사였다고 말한다. 그를 '미친 빨강머리'라고 부르며 괴롭히던 불한당 중 한 명이 쏜 총에 맞았다는 것이다.

이 모든 일에도 반 고흐는 역사상 가장 유명한 화가 중 한 사람이 되었다. 〈별이 빛나는 밤에〉, 〈붓꽃〉, 〈해바라기 열다섯 송이가 있는 꽃병〉은 당대 예술의 아이콘이 되었다. 그의 작품은 역사상 가장 비싸게 팔린 그림이 되었는데, 〈가셰 박사의 초상〉은 무려 8,200만 달러가 넘는 가격에 팔렸다. 반 고흐의 특징인 회오리치는 색, 두껍고도 두텁게 도포된

물감, 강하게 강조된 외곽선은 그의 그림을 역사상 가장 멋진 작품 중 하나로 만들었다.

이런 차이를 어떻게 설명할 수 있을까? 늦은 나이에 별로 재능도 없고 수많은 장애를 지닌 채 시작한 사람이, 세계에서 가장 위대한 예술가이자 가장 인상적이고 차별화된 스타일의 화가가 어떻게 될 수 있었던 걸까? 반 고흐를 이해하기 위해 나는 울트라러닝의 아홉 번째이자 마지막 법칙을 살펴보고자 한다. 바로 '실험'이다.

반 고흐는 어떻게 그림을 배웠는가

잠시 반 고흐의 입장에서 생각해보자. 가족의 연줄이 있었음에도 그는 화상이 되는 데 실패했다. 목사로서도 실패했다. 이제 새로운 일을 시작하려는데, 바로 그림이다. 그런데 사물을 정확히 잘 그리지는 못한다. 어떻게 할 것인가? 여기에 반 고흐는 평생 반복된 패턴으로 대응했다. 우선 그는 어떤 재료, 방법, 양식을 규정하고 그것을 토대로 수십 점, 수백 점의 그림을 그렸다. 이렇게 강도 높고 집중적으로 연습한 뒤에도 여전히 자신이 잘 그리지 못한다는 것을 인지하면 새로운 재료와 방법, 양식을 가져와서 다시 시작했다.

내가 보기에 이 패턴은 성공한 과학자들이 사용했던 패턴과 동일하다. 가정, 실험, 결과, 반복이다. 반 고흐가 알고 한 것인지는 알 수 없지만 말이다. 어쩌면 무심코 시도한, 그림에 대한 반 고흐의 공격적이고 실험적인 걸음이 그를 능숙한 화가 정도가 아니라 독창적인 불멸의 화가로 성장시켰을 것이다.

반 고흐는 화가가 되기로 했던 초기부터 실험을 했다. 당시 예술가가 되는 일반적인 경로는 예술 학교나 화가의 작업실에 도제로 들어가는 것이었다. 반 고흐는 재능이 없다고 여겨진 데다 희한한 성격 때문에 이런 전통적인 과정을 거쳐 갈 행운을 얻지 못했다. 그는 독학을 시작했고, 집에서 기본적인 기술들을 배워나갔다.

그는 샤를 바그Charles Bargue의 《목탄 그리기》Exercices au fusain와 《데생 수업》Cours de dessin, 아르망 카사뉴Armand Cassagne의 《데생의 기초》Guide de l'alphabet du dessin를 수없이 봤다. 이 책들은 화가들이 단계별로 스케치 기술을 향상시킬 수 있도록 단계별 연습 과제가 담겨 있는 두꺼운 책이었다. 전기 작가들에 따르면 그는 "이 큰 책을 한 장 한 장, 거듭거듭 집어 삼킬 듯이 공부했다." 그가 동생 테오에게 이렇게 말한 적도 있었다. "이제 60장 모두 다 그렸어. 거의 2주일 꼬박, 아침부터 밤까지 작업을 했어."

따라 그리기는 반 고흐가 초기에 사용했던 또 다른 전략이다. 그는 예술가로서 인생 말년까지 계속 이 작업을 해나갔다. 장 프랑수아즈 밀레의 〈씨 뿌리는 사람〉은 가장 좋아한 작품 중 하나로, 그는 이 작품을 그리고 또 그렸다. 또한 초기부터 초상화 모델로 자신을 많이 스케치했는데, 이는 인물을 정확하게 묘사하는 데 어려움을 겪었기 때문이다.

반 고흐는 다른 화가들, 친구들, 스승들을 연구했다. 한 예로 안톤 판 라파르트Anthon van Rappard는 그에게 갈대 펜과 잉크를 사용해 그려보라고 했는데, 이에 따라 반 고흐는 성숙한 예술가의 짧고 빠른 스트로크 방식에 적응했다. 또 안톤 마우베Anton Mauve는 목탄, 백악, 수채, 콩테 크레용에 이르기까지 다양한 재료를 사용해보도록 설득하기도 했다. 이런 시도들은 대개 성공하지 못했다.

폴 고갱은 반 고흐가 나중에 스스로 귀를 자른 집에서 함께 머물 때 이 네덜란드인에게 기억으로부터 그림을 그리고, 색채를 죽이고, 다른 효과를 내는 새로운 재료들을 써보게 했다. 이런 전술들은 반 고흐에게는 잘 들어맞지 않았는데, 그가 스케치를 잘하지 못했기 때문이다. 눈앞에 장면이 직접 놓여 있지 않을 뿐더러 각기 다른 재료들을 조합해 그리는 일은 그가 그리는 방식과 맞지 않아서 그림 실력은 오히려 더 나빠졌다. 하지만 실험이 늘 가치 있고 성공적이지는 않았다 해도 반 고흐는 새로운 기술을 연습하는 기회를 많이 가졌다.

반 고흐는 재료와 방법만 실험한 것이 아니라 자신의 작품을 뒷받침해줄 철학들 역시 배웠다. 오늘날 그의 작품들은 강렬하고 요동치는 색상으로 널리 알려져 있지만, 그것은 원래 추구하던 바가 아니었다. 그는 강렬하게 색이 억제된 잿빛 톤을 추구했다. 초기 작품 〈감자 먹는 사람들〉을 보면 이를 알 수 있다. "잿빛이 아닌 색이 거의 없다. 자연에서 우리는 실제로 그 색조나 음영이 아닌 것을 볼 수 없다." 그는 이런 확신이 있었고 거기에 작업 기반을 두었다.

하지만 나중에는 완전히 정반대의 방식으로 전환했다. 종종 한 화면에 자연에서 왔다고 하기 어려운 밝고 보색인 색들을 배치한 것이다. 현대 예술 사조에 대한 그의 입장은 계속 휙휙 변했다. 처음에 그는 신인상주의보다 고전적인 회화들을 선호했는데, 나중에는 사실성보다는 대담한 형태를 택한 아방가르드를 좋아했다.

반 고흐의 예술 실험에서 2가지 주목할 만한 것이 있다. 첫 번째는 그가 활용한 방법, 발상, 재료가 다양하다는 점이다. 그는 그림 그리기의 많은 측면에서 어려움을 겪었기 때문에 이런 다양성을 추구했고, 이는 결과적으로 자신에게 잘 먹힐 스타일을 찾는 데 중요한 역할을 했다. 즉 잘하는 것은 이점으로 만들고, 잘 못하는 것은 의미를 축소시키는 방식을 찾았다. 재능 있는 거장은 처음 받았던 교육 방식을 기반으로 안정적인 완성을 향해 나아가지만, 그렇지 않은 사람들은 올바른 방법을 찾아 고수할 수 있기까지 수없는 실험을 해야 한다.

두 번째로 주목해야 할 중요한 점은 그의 열정이다. 내가 지금까지 이야기한 울트라러너들과 같이, 반 고흐도 화가가 되기 위해 집요하게 노력했다. 수없이 많은 부정적인 피드백을 받고 낙담하면서도, 때로 그것이 새로운 그림을 그리는 것만큼이나 많았음에도 그는 가차 없이 자신의 예술을 추구했다. 이 2가지 요소, 즉 다양한 실험과 공격적인 탐색은 그가 초기의 장애물들을 넘어서고예술사의 아이콘이 되어 후세에 남을 멋진 작품들을 창조할 수 있게 했다.

숙련될수록 실험이 중요하다

새로운 기술을 배우기 시작할 때 종종 자신보다 앞서 나가는 사람을 본보기로 따르기만 해도 충분한 경우가 있다. 울트라러닝 법칙들에 관한 논의에서는 메타 학습이 먼저 나온다. 어떤 과제를 어떻게 서로 다른 요소들로 쪼개는지 이해하고, 다른 사람들이 그것을 어떻게 공부했는지를 살펴보는 것은 훌륭한 시작점이다. 하지만 기술을 발전시켜 나가면서 다른 사람들의 사례를 단순히 따르는 것만으로는 더 이상 충분치 않을 때가 있다. 실험을 하고, 자신의 길을 찾아야 한다.

그 이유 중 하나는 누구나 같은 자리에서 시작한다면, 학습 초기 단계에서는 가장 잘 다져진 길을 가고 도움을 받을 수 있다. 하지만 기술이 향상될수록 가르쳐줄 수 있는 사람과 동료들이 적어지고(그리하여 책, 수업, 교사의 전체 시장이 축소된다), 그동안 본보기로 배워왔던 스승들에게서 서서히 떨어져 나오게 된다. 완전히 초짜인 두 사람은 지식 수준이 거의 같지만, 전문가 두 사람은 이미 획득한 기술들이 무척이나 다르다. 따라서 이 기술들을 점점 개별화되고 고유한 모험으로 발전시켜 나가야 한다.

숙련자로 나아가면서 실험이 가치 있어지는 두 번째 이유는 기본적인 것들을 터득한 뒤에는 으레 침체기가 온다는 점이다. 기술 습득 초기 단계는 행위가 축적되는 단계다. 우리는 해결 방법을 모르는 문제들을 다루기 위해 사실 정보와 지식, 기술을 획득한다. 하지만 기술이 좋아질수록 이 단계는 탈학습unlearning 행위가 되어가야 한다. 이전에 풀지 못하던 문제들을 푸는 법을 배워야 할 뿐만 아니라, 이런 문제들에 대한 낡고 비효율적인 접근 방법들을 버려야 하는 것이다.

초짜 프로그래머와 전문 프로그래머의 차이는 특정한 문제를 초짜가 풀지 못한다는 점이 아니다. 전문가가 문제를 푸는 가장 효율적이고 분명하며 나중에 두통거리를 가장 적게 만들어내는 최선의 방법을 알고 있다는 점이다. 축적 단계를 지나 탈학습 과정으로 진입하는 숙련 단계에서 실험이란 우리가 스스로 안전지대 밖으로 나가고 새로운 것들을 시도하면서 배운다는 말이다.

숙련 단계로 다가갈수록 실험이 더 중요해지는 마지막 이유는, 많은 기술이 숙련도가 아니라 독창성으로 보상하기 때문이다. 위대한 수학자는 다른 수학자들이 풀지 못했던 문제를 풀 수 있는 사람이지, 이전에 해결된 문제를 쉽게 풀 수 있는 사람이 아니다. 성공한 비즈니스 리더는 다른 사람들이 감지하지 못하는 기회를 감지할 수 있는 사람이지, 이전 리더들의 스타일과 전략을 베낄 수 있는 사람이 아니다. 화가로서 반 고흐를 유명하게 만들어준 것은 그의 기술이 아니라 독창성이었다. 창조성에 가치를 두는 순간이 올 때 실험은 필수적인 것이 된다.

실험의 3가지 단계

각각의 단계에서 실험이 어떤 식으로 이뤄지는지 반 고흐의 여정을 통해 살펴보자.

1. 학습 자원들을 실험해보기

처음 실험할 것은 학습하는 데 사용할 방법, 재료, 자원들이다. 반 고흐는 예술가의 길을 걷기 시작한 초기에 이런 실험을 광범위하게 시도했다. 다양한 매체와 재료를 사용해보고 기교를 배웠으며 집에서 학습하는 한편, 동료 예술가들을 지켜보고 집에서, 화실에서, 여러 다른 곳에서 스케치를 해나갔다. 이런 종류의 실험은 자신에게 가장 잘 맞는 지침과 재료를 발견하는 데 유용하다. 하지만 실험은 필요한 작업을 하는 쪽으로 향해져야 한다. 반 고흐는 처음에 각기 다른 수많은 방식을 시도하면서 스케치와 채색을 홀로 배워나갔는데, 각각의 방식에 따라 어마어마한 양의 작품을 그려냈다.

좋은 전략은 어떤 자원(책이나 수업 혹은 학습 방식)을 선정해서 어느 정도 시간을 정해두고 엄밀하게 적용해보는 것이다. 새로운 방법을 공격적으로 적용하고 나면 그 단계를 돌이켜보고 얼마나 잘 작동했는지, 그 방법을 계속해나가는 게 나은지, 다른 방법을 시도하는 게 나은지 판단할 수 있게 된다.

2. 기술을 실험하기

초기 단계에서는 재료에 초점을 맞춘 실험이 이뤄지곤 한다. 하지만 학습의 영역 대부분에서, 다음에 무엇을 배울지에 관한 선택지들은 점점 더 빠른 속도로 늘어난다. 따라서 해야 할 질문은 '내가 이것을 어떻게 습득할 수 있을까?'가 아니라 '다음에 무엇을 배워야 할까?'가 된다.

대표적인 사례가 언어다. 초급자들 대부분이 동일한 어휘와 문장들을 사용한다. 하지만 실력이 향상될수록 그다음 단계에서 배울 것들의 양은 점점 더 많아진다. 문학 작품을 읽으려고 그 언어를 배우는가? 전문적인 주제에 관해 유창하게 말하는 걸 배우는가? 해당 언어로 된 만화책을 읽을 수 있는가? 비즈니스 대화를 할 수 있는가? 영역별로 특화된 어휘, 문장, 문화적 지식은 다양하며, 따라서 무엇을 완전히 습득할지를 선택해야 한다.

다시 한번 말하지만 실험은 중추적인 역할을 한다. 그동안 배양하려고 애써온 그 기술 안에서 하위 주제를 택해 시간을 들여 공격적으로 배우고, 자신의 발전 정도를 측정하라. 그 방향으로 계속해나갈지, 다른 방향을 택할지 정답은 없지만 각 분야마다 더욱 유용한 답은 존재한다.

3. 양식을 실험하기

학습에 다소 익숙해지면 배우고자 하는 대상이나 기술에 숙달되어야 하는 어려움이 찾아온다. 어떤 하나의 기술을 완전히 터득하는 제대로 된 방법이 딱 하나뿐이라고 해도, 그 방법이 다른 기술에는 대개 적용되지 않는다. 글쓰기, 디자인, 리더십, 음악, 예술, 연구는 모두 특정한 양식을 개발하는 것과 관계되는데, 그 교환 조건들은 각기 다르다. 기초를 다 배웠다면 더 이상 올바른 하나의 방법은 없고 수많은 가능성들이 존재한다. 모두 각각 다른 강점과 취약점을 가지고 있다. 이는 또 다른 실험 기회를 제공한다.

반 고흐는 작품을 만들어내기 위해 수없이 다양한 양식들을 시도했다. 밀레 같은 고전주의 화가들의 양식에서 일본의 목판화 인쇄물에 이르기까지 다양한 양식은 물론, 고갱이나 라파르트같은 동료 예술가들의 기술도 연구했다. 한 가지 정답은 없지만 반 고흐처럼 우리도 자신의 강점과 취약점을 조합해서 우리에게 더 잘 맞는 특정한 양식을 찾을 수도 있다.

다양한 양식들을 실험하는 일의 핵심은 존재하는 모든 양식을 알고 있어야 한다는 점이다. 반 고흐가 막대한 시간을 들여 다른 작가들의 작품을 따라 그리고 연구하고 논의했던 것을 생각해보자. 그렇게 함으로써 그는 자기 작품에 받아들일 수 있는 양식과 발상의 방대한 도서관을 세웠다. 우리 역시 자신의 프로젝트 양식과 관련된 대가들을 찾아봐야 한다. 그리고 무엇이 그들의 양식을 성공시켰는지 분해해보고, 자신이 따라 할 수 있는 것 혹은 자신의 접근법에 통합시킬 수 있는 것이 무엇인지 알아내야 한다.

실험의 각 단계에서 선택의 순간은 더욱 많아지고, 가능성 있는 선택지들은 기하급수적으로 치솟을 것이다. 그리하여 각기 다른 자원, 기술, 양식을 시도하는 데 시간을 들이는 것과, 한 가지 방식에 집중해서 그 일에 숙련되는 일 사이에는 긴장이 존재하게 된다. 이런 긴장은 배우는 과정에서 새로운 길을 탐색하는 동안, 혹은 다른 무언가를 배우려고 하기 전에 배우던 것을 좀 더 심도 있게 제대로 익히는 동안 자연히 해소된다. 반 고흐는 실패했다고 해도 어떤 발상을 공격적으로 시도해보는 패턴을 영리하게 활용했다.

성장을 위한 실험적 마인드세트

실험에 요구되는 마인드세트는 스탠퍼드대학교의 심리학자 캐럴 드웩Carol Dweck의 '성장 지향적 마인드세트'growth mindset를 살펴보자. 드웩의 연구에 따르면 자신의 학습과 잠재력을 바라보는 시선은 2가지로 나뉜다. 그중 고정적 마인드세트fixed mindset를 지닌 학습자들은 자신의 성향이 고정적이거나 타고난 것이며, 따라서 향상시키려는 시도를 해봤자 의미가 없다고 여긴다. 반대로 성장 지향적 마인드세트를 지닌 학습자들은 학습에 관한 자신의 능력이 얼마든지 증진될 수 있는 것으로 본다. 이 2가지 유형의 마인드세트는 자기충족적 예언이라고 볼 수도 있다. 즉 자신이 발전하고 성장할 수 있다고 생각하는 사람은 그렇게 되며, 자신이 변화하지 않고 고정된 상태라고 생각하는 사람은 거기서 꼼짝도 하지 못한다.

실험에 요구되는 마인드세트를 지닌 사람은 명확하다. 실험 행위는 어떤 방법을 취하느냐에 따라 발전 가능성이 달라진다는 믿음에 기반한다. 자신의 학습 스타일이 고정되어 있다거나 자신에게 변하지 않는 특정한 강점과 취약점이 있어 다른 학습 방식을 시도해보지 못한다면 실험은 해볼 수도 없을 것이다.

실험적 마인드세트는 성장 지향적 마인드세트가 확장된 것이라고 할 수 있다. 다만 성장 지향적 마인드세트가 우리에게 기회와 발전 가능성을 보도록 해준다면, 실험적 마인드세트는 그런 발전을 이루는 계획을 실행하게 한다. 실험형 마인드세트는 성장이 가능한지 추측하지 않지만, 거기에 도달할 가능성 있는 방식을 모두 탐색하는 적극적인 전략을 만들어낸다. 실험에 적합한 마인드세트로 들어가기 위해서는 자신의 능력을 향상 가능한 것으로 바라보고, 그 길이 어마어마하게 많음을 이해해야 한다. 독단주의가 아니라 탐색이 잠재력을 깨닫는 핵심이다.

울트라러닝을 위한 실험 전략

실험을 하는 건 간단해 보이지만, 실행은 무척이나 까다로울 수 있다. 무작정 열심히 연습한다고 해서 숙련 단계로 넘어가는 것은 아니기 때문이다. 자신이 직면한 학습 문제가 무엇인지 이해하고, 이를 해결할 가능성 있는 방법들을 도출해내는 실험을 해야 한다. 여기서는 울트라러닝 프로젝트에 실험을 통합시킬 몇 가지 전술을 소개하겠다.

1. 따라 하라 그리고 창조하라

실험의 첫 번째 전략이다. 이는 반 고흐의 작업에서도 나타난다. 그는 그만의 독창적인 작품들로 잘 알려져 있지만, 한편으로는 자신이 좋아한 다른 화가들의 작품과 스케치를 수없이 따라 그리면서 많은 시간을 보냈다.

따라 하기는 실험의 문제를 다소 단순화하는데, 우리가 판단하게 만드는 시발점을 제공하기 때문이다. 만일 당신이 반 고흐처럼 그림 그리는 법을 배우기로 했다면 그릴 수 있는 작품의 종류와 활용할 수 있는 기법들이 너무 방대해서 판단하기 어렵거나 불가능할 수 있다. 하지만 다른 화가들을 모방하면서 시작하면 자신의 창조 여정에서 앞으로 나아가는 발판으로 사용할 수 있다.

이런 전략은 우리가 이용할 수 있는 선택지들을 단순화하는 것을 넘어 또 다른 이점이 있다. 자신이 좋아하는 모델을 따라 하려고 시도하면 그것이 어떻게 이뤄져 있는지 알아내고자 분해해보게 된다. 이는 다른 사람의 예외적으로 뛰어난 부분들을 확인할 수 있게 해주는 한편, 단순히 다른 사람의 작품을 모방하는 것이 아니라 그동안 중요하다고 생각했던 그 작품의 어떤 측면에 대한 환상을 떨치게 해준다.

2. 방법들을 나란히 놓고 비교하라

과학적 실험은 2가지 환경의 차이가 변수로 제한되도록 조건을 신중하게 통제한다. 우리의 학습 실험에도 같은 과정을 적용할 수 있다. 2가지 다른 방법을 시도하고, 그 영향이 어떤지 보기 위해 하나의 조건을 변화시켜 보는 것이다. 2가지 다른 방식들을 나란히 적용해봄으로써 우리는 어떤 방법이 가장 잘 작동하는지, 자기 성향에 더 잘 들어맞는지에 관한 정보를 빠르게 얻을 수 있다.

나는 이 방법을 프랑스어 어휘를 공부하는 데 적용했다. 연상 기호 전략이 얼마나 효과적인지 알 수 없어서 한 달 동안 매일 새로 찾아낸 단어 50개와, 정기적으로 읽는 책이나 무작위적으로 마주치는 단어들로 실험했다. 절반은 단순히 사전에서 본 번역어와 함께 보고, 나머지 절반은 두 의미를 연결하는 시각적인 연상 기호를 사용했다. 그리고 나중에 각각의 목록에서 무작위로 단어를 고르고, 내가 기억하고 있는 단어의 수를 비교 시험했다. 그 결과는 인출과 유지를 다룬 장을 읽은 뒤 당신이 예상하게 된 바와 같을 것이다.

나는 연상 기호를 이용한 단어들을 그렇지 않은 단어에 비해 두 배나 더 기억했다. 심지어 연상 기호를 만드는 일은 시간이 더 걸렸음에도 가치 있었다. 스플리트 테스트_{split test}(2가지 시안 중에 사용자의 선호도가 높은 것을 고르는 시험 — 옮긴이 주)를 행하는 것은 2가지 장점이 있다. 첫 번째는 과학적 실험에서와 같이 시험하려는 요소만을 변수로 제한한다면 가장 잘 작동하는 방법이 무엇인지 더 많이 알아낼 수 있다. 두 번째는 다양한 방법으로 문제를 풀거나 다양한 풀이 양식들을 그 문제에 적용해 우리의 전문 영역을 넓힐 수 있다는 것이다. 다양한 방식으로 접근하는 것은 안전지대 밖에서 실험할 수 있게 해준다.

3. 새로운 제약을 도입하라

학습 초기 단계에서 부딪히는 가장 큰 문제는 무엇을 해야 할지 모른다는 점이다. 반대로 학습 마지막 단계에서는 무엇을 할지 이미 알고 있다고 생각하는 것이 문제가 된다. 후자는 우리가 오래된 일상적인 행동들과 낡은 문제 풀이 방식을 계속하게 만든다. 오랜 방식이 실제로 최선이기 때문이 아니라 그것이 습관으로 넘어가고 있기 때문에 그런 것이다. 이런 판에 박힌 일상적인 행위들을 몰아내려면 낡은 방법들을 사용할 수 없도록 새로운 제약을 도입해야 한다.

최고의 혁신은 제약이 있는 상태에서 나온다는 디자인 세계의 명언이 있다. 디자이너에게 무한하게 자유를 주면 그 답은 대개 엉망진창이 된다. 반대로 어떻게 진행할지 특정한 제약을 부여하면 우리는 자신에게 덜 익숙한 선택지들을 탐색하고 필수 기술들을 날카롭게 가다듬는다. 그렇다면 새로운 능력을 계발하기 위해 스스로 어떻게 제약을 부과할 수 있을까?

4. 관련 없는 기술들을 결합해 자신의 가장 강력한 힘을 찾아라

숙련의 전통적인 경로는 명확한 기술을 채택하고, 잘하게 될 때까지 끈질기게 연습하는 것이다. 이는 많은 운동선수가 취하는 방법이기도 하다. 이들은 수십 년 동안 슛, 점프, 킥, 드로우를 완벽하게 해내는 훈련을 한다. 하지만 창조적이거나 전문적인 기술이 필요한 영역들에서는 더욱 다가가기 쉬운 또 다른 경로가 있는데, 바로 서로 다른 2가지 기술을 결합하는 것이다.

이 2가지 기술은 서로 겹치지 않아야 하며, 그중 한 가지 기술에만 전문화된 사람이 가지지 못한 차별화된 이점을 만드는 것이어야 한다. 예를 들어 대중 연설을 정말로 잘하는 엔지니어가 되고 싶다고 해보자. 최고의 엔지니어나 최고의 프레젠테이션을 하는 사람은 못 된다 할지라도, 회의 자리에서 엔지니어링 주제들을 가장 잘 발표하는 사람이 될 수는 있을 것이다. 그러면 당신은 새로운 직업적 기회를 얻을 수도 있다. 만화〈딜버트〉Dilbert의 작가 스콧 애덤스Scott Adams는 자신의 성공을 이 전략에 빗대어 말했다. 바로 MBA를 딴 엔지니어라는 배경을 가진 만화가라는 점이다.

이 수준의 실험은 종종 다중적인 울트라러닝 프로젝트를 발생시키기도 한다. MIT 챌린지를 다 마친 후에 나는 프로그래밍 지식을 중국어 학습을 위한 단어 카드를 자동으로 만드는 스크립트를 작성하는 데 활용했다. 이미 가지고 있는 한 가지 기술이 다른 기술에 어떻게 영향을 미치는지 탐색해본다면 이 같은 상승효과를 낼 수 있다.

5. 극단을 탐험하라

반 고흐의 예술은 많은 차원에서 종래의 관습 바깥으로 뻗어나갔다. 물감을 두껍게 도포하는 방식은 르네상스 대가들이 맑고 얇게 겹겹이 칠하던 방식과는 한참이나 떨어져 있었다. 다른 화가들이 세심하게 붓질을 하는 것과 달리, 그는 훨씬 빠르게 붓질을 했다. 색채는 미묘하게 조절되는 대신 대담하고 번쩍였다. 반 고흐의 방식과 다른 화가들의 방식을 비교하는 도표를 그린다면, 아마도 그가 수많은 차원에서 극단에 위치해 있음을 볼 것이다.

수학적으로 흥미로운 결과 하나는 차원이 높아질수록, 더 높은 차원의 구체일수록 대부분의 부피가 표면에 놓인다는 것이다. 예컨대 2차원(하나의 원)에서는 부피의 20퍼센트가 반지름의 10분의 1까지를 형성하는 외벽에 놓인다. 3차원(하나의 구)에서는 거의 30퍼센트까지 증가하며, 10차원이 되면 부피의 대부분인 4분의 3이 가장 바깥쪽 층에 있게 된다.

복잡한 주제를 배우는 일도 더 높은 차원의 공간 속에서 최적의 지점을 찾고자 애쓰는 일로 그려볼 수 있다. 작업의 측면들이 길이, 너비, 높이가 아니라 반 고흐의 색 상보성(물리학자 닐스 보어가 불확정성의 원리로 양자역학을 해석한 것을 강조하기 위해 만든 개념이다. 같은 현상에 대해서도 서로 다른 수학적 표현 형식이 대응하는 것을 불확정성이라 하는데, 이런 성질을 상보성이라 한다—옮긴이 주), 채색 활용 방식, 다양한 강도로 적용된 여타 기술적 측면들처럼 질적 차원이 될 뿐이다. 기술의 범주가 복잡해질수록(기술이 포함되는 차원이 더 많아질수록) 최소한 그 복잡한 고차원 중 하나에서 극단에 놓인 기술을 적용할 수 있는 여지가 많아진다는 뜻이나.

이는 대부분의 기술에서 가장 좋은 선택지는 어떤 점에서든 극단적임을 암시하는데, 기술을 통해 실현해낼 수 있는 여러 가능성 자체가 극단에 존재하기 때문이다. 즉 중간 부분에 달라붙어 안전하게 움직이는 건 올바른 접근법이 아니다. 우리의 작업이 가지고 있는 가능성 중 아주 작은 일부분만을 탐색하게 되기 때문이다.

그동안 훈련한 기술에서 어떤 측면을 극단으로 밀어붙이는 것은 종종 좋은 탐색 전략이 된다. 결과적으로 보다 온건하게 되돌리기로 결심하게 된다고 해도 말이다. 이는 우리가 더욱 효율적일 수 있는 공간을 찾아 나서도록 하며, 그러는 동안 우리는 더 폭넓은 경험을 하게 된다.

끊임없이 실험하고 수없이 실패하라

학습은 2가지 방식에서 실험의 과정이다. 첫째, 학습 행위는 그 자체로 일종의 시행착오다. 직접 연습하기, 피드백 받기, 문제에 대한 정답을 상기하려고 애쓰기 모두 우리 머릿속에 있는 지식과 기술을 현실 세계에 적용하는 것이다. 둘째, 실험 행위는 학습 방식을 시도하는 과정 안에 있다. 다양한 접근법들을 시도해보고, 자신에게 가장 잘 작동하는 것을 사용하라. 이 책에서 내가 설명한 법칙들이 좋은 시발점이 되어줄 것이다.

하지만 이 법칙들은 안내 용도일 뿐 철통같은 것은 아니며, 시발점이지 목적지가 아니다. 오직 실험을 통해서만이 서로 다른 규칙 간의 올바른 균형을 찾을 수 있다. 예를 들어 직접 하기가 더욱 중요할 때와 심화 학습이 더욱 중요할 때, 혹은 인출이나 직관이 학습의 주요 장애물인지 아닌지와 같이 말이다. 실험은 또한 우리가 어떤 방식 안에서 자잘한 차이점들을 판단하게 도와준다. 완전히 모든 것을 포괄하는 법칙 목록은 없다.

실험적 마인드세트는 우리가 편안하게 느끼지 않는 행동들을 탐색하게 해준다. 많은 사람이 늘 똑같은 방식의 패턴, 협소한 방식들을 그대로 고수하며 뭘 배우든 늘 그 방식을 활용한다. 그렇게 되면 배우기 힘든 것들이 많아진다. 배울 수 있는 최선의 학습 방법을 몰라서다.

몸에 깊숙이 밴 습관을 벗어나 뭔가를 다르게 시도해보는 것은 본보기를 따라 하고, 시험을 치르고, 극단까지 나아가는 것, 이게 전부다. 그 과정은 우리에게 추상적인 학습 규칙들만이 아니라 우리의 개성, 흥미,

강점, 약점에 부합하는 구체적인 전술을 가르쳐준다. 당신은 언어를 배울 때 말하는 연습을 하는 게 나은가, 책이나 영화를 통해 정보를 받는 게 나은가? 프로그래밍을 배울 때 직접 게임을 만들면서 하는 게 나은가, 오픈소스 프로젝트에 참여하는 것이 나은가? 이런 질문들에 단 하나의 정답이란 없으며 사람들은 각기 다른 방식들을 널리 다양하게 사용해서 성공한다.

학습에 관한 나의 경험은 끊임없는 실험 중 하나였다. 대학 시절 나는 연상과 연관 관계를 만들어내는 데 치중했다. MIT 챌린지를 하는 동안에는 기초 지식을 연습하는 것으로 방법을 바꿨다. 언어 학습의 첫 번째 실험에서 나는 가급적 대부분의 시간을 엉성하나마 영어를 말하면서 보냈다. 두 번째 여정에서 나는 또 다른 극한으로 가는 실험을 했다. 내가 그런 난제를 피할 수 있는지 보고 싶어서였다.

프로젝트를 하는 동안 나는 방법을 자주 조정했다. 30일짜리이기는 했지만 초상화 그리기 도전 역시 시행착오의 과정이었다. 시작할 때는 스케치를 했는데, 그 방법이 진도가 너무 느려서 더 많은 피드백을 받기 위해 더 빠르게 스케치를 했다. 이 방식이 한계에 도달했을 때, 어느 정도의 시간을 따로 내서 가장 정확하게 그릴 수 있게 해준 기법과 또 다른 기법을 결합시켜 배웠다.

내 성공에는 수많은 실패가 박혀 있다. 실패란 뭔가가 작동하리라고 생각했지만 마침내 형편없이 추락하며 끝난 것을 말한다. 중국어 공부 초기에 나는 성조는 색으로, 음절은 상징으로 기억하는 연상 기호를 사용할 수 있으리라고 생각했다. 이는 내가 평소 사용하는 시각적 연상 기호를 만드는 유사 음성 방식이 그 단어들에는 작동하지 않기 때문이다. 모든 단어가 영어와는 무척이나 다르게 들렸다. 결과는 완전히 실패였다. 그 방식은 전혀 작동하지 않았다. 그러나 다른 경우 새로운 방식에 대한 실험은 정말이지 잘 작동했다. 내가 이 책에서 공유한 기술 대부분은 내가 확신하지 못했던 아이디어를 전개함으로써 시작되었다.

실험은 서로 다른 모든 것을 한데 묶어주는 규칙이다. 새로운 것을 시도하고 특정한 도전 과제들을 푸는 방법에 대해 골똘히 생각하게 해주고, 작동하지 않는 방식들을 가차 없이 제거하도록 해준다. 신중하게 시도된 실험은 현실 세계에서 결과를 냄으로써 우리의 잠재력을 끌어내고 나쁜 습관과 미신들을 제거해준다.

ULTRALEARNING

ULTRALEARNING

---- 제13장 ----

나의 첫 울트라러닝
프로젝트 시작하기

시작은 늘 오늘 해야 한다.

_메리 셸리Mary Shelly, 소설가

이제 당신은 울트라러닝 프로젝트를 시작하고 싶다는 열망으로 가득 차 있을지도 모르겠다. 배우고 싶은데 무능, 좌절, 시간 부족 때문에 미뤄두었던 것이 있는가? 이미 갖추고 있는 기술 중 어떤 것을 상위 수준으로 끌어올릴 수 있을까? 울트라러닝의 가장 큰 장애물은 자신이 독학을 시작할 수 있을지조차 관심을 기울이지 않는다는 것이다. 나는 당신도 혹시 그러지 않았을까 생각한다. 어떤 형태를 취하든 우리에게 중요한 건 학습이다. 질문할 것은 흥미의 불꽃이 타오르는가, 빠르게 사그라드는가다.

울트라러닝 프로젝트는 쉽지 않다. 계획, 시간, 노력이 든다. 하지만 그에 따르는 보상은 노력할 만한 가치가 있다. 어려운 것을 빠르고 효율적으로 배울 수 있는 건 강력한 기술이다. 한 프로젝트의 성공은 다른 프로젝트의 성공으로 이어지곤 한다. 이는 대개 첫 번째 프로젝트에 가장 생각을 많이 하고 신경을 쓰기 때문이다. 탄탄하고, 조사가 잘 되고, 잘 실행된 계획은 장차 어려운 도전에 직면했을 때 자신감을 안겨준다. 서툰 시도는 재앙이 아니지만 장차 비슷한 프로젝트를 하는 걸 망설이게 만들 것이다. 이 장에서는 내가 첫 번째 울트라러닝 프로젝트를 올바로 해내면서 배운 모든 방법을 전하고자 한다.

1단계: 자신에게 필요한 조사를 하라

어떤 프로섹트든 첫 단계는 메타 학습 탐색이다. 이는 첫 단추를 잘 꿰는 데 필수적이다. 사전 계획은 수많은 문제를 피하게 해주고, 학습 과정을 시작하기 전에 계획이 극적으로 바뀌는 것을 미연에 방지해준다. 조사는 장기 여행을 할 때 가방을 싸는 것과 비슷하다. 우리는 필요한 물건을 가져가지 않거나 뭔가를 잊어서 여행 도중에 사야 할 수도 있다. 하지만 사전에 생각을 하고 가방을 정확하게 꾸리면 나중에 머뭇거리는 일이 많지 않다. 우리의 울트라러닝 '꾸리기' 체크리스트는 최소한 다음의 것들을 포함하고 있어야 한다.

1. 어떤 주제를 공부할지 대략적인 범위를 정하라

배우고 싶은 게 무엇인지 알지 못하면 그 어떤 학습 프로젝트도 시작할 수 없다. 어떤 경우에 이는 분명하다. 또 다른 경우에는 어떤 기술이나 지식이 가장 가치 있는지 정하기 위해 조사를 더 진행해야 한다. 어떤 목적으로 뭔가를 배워야 한다면(사업을 시작한다든가, 승진을 한다든가, 기사를 쓰기 위해 조사를 한다든가) 조사를 통해 그 범주와 폭을 정할 수 있다. 나는 다소 좁은 범위에서 시작해 점점 확장하는 것을 추천한다. 예를 들어 '간단한 주제에 대해 15분 동안 중국 만다린어로 대화할 수 있을 만큼 습득하기'는 읽기, 쓰기, 역사 공부 등을 모두 포함하는 '중국을 배운다'보다는 훨씬 범위가 제한적이다.

2. 사용하게 될 주요 자원들을 결정하라

여기에는 책, 동영상, 수업, 개별 지도, 안내를 비롯해 멘토, 코치, 동료가 돼줄 사람까지 포함된다. 이것이 어떻게 시작할지 결정하는 지점이다. 예를 들어 "나는 초급자를 위한 파이선 프로그래밍에 관한 책을 다 읽고 거기에 있는 연습 문제를 다 풀 거야."라든지, "이탈키닷컴 교육을 통해 스페인어를 배울 거야." 같은 것 말이다. 어떤 주제들에서는 고정적인 재료들이 우리가 나아갈 방법을 결정한다. 또 어떤 주제들에서는 이 자원들이 연습에 도움이 될 것이다. 또 어떤 경우에는 시작하기 전에 어떤 자원이 필요할지 확인하고, 구매하고, 빌려오거나 수업에 등록해야 한다.

3. 벤치마킹할 다른 사람들의 방법을 찾아라

대중적인 기술 대부분은 이미 그것을 배운 사람들이 노하우를 공유하는 온라인 게시판이 존재한다. 그 기술을 배웠던 사람들이 그것을 배우기 위해 무엇을 시도했는지 확인하라. 그들이 한 일들을 정확하게 따르라는 말이 아니라 중요한 것을 놓치지 않기 위해서다. 제4장에서 살펴본 전문가 면담이 대표적인 방법이다.

4. 직접 연습 기회를 찾아라

우리가 배우는 모든 기술과 주제는 결국에는 어디서든 사용될 수 있다. 심지어 뭔가를 배우기 위해 필요한 단순한 기술이나 지식일지라도 말이다. 그 기술을 어떻게 사용할지 생각하면 가급적 빨리 실행할 기회를 찾게 된다. 직접 연습이 불가능하다고 해도 그 기술을 머릿속에서 사용해보는 모방 방식으로라도 연습 기회들을 찾아내라.

5. 예비 재료와 수단을 구하라

우리가 사용할 주요 재료와 방법에 더해 예비 재료와 수단을 찾아보는 건 좋은 생각이다. 대부분 예비 재료로는 유용하지만 시작 단계에서는 과도하게 하고 싶지 않은 것들이 좋다.

2단계: 일정을 조율하라

울트라러닝 프로젝트를 성공시키기 위해 하루 종일 집중적으로 노력해야 하는 건 아니다. 하지만 다소의 시간 투자는 필요하다. 나중에 공부할 시간이 있겠지 하고 막연히 생각하는 것보다는 사전에 공부에 얼마만큼의 시간을 쓸지 결정하는 게 낫다.

일정을 계획해두는 것은 2가지 이점이 있다. 먼저 일정표에 다른 일들보다 앞서 공부 일정을 적어두면 무의식적으로 그 일이 우선순위로 올라가게 된다. 그리고 공부를 하다 보면 종종 좌절의 순간이 찾아오는데, 그러면 대개 페이스북, 트위터, 넷플릭스에 접속해서 시간을 보내기 쉽다. 공부할 시간을 확보해두지 않으면 학습 동기를 다시 불러일으키기가 무척이나 어렵다.

우리가 해야 할 첫 번째 결정은 공부를 얼마 동안 할 것인가다. 이는 각자의 일정에 따라 판단해야 한다. 고용 간극이 생겨 집중적으로 공부할 수 있지만 그 기간이 딱 한 달뿐일 수도 있다. 반대로 주당 몇 시간 정도만 할애할 수 있을 만큼 일정이 꽉 찼을 수도 있다. 허용할 수 있는 시간이 얼마나 되는지에 따라 미리 공부 시간을 결정하라.

두 번째로 해야 할 결정은 언제 공부를 할 것인가다. 일요일에 몇 시간 할 것인가? 일찍 일어나서 일을 시작하기 전에 할 것인가? 저녁에 할 것인가? 점심시간에 할 것인가? 다시 한번 말하지만 자신의 일정에서 가장 손쉬운 시간을 내는 것이 좋다. 할 수 있을 때 공부할 시간을 내려고 하기보다는 매주 같은 시간으로 꾸준한 일정을 짜는 게 좋다. 꾸준함은 좋은 습관을 만들어주고 공부에 들어가는 노력을 줄여준다. 정말이지 선택의 여지가 없다면 그때그때라도 일정을 만드는 편이 아무 일정도 만들지 않는 것보다는 낫다. 하지만 그렇다 해도 계속 유지해나가려면 더 규칙적이 되어야 할 것이다.

약간 유동적인 일정을 짰다면 그 시간을 최대한 활용하고 싶어질 것이다. 암기에는 짧게라도 비어 있는 시간 덩어리들이 빡빡하게 짜인 시간 덩어리들보다 좋다. 하지만 글쓰기나 프로그래밍 같은 학습은 긴 워밍업 시간이 필요하다. 따라서 이 경우는 방해받지 않을 수 있는 다소

긴 시간이 좋다. 자신에게 가장 좋은 것이 무엇인지 알려면 실행해봐야 한다. 만약 자신이 워밍업하는 데 시간이 많이 걸린다면 보다 긴 시간으로 일정을 짜야 한다. 반대로 공부를 시작하는 데 몇 분밖에 걸리지 않는다면 보다 짧은 시간을 할애하는 것이 장기 기억에 도움이 된다.

세 번째로 해야 할 결정은 프로젝트 기간이다. 나는 총 기간은 길고 연습 시간은 짧게 하는 편을 선호한다. 그래야 계속해나가기 쉽다. 한 달 동안 집중적으로 프로젝트를 하는 것은 생활의 방해를 받거나 동기가 바뀔 가능성이 적다. 목표가 거대하고 단기간에 행할 수 없다면 몇 달씩 끊어서 해보는 것도 괜찮다.

마지막으로 이 모든 정보를 달력에 써 넣어라. 프로젝트를 진행하기 위한 모든 일정을 적어두는 것은 계획상으로나 심리적으로나 매우 중요하다. 계획상으로는 휴가, 업무, 가족 행사 때문에 일정이 어그러질 가능성을 알아차리게 해준다. 심리적으로는 책상 서랍장에 넣어둔 일정표보다는 초기의 계획을 더 잘 기억하고 실행하게 도와줄 것이다. 더욱이 일정을 직접 적는 행위 자체가 그 프로젝트를 매우 진지하게 생각하고 있다는 증거다.

나는 MIT 챌린지를 시작하기 전에 가상적인 학습 스케줄을 짜서 적어봤다. 그 일정에 따르면 나는 일어나서 오전 7시까지 공부를 하고, 저녁 6시까지 일하고, 점심시간에만 짧게 쉬었다. 사실상 내 실제 생활은 이런 이상에 다가가지도 못했다(심지어 가장 강도 높게한 초기에도 11시간을 쭉 공부한 적은 거의 없었다). 하지만 단지 일정을 적기만 했음에도 프로젝트에 대한 마음의 준비가 된 것 같았다. 달력에 일정을 적어 넣는 것이 꺼려진다면 이는 공부할 시간을 내는 걸 꺼린다는 말이다. 당신이 이 단계에서 말만 그럴듯하게 늘어놓고 있다면 실제로 시작할 마음이 없다는 신호다.

추가로 팁을 알려주자면, 6개월 이상의 긴 프로젝트를 시작한 사람들에게 나는 프로젝트 일정에 사전 체험 기간을 넣기를 추천한다. 간단하다. 프로젝트를 시작하기 전에 한 주 정도 일정을 사전 시험하는 것이다. 이는 그 일이 얼마나 어려운지 알게 해주고 과도한 자신감을 갖지 않게 해준다. 사전 체험 후 완전히 지쳤다면 일정을 조정해야 한다. 되돌아가는 것은 부끄러운 일이 아니다. 자신의 생활에 더 잘 맞도록 계획을 바꾸는 것일 뿐이다. 이런 조정 행위가 중도 포기보다는 훨씬 낫다. 계획이 시작 지점에서부터 좌초될 게 뻔히 보이기 때문이다.

3단계: 계획을 실행하라

어떤 계획을 갖고 시작했든 이제는 실행할 때다. 완벽한 계획이란 없다. 우리는 울트라러닝 법칙을 기반으로 프로젝트를 세웠고, 그것이 이상에서 출발했다는 사실을 알고 있다. 당신은 자신의 계획이 인출 연습보다는 수동적으로 읽는 일에 훨씬 많이 기대고 있음을 알 것이다. 또한 연습이 실제 실행해야 할 일의 곁가지임도 알 것이다. 공부한 내용을 실제로 이해하지 못한 채 잊어버리거나 기억하고 있는 듯 느끼고 있을 것이다. 좋다. 완벽한 학습 방법이란 없다. 그렇게 할 자원들이 존재하지 않기 때문이다. 하지만 자신의 학습 방식이 법칙과 조화를 이루는지 살펴보고 변화시킬 수는 있다.

자신이 이상에서 멀어졌는지 판단하기 위해 해야 할 질문은 다음과 같다.

1. 메타 학습

이 주제(기술)를 배우는 일반적인 방법이 무엇인지 조사를 끝마쳤는가? 이것을 성공적으로 공부한 사람들에게 추천해줄 자원이나 재료가 무엇인지 물어봤는가? 프로젝트에 들어가는 총 시간의 10퍼센트를 사전 준비에 들였는가?

2. 집중하기

학습할 때 거기에 집중하고 있는가, 아니면 멀티태스킹을 하거나 주의가 산만한가? 학습 일정을 건너뛰거나 꾸물대고 있는가? 공부를 시작할 때 몰입하기까지 시간이 얼마나 걸리는가? 집중력이 얼마나 유지되는가? 어떻게 주의를 날카롭게 세우는가? 더 강도를 높이기 위해 집중해야 하는가, 아니면 창조력을 위해 좀 느슨해져야 하는가?

3. 직접 하기

나중에 그 기술을 사용할 방식으로 학습 중인가? 그렇지 않다면 현실에서 실행하게 될 일에서 어떤 과정을 놓치고 있는가? 책, 수업, 동영상에서 배웠던 지식을 현실에 적용하기 위해 어떻게 연습해야 하는가?

4. 특화 학습

그동안 이룬 성과에서 취약한 부분에 집중적으로 시간을 들이고 있는가? 나를 지체시키는 율속 단계는 무엇인가? 배워야 할 기술이 복잡해서 속도가 점점 느려지고 있는 것 같은가? 그렇다면 어떻게 그 복잡한 기술을 잘게 쪼개어 각각의 요소들을 더욱 잘 다룰 것인가?

5. 인출

대부분의 공부 시간을 읽기와 복습에 쓰고 있는가? 아니면 문제 풀이 및 노트를 보지 않고 기억을 끌어올리는 데 쓰고 있는가? 자체 시험 방법이 있는가? 단순히 내용을 기억하고 있으려 하는가? 어제, 지난주, 작년에 배웠던 것을 지금 잘 설명할 수 있는가? 그렇게 할 수 있는지 어떻게 알 수 있는가?

6. 피드백

일찍부터 자신의 성과에 관한 정직한 피드백을 받고 있는가? 비판적인 피드백을 피하려고 애쓰고 있지는 않은가? 내가 무엇을 잘 습득했고, 무엇을 잘 습득하지 못했는지 알고 있는가? 피드백을 올바르게 사용하고 있는가? 아니면 소음에 과잉 반응하고 있는가?

7. 유지

장기간 배웠던 것을 기억할 계획이 마련되어 있는가? 정보를 충분히 접함으로써 오래도록 기억할 수 있는가? 사실적 지식을 내게 필요한 절차적 지식으로 바꿔나가고 있는가? 그 기술에 숙련된 뒤에도 중요한 부분들을 계속 공부하고 있는가?

8. 직관

배운 것을 깊이 이해하고 있는가? 아니면 그저 암기만 하고 있는가? 공부한 개념이나 절차를 다른 누군가에게 가르칠 수 있는가? 내가 배운 것이 왜 참인지 분명히 알고 있는가? 아니면 모두 임의적이고 관련성이 없어 보이는가?

9. 실험

현재 가지고 있는 자원이나 기술에 갇혀 있는가? 뻗어나가서 목표를 달성하기 위해 새로운 방법을 시도해야 하는가? 기본적인 사항들을 다 배우는 걸 넘어서 문제를 창조적으로 해결하는 독자적인 양식을 만들고, 다른 사람들이 탐색하지 못한 일을 하려면 어떻게 해야 하는가?

이 규칙들은 모두 방향의 역할을 할 뿐 목적지가 아니다. 각각의 경우 자신이 현재 자원들을 어떻게 다루고 있는지를 살펴보고, 어떻게 다르게 실행할지 알아보자. 자원을 바꿔야 하는가? 계속 같은 자원을 사용하되 다른 방식으로 연습해야 하는가? 피드백, 방향, 몰입 환경을 위해 새로운 환경을 찾아야 하는가? 이 모든 일을 계속 미세하게 조정해나가야 한다.

4단계: 결과를 검토하라

프로젝트가 끝난 뒤(혹은 어떤 이유로 중단되어 끝난 경우) 시간을 조금 할

애해 그 프로젝트를 분석해야 한다. 무엇이 잘되었는가? 무엇이 잘못되었는가? 같은 실수를 번복하지 않으려면 다음에 어떻게 해야 하는가? 우리의 모든 프로젝트가 성공적일 수는 없다. 나는 울트라러닝 프로젝트들에 좋은 감정을 가지고 있다. 물론 바라던 것만큼 잘되지 않은 프로젝트도 있다. 의지나 동기를 탓하는 성향이라 하더라도, 대개 프로젝트의 문제를 추적하면 그 프로젝트의 구상이 문제인 경우가 많다.

나는 여행에서 돌아온 뒤에 주당 5시간을 투자해서 한국어 실력을 향상시키는 프로젝트를 했다. 이 프로젝트는 내가 바라던 것만큼 잘 되진 않았다. 초기부터 몰입 환경과 직접 실행에 초점을 맞추고 충분한 시간을 투자하지 않았던 탓이다. 대신 나는 많은 시간 동안 교과서의 연습 문제를 공부했다. 그것은 지루하고, 현실 세계에 적용하기 어려웠다. 내가 여기에 대해 조금 더 생각했더라면 동기가 조금 약해졌을 때 중도 포기하는 대신 한두 주일 시간을 들여 연습할 여지를 찾았을 것이다.

이런 어려움은 법칙을 완전히 숙지하는 일이 평생의 과정임을 보여준다. 언어 학습 경험이 많고, 무엇이 잘 작동하는지 알고 있었음에도 나는 부지불식간에 덜 효율적인 방법으로 넘어갔다. 프로젝트에 관한 적절한 계획을 세우지 않았던 탓이다. 프로젝트가 바람만큼 잘 풀리지 않는 경우들은 더 있는데, 그렇다 해도 이 교훈은 여전히 가치가 있다. 이 책은 인지과학을 더 깊이 공부해보기로 했다가 쓰게 된 것이다. 그 프로젝트는 도서 목록에서 시작했는데, 결국 프로젝트의 많은 부분이 이 책을 위한 조사를 하겠다는 열망으로 자연스럽게 변화했다. 프로젝트 과정에서 수많은 과학 이론을 공부하게 되었고 그 지식을 활용할 보다 직접적인 표현 방식을 생각해낸 것이다.

성공적인 프로젝트 역시 분석할 가치가 있다. 성공한 프로젝트는 실패한 프로젝트보다 훨씬 많은 것을 말해주곤 한다. 그것들이 성공한 이유는 우리가 장래에 얻어내고 따라 하고 싶은 진짜 요소들이기 때문이다. 독학으로서 울트라러닝은 그 목표가 어떤 하나의 기술이나 주제를 습득하는 것뿐만 아니라 우리의 전체적인 학습 과정을 연마하고 향상시키는 것이다. 성공한 프로젝트 하나하나는 정련되어 다음의 프로젝트를 더욱 향상시킬 수 있다.

5단계: 배운 것을 유지할 것인가, 완전히 익힐 것인가

기술을 배우고 자신의 노력을 분석하고 나면 선택이 남는다. 그 기술을 가지고 무엇을 하고 싶은가? 계획이 준비되어 있지 않다면 대부분의 지식이 결국에는 희미해질 것이다. 이는 울트라러닝 법칙들을 따름으로써 다소 완화할 수 있다. 하지만 모든 지식은 어떤 식으로든 간섭이 없다면 마모되기 마련이며, 따라서 이를 어떻게 다뤄야 할지에 대한 선택은 뭔가를 배운 뒤에 즉시 이뤄지는 것이 좋다.

1. 유지
첫 번째 선택지는 새로운 단계로 올라가겠다는 특정한 목표 없이 그 기술을 유지하는 활동에 투자하는 것이다. 이는 최소한이라도 규칙적으로 연습하는 습관을 들여 달성할 수 있다. 기억 유지를 다룬 장에서 말했듯이, 영어 프로젝트를 하지 않고 그해를 보낸 후 내가 한 걱정 하나는 단기간에 고강도로 진행한 언어 학습은 급속히 습득되지만 동시에 급격히 잊어버린다는 점이었다. 그래서 나는 여행이 끝난 뒤에 계속 연습을 하려고 노력했다. 첫해에는 각 언어에 일주일에 30분씩 시간을 내서 공부하고, 두 번째 해에는 한 달에 30분을 들였다.

또 다른 선택지는 그 기술을 생활에 적용하는 것이다. 이는 내가 프로그래밍 기술을 유지한 방법이기도 했다. 나는 다루기 벅차고 짜증 나는 직업상 업무들을 다루기 위해 파이톤 스크립트를 사용했다. 이런 연습은 이따금 발생하기도 하지만 그 기술을 사용할 수 있을 만큼 계속 기억을 유지하게 해준다. 이렇게 가볍게 사용하면 내가 MIT 챌린지에서 배웠던 고차원적인 수학이나 알고리즘들과는 멀리 떨어져 있다 해도 나중에 더 큰 프로젝트를 염두에 두고 계속 한 발을 넣은 채 있을 수 있다.

헤르만 에빙하우스가 100년도 더 전에 발견했던 망각은 기하급수적인 쇠퇴 곡선을 갖고 있다. 이 말은 오랜 기간 유지된 기억은 훗날의 언젠가 후속 조치를 취하면 잊히는 경향이 적어진다는 의미이기도 하다. 이 패턴은 유지 활동 역시 쇠퇴율에 따라 하락할 수 있으며, 따라서 우리가 획득한 한 덩어리의 지식은 보존된다는 사실을 보여준다. 우리가 진지하게 연습 습관을 들이면 프로젝트가 끝나고 한두 해 동안 연습 시간이 줄어든다 해도 여전히 이점이 있다는 말이다. 나 역시 언어 공부를 이렇게 했다.

2. 재학습

망각은 이상적이진 않지만 많은 경우 기술을 계속 날카롭게 유지하는 비용보다 재학습 비용이 적게 든다. 아마 우리는 실제로 필요한 것보다 더 많이 공부했을 것이다. 사용하지 않은 지식 일부가 선별적으로 쇠퇴한다면 우리가 획득한 지식은 자동적으로 덜 중요해진다. 나는 MIT의 수업 중 앞으로 사용할 것 같지 않은 수업들도 많이 들었는데, 그 골자들을 이해하는 것은 나중에도 가능했다. 즉 양상논리학의 정리를 증명하는 능력을 계속 유지하는 일은 내게 그다지 중요한 가치가 없었다. 양상논리학이 무엇인지, 그것을 어디에 활용해야 할지 아는 것만으로도 그것이 필요할 뭔가를 배우기에 충분하다고 여겼다.

재학습은 일반적으로 처음 배우는 일보다는 쉽다. 시험 성적에서 엄청난 차이가 난다고 해도 그 지식은 완전히 잊었다기보다는 접근하지 못한 것이기 쉽다. 따라서 환기 과정을 거치거나 연습을 하면 학습 초기에 들였던 시간에서 아주 조금만 써도 그 내용 대부분이 다시 활성화된다. 이는 자주 사용하지 않거나 어느 날 갑자기 그것을 사용할 상황이 튀어나오는 정도의 과제에 최적의 전략이 될 수 있다.

종종 특정 분야의 지식이 특정 문제에 도움이 된다는 사실을 알고 있는 게 그 문제에 관한 세세한 내용들을 아는 것보다 훨씬 중요할 때가 있다. 문제 풀이에 필요한 지식은 다시 학습할 수 있지만 어떤 문제를 어떤 상황에 적용해야 할지를 모른다면 그 문제를 푸는 일조차 못 하기 때문이다.

3. 숙련

세 번째 선택지는 배웠던 기술을 더욱 깊이 파는 것이다. 이는 조금 가벼운 속도로 계속 연습을 더 해나가거나 또 다른 울트라러닝 프로젝트를 통해 할 수 있다. 내가 공부하면서 깨달은 공통적인 패턴 하나는 최초의 프로젝트는 더 넓은 범위를 포괄하고 다소의 기본적인 사항을 다루며, 이전에 희미하게 알고 있던 것을 배우는 새로운 길목을 보여준다는 점이다.

우리는 이전에 배운 영역 안에서 하위 주제나 더 세부적인 기술을 규정하고 이를 보강할 수 있다. 한편으로는 배운 기술을 새로운 분야에서 사용하기로 결심할 수도 있다. 중국에서 돌아온 뒤 나는 중국어로 쓰인 글을 더 잘 읽는 것을 목표로 삼았는데, 이는 내가 중국을 여행하는 동안 우연히 생겨난 것이었다.

숙련은 어떤 하나의 프로젝트 너머로 확장된 기나긴 여정이다. 때로 초기 프로젝트에서 넘어선 장벽은 최종적으로 숙련을 향해 가는 오랜 축적 과정 중 한 단계였음을 알게 되기도 한다. 많은 영역에서 '시작'하는 일이 가장 좌절감을 안겨주는데, 따라서 어느 정도 노력하지 않고는 시작하기가 어렵다. 시작의 문턱을 넘어가고 나면 이제 거대한 지식을 축적해나가는 과정이 이어지고, 좀 더 인내심을 갖고 앞으로 나아가게 된다. 하지만 어떤 프로젝트들은 좌초하기도 하는데, 이때 탈학습 기간을 보내고 다시 한번 좌절을 넘어선 후 앞으로 나아가기도 한다. 이런 경우에는 정확하고 공격적인 울트라러닝 방법을 취함으로써 최종 숙련에 도달할 수 있다.

울트라러닝의 대안으로 가능한 것들

이 책을 시작할 때 나는 울트라러닝이란 전략이라고 말했다. 전략이란

'특정한' 문제를 푸는 데 좋다는 말이다. 다소 일반적이지 않은 연습 방법이기는 하지만 나는 효율적인 학습 방법 모두를 이것저것 묘사하기보다는 이 전략을 설명하고 싶었다. 하지만 이제 이렇게 쓰고 보니, 다른 맥락에서 울트라러닝으로 작동할 수 있는 또 다른 2가지 전략에 대해 언급해도 좋을 듯싶다.

내가 만났던 울트라러너들은 학습 과제마다 다른 학습 방식을 취했다. 베니 루이스는 고강도 외국어 학습 프로젝트를 한 뒤에 그 나라를 여러 차례 방문하는 것으로 그 언어를 더 깊이 있게 배웠다. 로저 크레이그는 〈제퍼디!〉 우승을 목표로 공격적으로 공부했지만 방송 출연이 임박하지 않았을 때는 보다 여유롭게 일반 상식을 공부했다. 울트라러닝은 모든 대상을 가장 공격적으로, 최고의 열정으로 배운다는 말이 아니다. 울트라러닝을 평생 학습이라는 큰 그림에 맞출 방법이 있을까? 이를 위해 울트라러닝의 2가지 대안적인 전략을 간단히 살펴보자.

1. 낮은 강도의 습관

낮은 강도의 습관은 학습에 자발적으로 참여할 때, 좌절 수준이 낮을 때, 학습이 자동적으로 보상을 만들어낼 때 잘 작동한다. 이런 경우 학습 장벽은 무척이나 낮으며 해야 할 모든 일이 눈앞에 분명하게 나타난다. 멋진 프로젝트, 법칙, 노력은 필요 없다. 예를 들어 어떤 외국어로 대화할 수 있는 수준에 일단 도달하기만 하면 그 나라로 여행 가거나 그곳에서 생활하는 것은 무척이나 쉬운 일이 된다. 그리고 오랜 기간에 걸쳐 또다시 어휘와 지식이 쌓이게 된다.

이와 유사하게 직업적으로 실제 사용할 만큼 프로그래밍 기술에 숙달되면 그 일은 또다시 새로운 것을 배우게끔 우리를 밀어붙일 것이다. 어떤 주제의 기본적인 내용들에 숙달되어 전문 서적을 읽을 정도가 된다면, 그 주제에 관한 책을 읽는 것은 대부분 시간을 내는 문제가 되지, 학습 전략들을 세심하게 개발하는 문제가 아니게 된다.

물론 습관의 스펙트럼은 노력이 전혀 없는 자발적인 시도에서 울트라러닝으로 급격하게 기술을 얻어내는 데 이르기까지 폭넓다. 대부분의 습관은 약간의 노력이 필요하지만 울트라러닝 프로젝트처럼 완전히 고강도는 아닌, 그 사이의 어딘가에 위치할 것이다.

당신이 스프레드시트 매크로를 만들 만큼 엑셀을 배웠다 해도, 늘 그 기술을 사용할 기회가 있지는 않을 것이다. 따라서 약간 연습할 수 있도록 짬을 내야 한다. 대중 연설을 잘 배웠다 해도 아직은 무대에 오르는 게 다소 어려울 수 있다. 장기적인 습관을 들이기 시작하거나 구체적인 울트라러닝 프로젝트가 필요한 단계인지 아닌지에 대한 판단은 대개 분명치 않으며, 고정된 법칙이 아니라 우리 각자의 성향이나 생활의 제약에 더 많이 기댄다.

습관은 학습 행위가 새로운 기술과 지식을 덧붙여가는 축적 과정일 때 가장 잘 작동한다. 울트라러닝은 해당 분야에서 향상이 필요할 때, 비효율적인 행위나 기술에 관한 탈학습이 필요할 때 더 적합하다. 외국어 학습에서 어휘를 늘리는 일은 대개 느린 축적 과정에 속한다. 다시 말해 전에 알지 못했던 것을 배우는 것이다. 반대로 발음을 좋게 하는 것은 탈학습 행위다. 우리는 스스로에게 자연스럽지 않은 근육들을 사용하여 움직이도록 스스로 훈련하고 있다. 또한 울트라러닝은 습관을 위해 막대한 노력이 투입되는 연습 형태로서, 엄청난 좌절과 심리적 장벽이 있는 학습 분야에 더 적합한 경향이 있다.

이 책 전체에 걸쳐 우리는 학습에 효율적인 행동과 쉽고 재미있는 일 사이에서 일어나는 거래에 대해 탐색했다. 때로 가장 재미있는 일이 가장 효율적인 일은 아니다. 가장 효율적인 일은 쉽지 않다. 이런 거래는 우리가 더 쉽고 즐거운 형태의 학습을 택하도록 이끈다. 하지만 나는 경험을 통해 즐거움이란 그 일을 잘하게 되는 데서 온다는 것을 알게 되었다. 어떤 기술에 능숙하다는 느낌이 들기 시작하면 그것이 훨씬 더 즐거워지기 시작한다. 따라서 처음에는 어렵고 지루해도 공격적으로 울트라러닝 프로젝트를 해나가는 편이 학습을 즐겁게 하는 것보다 나은 방법이다. 울트라러닝 프로젝트는 결국 학습이 자동으로 재미있어지는 수준으로 우리를 끌고 올라가기 때문이다.

2. 공식적이면서 체계적인 교육

이 책의 도입부에서 나는 울트라러닝이란 자기주도 학습이라고 설명했다. 하지만 반드시 혼자 해야 하는 것은 아니다. 자기주도 학습이란 누가 결정을 하느냐가 중요하지, 다른 사람들이 개입되느냐 아니냐가 중요한 게 아니다. 따라서 울트라러닝을 추구한다는 말이 학교나 대학 교육과 상충되지는 않는다. 공식적인 교육이 바라는 기술을 습득하는 가장 좋은 방법일 수도 있다. 그저 다른 자원들처럼 취급하면 된다.

분명 차이가 있지만, 당신이 울트라러닝보다 공식적인 교육을 추구하는 이유에 대해 말해보자. 공식적인 교육을 추구하는 가장 확실한 이유는 자격증일 것이다. 그 자격증이 직업상 필요하거나 중요하다면 이를 따기 위해 희생을 감수해도 만족스러울 것이다. 내가 하려는 말은 학교 밖으로 나와야 한다는 게 아니다. 무엇을 배우든, 자신의 학습을 스스로 관리해야 한다는 말이다.

공식적인 교육을 추구하는 또 다른 이유는 그것이 이점이 되는 학습 환경을 만들어낸다는 점이다. 학교교육의 많은 부분이 간접적이고 비효율적이기는 하지만, 또 어떤 부분들은 훨씬 더 잘 이루어진다. 디자인 학교나 예술 학교는 수습 기간의 역할을 한다. 어떤 교과과정들은 스스로는 시작하기 어려운 팀 프로젝트를 가능하게 해준다. 마지막으로 대학원 단계는 몰입 환경을 가능하게 해주는 커뮤니티를 만들어 책과 논문에 쓰여 있는 개념들을 습득하는 것뿐만 아니라 그 분야의 전문가들 사이에서 간접적으로 소통할 수 있게 해 준다.

울트라러닝은 이런 기회들을 거부하는 것이 아니다. 나는 공교육을 아예 염두에 두지 않는다거나 독학으로 공교육을 대체할 수 있다고 주장하는 게 아니다. 울트라러닝은 더 느리거나 표준화된 방식을 거부하는 것이 아니라, 학습 가능성을 처음보다 넓히는 것이다.

울트라러닝의 목표는 우리가 이용할 수 있는 기회들을 확대하는 데 있으며 축소하는 데 있지 않다. 이는 학습에 관한 새로운 길을 만들어주고, 옆에서 방관하며 소극적으로 기다리지 않고 공격적으로 학습을 추구하도록 우리를 밀어붙인다. 이는 누구에게나 적합한 방식은 아닐 수 있다. 그것을 사용하고 싶어진 사람들에게만 적합하다. 나는 이것이 시작점을 마련해주길 바란다.

ULTRALEARNING

ULTRALEARNING

제14장

울트라러너는
어떻게 탄생하는가

내게 열두 명의 건강하고 예쁜 아가들을 달라. 그리고 나의 특별한 세계에서 그 아가들을 기를 수 있게 해달라. 그러면 한 아이를 선택해서 어떤 전문가든 될 수 있도록 훈련시킬 수 있다. 의사든, 변호사든, 예술가든, 장사꾼이든 심지어 거지나 도둑일지라도 말이다.

_존 왓슨John Watson, 심리학자

유디트 폴가르Judit Polgár 는 역사상 가장 위대한 여성 체스 기사로 꼽힌다. 일곱 살에 그녀는 첫 경기를 했는데, 눈가리개를 한 채로 체스 마스터를 이겼다. 열두 살에 그녀는 세계체스연맹이 선정한 전 세계 55인의 체스 선수에 올랐다. 열다섯 살 무렵에는 최연소 그랜드 마스터가 되었다. 이전 기록 보유자인 바비 피셔보다 1개월 어린 나이였다. 기량이 절정에 달했을 때 그녀는 세계 랭킹 8위에 올랐고, 체스 세계선수권대회에 참가한 유일한 여성이 되었다.

체스는 성인 남자가 지배하는 경기다. 따라서 어린 소녀의 출전은 경쟁자들에게 호기심과 편견을 불러일으켰다. 그랜드 마스터인 에드마르 멘디스는 어린 유디트와 시합을 하면서, 어린 영재에 맞서 최선의 경기를 하기 위해 무척이나 신중했다고 언급했다.

"그랜드 마스터들은 열 살 난 소녀에게 절대 지고 싶지 않을 겁니다. 그렇게 된다면 우리가 모든 신문의 1면을 장식하게 될 테니 말이죠."

많은 그랜드 마스터가 그녀의 경기가 천재적이라고 찬양했다. 그랜드 마스터 나이절 쇼트는 유디트가 "역사상 서너 명뿐인 위대한 영재"일 거라고 말했다. 전 세계 챔피언인 미하이 탈은 유디트가 열두 살일 때 세계 챔피언에 도전할 것이라고 말했다.

전 세계 챔피인이었던 가리 가스파로프는 그들보다는 확신이 덜했다. 카스파로프는 많은 사람이 역사상 최고의 체스 선수로 여기는 인물로, IBM의 체스 컴퓨터 딥블루Deep Blue와 경기를 한 것으로 유명하다. 1996년에는 딥블루를 이겼고, 1997년에는 역사상 가장 높은 수준의 인간의 창조성과 지력을 보여주었다고 여겨지는 게임에서 패배하며 기계의 지배로 이행하는 시대적 흐름을 상징적으로 보여주었다. 카스파로프는 처음부터 어린 유디트의 가능성에 대해 그다지 기대하지 않았다.

"그녀는 환상적인 체스 재능을 타고났죠. 하지만 그녀는 여자입니다. 여성의 정신은 불안정하고, 따라서 모든 게 무너질 겁니다. 어떤 여성도 그처럼 오랜 싸움을 계속해나갈 수 없습니다."

두 사람이 마주한 첫 번째 경기에서 그의 이런 편견은 엄청난 논란을 일으켰다. 스페인 리나레스에서 열린 토너먼트에서 고작 열일곱 살이

었던 유디트는 체스의 전설이자 전 세계 챔피언을 마주 보고 앉아 경기
했다. 체스 경기는 대개 차갑고 이성적인 것으로 여겨진다. 한 선수가
최종 결과에 도달하는 수를 정확히 계산하는 동안 맞은편에 앉은 다른
선수가 심리적으로 받는 영향은 가늠할 수가 없다. 무시무시한 긴장 상
태에서 믿기지 않는 일이 일어났다. 카스파로프가 서른네 번째 말을 움
직여 나이트를 놓았는데, 그 말에서 손가락을 떼어 들어 올린 직후 마음
이 변화하여 다시 더 나은 위치로 옮긴 것이다.

유디트는 얼어붙었다. 체스 규칙에 따르면 선수는 말에서 손을 떼고
나면 끝난 것이다. 위치를 바꾸는 것은 허용되지 않았다. 반신반의 상태
에서 그녀는 심판을 바라보았다. 카스파로프가 반칙을 했다는 것을 알
아차렸기를 바라면서 말이다. 그러나 심판은 그랜드 마스터에게 문제
를 제기하지 않았다. 그 수에 마음이 흐트러져서 유디트는 게임에서 졌
다. 왜 반칙 상황에 반발하지 않았느냐는 질문에 그녀는 이렇게 말했다.

"전 세계 챔피언십에서 경기를 하고 있었고, 그렇게 중요한 첫 출전
인데 그걸 불쾌하게 만들고 싶지 않았습니다. 또한 시간의 압박을 받고
있는 상황에서, 제 불평이 기각되고 시간 패널티를 받을까 봐 두려웠
어요."

게임이 끝난 뒤 유디트는 몹시 화가 났다. 나중에 호텔 바에서 카스파
로프를 마주쳤을 때 그녀는 강하게 추궁했다.

"어떻게 제게 이런 짓을 할 수가 있죠?"

하지만 카스파로프는 흔들리지 않았고, 자신을 변호했다.

"그녀는 공개적으로 저를 부정행위로 고발했어요. 그 나이의 여자아
이는 예의를 좀 배워야 한다고 생각했죠."

안타깝지만 그는 체스 세계에서 명성을 쌓은 인물이었고, 유디트는 막 시작한 신출내기에 불과했다.

유디트는 아주 특이한 사례다. 남성이 판을 치는 경기에서 보인 기량도 그렇지만, 그녀가 체스를 배운 방법이 특히 그렇다. 바비 피셔처럼 그 세계에 끌려 자발적으로 기량을 발전시킨 다른 선수들과 달리, 유디트의 체스 재능은 우연의 산물이 아니었다. 천재 자녀를 길러내겠다는 한 남자의 소명에서 시작된 것이었다.

체스 천재 만들기 프로젝트

유디드가 전설적인 그랜드 마스터와 결정적인 승부를 벌이기 수년 전, 그러니까 그녀가 체스 세계에 혜성처럼 나타나 첫 게임을 하기 수년 전에 그녀의 아버지 라슬로 폴가르는 한 가지 결심을 했다. 천재를 길러내겠다는 결심이었다. 대학에서 지력에 관해 공부하던 그는 아이가 태어나기도 전에, 심지어 아내를 얻기도 전에 아주 독창적인 프로젝트를 생각해냈다.

"천재는 태어나는 것이 아니라 교육되고 훈련받은 것입니다."

수백 명의 위대한 지성들의 전기를 연구한 그는 천재란 만들어질 수 있다고 확신했다.

"천재들의 이야기에서 공통점을 발견했습니다. 그들은 모두 어린 시절에 시작했고, 강도 높은 학습을 했다는 겁니다."

먼저 그는 자신의 교육학 실험을 위한 파트너를 찾았다. 그는 우크라이나의 외국어 교사인 클라라를 파트너로 찍었다. 그러고서는 그녀에게 일반적인 연애편지와는 한참이나 동떨어진 첫 번째 서신을 보냈다. 다름 아닌 천재를 길러내겠다는 자신의 아이디어를 설명한 편지였다. 그녀는 그의 제안에 동의했고, 두 사람은 구소련에서 만나 결혼식을 올리고 그의 고향 헝가리로 돌아갔다. 두 사람은 주자, 조피어, 유디트, 세 자녀를 낳았다. 유디트가 가장 유명했지만 주자 역시 그랜드 마스터가 되었고, 조피어도 국제적인 마스터의 지위까지 도달하면서 세 자매 모두 세계적인 체스 선수로 성장했다.

라슬로와 클라라는 좁아터진 아파트 안에서 평범하게 살면서 천재 아이를 길러내는 프로젝트에 전념했다. 이들의 전략은 세 살이라는 이른 나이에 아이들의 교육을 시작하고, 여섯 살이 넘기 전에 한 영역에서 전문적인 교육으로 넘어가는 것이었다. 부부는 해당 주제를 아이들에게 서서히, 짧은 시간에 몰아서 소개하고 나서 본격적인 놀이로 전환했다. 아이들이 강요받는 느낌을 받지 않고 활발하게 연습하고 싶도록 만들었다.

그들은 한 가지 주제에 관해서만이 아니라 외국어에서 수학에 이르기까지 딸들에게 다양한 주제를 시켜봤다. 그러다 마침내 그들은 체스를 택했다. 체스는 발전 양상이 객관적이고 측정하기 쉬웠기 때문이다. 당시 사회주의 국가에서 체스는 지적인 게임으로 위상이 높은 편이기도 했다.

그러나 라슬로는 체스라는 전문 분야를 가르치느라 폭넓은 교육을 포기해야 한다고는 생각지 않았다. 세 딸은 모두 외국어를 비롯해(큰딸 주자는 여덟 살에 배웠다), 수학, 테이블 테니스, 수영, 그 밖의 다른 과목들을 배웠다. 세 딸 모두에게 체스를 집중적으로 가르치기로 한 것은 실용적인 이유에서였다. 부모 두 사람이 자녀 교육에 강도 높은 헌신을 해야 하는 상황에서 각자 다른 훈련을 시키면 예산이나 일정을 버텨내지 못할 것이기 때문이었다.

주자가 가장 먼저 시작했다. 그녀는 네 살의 나이에 게임을 시작했고, 5개월 뒤에는 아버지와 함께 부다페스트의 회원제 체스 클럽에 가서 한 노인과 대결하여 이겼다. 유디트의 차례가 되었을 때 그녀는 이미 훈련을 시작할 동기가 충분히 부여된 상태였다. 라슬로가 게임을 위해 만든 작은 방에서 주자와 조피어가 체스를 하고 놀았고, 그녀는 언니들을 보며 그 방을 떠나고 싶어 하지 않았던 것이다.

곧 세 소녀는 한 팀을 결성했고 세계로 나가 나이 많은 남성 선수들에게 맞서 경기를 했다. 그들은 서로의 평소 상태를 끌어내리거나 경기 중에 질투를 유발하는 것이 아니라 팀을 이뤄 동지애를 형성했다. 헝가리 체스연맹의 정책에 따르면 여성은 따로 여성 대회에서 경쟁하게 되어 있었다. 하지만 라슬로는 그 생각에 강하게 반발했다.

"여성도 남성의 분야에서, 지적인 활동을 하는 분야에서 유사한 결과를 얻어낼 수 있습니다. 체스는 지적인 활동이며 따라서 이런 평등주의를 적용해야 합니다. 우리는 그 어떤 차별도 거부합니다."

그러나 차별은 주자가 열다섯 살의 나이에 그랜드 마스터에 오르는 것을 방해했다. 유디트가 가장 어린 나이로 그 장벽에 다가갈 때까지, 언니들은 약간이나마 차별들을 깨부쉈다.

소녀들은 모두 똑같은 교육을 받고 체스에서 인상적인 수준에 도달했지만 기량은 똑같지 않았다. 조피어는 셋 중에 가장 약했다. 국제대회

마스터라는 인상적인 수준까지 도달했지만 그녀는 나중에 예술과 가족에게 집중하고자 체스계에서 은퇴했다. 주자는 어린 나이에 체스를 약간 전문적으로 공부했고 8개 국어를 배웠다. 라슬로는 그녀가 체스에서 잠재력을 최대한으로 발휘하지 못했고 시간이 흘러 주의가 흐트러졌다고 인정했다. 유디트는 달랐다. 주자의 말에 따르면 유디트는 훨씬 천천히 시작했지만 가장 강한 열정을 가지고 있었다. 그녀는 말 그대로 체스에 '미쳐 있었다.'

전설의 승부, 편견을 이기다

카스파로프에게 안타까운 패배를 당한 뒤 8년이 지나 유디트는 이 전설의 그랜드 마스터와 다시 승부를 펼칠 기회를 얻었다. 2002년 모스크바에서 열린 러시아 대 나머지 국가들의 시합이었다. 유디트는 각 선수들에게 할당된 시간이 단 25분인 래피드 체스 Rapid Chess 경기에서 카스파로프와 마주했다.

유디트는 루이 로페즈 Ruy Ropez 라는 스페인 게임을 펼쳤는데, 이 경기는 16세기 스페인의 주교이자 체스 전략가인 루이 로페즈의 이름을 딴 것이다. 이 게임은 체스에서 가장 공통적인 수로 시작한다. 나이트와 비숍을 둘째 열의 좋은 칸에서 빼내어 세 칸 이동시킨다. 카스파로프는 베를린 방어 Berlin Defense 로 맞섰다. 상대방의 비숍이 만들어낸 잠재적 위협을 무시하고 두 번째 나이트를 체스 판으로 옮긴 것이다. 견고한 방어로 알려진 이 수는 종종 무승부를 이끌어내기도 한다.

카스파로프는 어떤 기회도 취하지 못하고 있었다. 말들이 폭풍같이 교환된 후 양쪽 말들은 무척이나 가까이 닿아 있었다. 백인 유디트는 자신의 킹을 안전하게 성 안에 두고 있었다. 흑인 카스파로프는 똑같은 안전한 기회를 잃고 백색 칸과 흑색 칸에 비숍 한 쌍을 보유하고 있었는데, 승리하는 게임에서 결정적인 수가 되는 조합이었다.

유디트는 차분히 앞으로 밀고 나갔다. 카스파로프의 비숍 중 하나를 모서리로 몰아붙이고 그의 이점을 상쇄시켰다. 서서히지만 확실하게, 그녀는 계속해서 좋은 위치를 차지해나갔다. 반대로 카스파로프의 표정에는 계속해서 의문이 커져갔다. 마침내 유디트가 게임 중반에 계속 쌓아올렸던 작은 위치적 이점들이 그의 승리를 위협했다. 두 개의 폰이 떨어지고 체크메이트를 당할 위협이 희미하게 느껴지자, 카스파로프는 패배를 시인했다.

카스파로프는 초기에 유디트의 능력에 대해 성급히 판단했던 것, 상급 체스 게임에서 여성 선수에 대해 가졌던 생각을 철회했다.

"폴가르 자매는 적성에 타고난 한계가 없음을 보여주었다. 이것은 많은 남성 선수가 포니테일로 머리를 묶은 한 스무 살 여자애에게 인정사정없이 부서질 때까지 받아들이기를 거부했던 바로 그 생각이다."

전통적인 교육이 반드시 답은 아니다

라슬로 폴가르는 건강한 아이라면 누구든 천재로 만들 수 있다고 확신했다. 만일 그의 프로젝트가 성공하지 못했더라면 그는 괴짜로 여겨졌을 것이다. 하지만 주의 깊은 독자라면 실험이 진행될수록 그의 실험이 많은 부분에서 과학적이라고 하기에는 구멍이 숭숭 뚫려 있음을 알아챘을 것이다.

먼저 폴가르의 실험에는 대조군이 없었다. 폴가르 자매는 똑같은 교육을 받았다. 학교에 가서 일반적인 방식의 교육을 받고 라슬로의 특별 훈련을 받지 않았던 네 번째 자매는 없었다. 또한 무작위 추출 방식도 아니었다. 무작위적으로 한 아이를 택해 자신의 특별한 시스템 속에서 기르면서 그의 교육법을 가르치지 않았다. 이는 유전의 영향을 무시할 수 없다는 의미다. 세 소녀는 후천적으로 실력을 쌓았다기보다는 선천적인 재능을 소유했을지도 모른다.

또한 블라인드 테스트도 없었다. 폴가르 자매는 자기들이 특별하고 독특한 분위기 속에서 자랐으며, 이것이 다른 가족들과 다르다는 사실을 알았다. 따라서 유전과 환경이라는 끊임없이 지속되는 논쟁 속에서 폴가르 자매의 성공은 비정통적 교육의 가능성을 엿보게 하지만, 그렇다고 그것이 무엇인지는 정확히 정의하기 힘들다.

순수한 과학적 실험이라고 할 수는 없지만 라슬로 폴가르의 작업은 분명 무엇이 가능한지에 관한 창이 되어주는 건 확실하다. 세 자매는 모두 체스에서 어마어마한 결과를 얻어냈다. 아마 다른 수많은 영역에서도 성공할 수 있었을 것이다. 그리고 라슬로의 방식은 특이했지만 자매들은 교육이나 감정적인 부분에서 고통받은 것 같아 보이진 않았다. 그들은 자신만만했고, 행복해했으며, 사랑하는 가족과 함께 안정적이고 성공한 성인으로 자라났다.

라슬로는 자신의 특이한 교육 방법이 아이들에게서 일반적인 성장

과정을 빼앗아간 것은 아니냐는 질문을 받으면 전혀 반대였다고 주장했다. 그는 일반적이고 보통밖에 안 되는 교육이 오히려 불행으로 이끈다고 말했다. 폴가르 가족들과 함께 작업한 작가 엔드레 퍼르커시_{Endre Farkas}는《천재를 길러내다!》_{Nerveli Zsentit!}에서 이렇게 말했다. "아이들이 너무 협소한 교육을 받았나요? 편안한 어린 시절을 박탈당했나요? 전 폴가르 가족을 관찰할 수 있었습니다. 누가 봐도 그들은 행복하게 보였을 겁니다."

울트라러닝은 '자발성'이 필수다

내가 이 책을 쓰려고 사전 조사를 하면서 만난 울트라러너들은 모두 야심만만하고 자발적으로 행동하는 사람들이었다. 나는 울트라러닝이 개인의 엄청난 잠재력을 일깨우는 뭔가가 있다고 확신하게 되었다. 하지만 학습자들이 강도 높은 헌신을 해야 한다는 점에서, 울트라러닝을 보편적이고 광범위한 교육 시스템에서 직접 실행할 수 있느냐에는 회의적이다. 아이들은 이미 부담스러운 학습 환경에서 몸부림치고 있다. 때문에 강도 높은 학습은 아이들의 스트레스와 분노를 증가시킬 뿐이라고 생각했다.

　심리학자들은 사람들이 자신의 흥미와 결심, 목적에 따라 목표를 추구할 때와 고압적인 부모나 처벌 위주의 교육과정, 까다로운 고용주 등의 외부적 압박으로 목표를 추구할 때 커다란 차이가 있음을 발견했다. 후자의 경우 주로 외부의 사회적 압력에서 나온 목표에 순응하는 것이 동기이기 때문에 크나큰 고통의 원인이 된다. 우울, 분노, 심지어 자살에 이르는 고통은 성적을 단계적으로 증가시키는 표준화된 시험 환경에서 애처로우리만큼 공통적으로 나타난다. 그러나 울트라러닝은 자기주도적인 여정으로서 외부에서 강제된 의무가 없기에 이런 방식이 필요하지 않다. 하지만 바로 이런 특성 때문에 이것이 배울 수 있는 것인지는 내겐 분명하지 않다.

폴가르 자매는 특이한 사례다. 그들은 무척이나 어릴 때부터 훈련을 받았고, 무척이나 열심히 몰두했음에도 압박 때문에 심리적으로 상처를 입은 것 같지는 않았다. 전형적인 '호랑이' 부모들과 반대로, 자매들의 부모는 아이들을 권위나 처벌이 아니라 놀이와 긍정적인 피드백으로 독려했다. 폴가르 자매는 모두 대회 수준으로까지 체스 실력이 늘어나며 성인이 되었다. 체스에 대한 강한 열정은 부과된 것이라기보다는 서서히 배양된 게 분명했다. 동시에 실험 참여는 정확하게 자발적인 것이 아니었다.

라슬로는 자녀들이 그 프로그램에 동의할지 채 알기도 전에 천재를 기르겠다는 목표를 세웠다. 딸들의 입장에서는 강도 높은 체스 연습에 스스로 투신하고자 하는 마음을 자기 안에서 발견한 게 아니었다. 내가 폴가르의 실험에서 가장 흥미를 느낀 부분은 이것이다. 보통의 상황에서 강도 높게 공부를 해야 한다고 밀어붙여졌을 때 일반적으로는 비극으로 이어지는데, 라슬로와 클라라는 여기서 빠져나갈 틈을 발견한 것 같아 보이기 때문이다.

울트라러너를 어떻게 길러낼 것인가

라슬로 폴가르는《천재를 길러내다!》라는 책에서 자신의 비정통적인 교육 방법을 소개했다(이 책을 영어로 번역해서 자료를 제공해준 블로거 스콧 알렉산더와 그의 구독자들에게 감사드린다). 그 책에서 그는 평범하고 건강한 아이를 천재로 기르는 전략과 함께 자신과 클라라의 헌신을 소개하면서 많은 부모들이 설득당할 만한 내용을 제공했다.

첫 단계는 '일찍 시작하기'다. 아이들의 교육은 3세를 넘기기 전에 시작되어야 한다. 전문화는 6세를 넘기기 전에 시작해야 한다. 우리가 나이를 먹을수록 학습이 어려워진다는 가정은 확실하지는 않다. 음악이나 언어 같은 분야에서는 아이들의 뇌가 더 어릴수록 더 잘 형성되고 유연하다는 증거가 있다. 라슬로는 이 생각을 극단적으로 밀어붙였고, 조기 교육에 관한 일반적인 수준보다 훨씬 이른 나이에 교육하는 것을 추구했다.

두 번째 단계는 '전문화하기'다. 폴가르 자매는 언어, 수학, 스포츠, 기타 분야들을 배웠지만 초점은 늘 체스에 맞춰져 있었다. 라슬로는 "아이들은 4~5세 무렵부터 체스를 시작했고 하루 5~6시간씩 체스를 두었다."라고 말했다. 이런 전문화는 천재를 기르는 그의 전략에서 2가지 역할을 했다. 하나는 더 어린 나이에 새로운 분야를 더 쉽게 배운다는 유연성 가설의 이점을 취한 것이다. 다른 하나는 어떤 한 분야에 특화됨으로써 아이가 훨씬 더 어린 나이에 능숙한 수준에 도달할 수 있다는 것이다.

체스 게임에서 나이가 많고 경험이 많은 적수에게 승리하는 경험은 아이들의 자신감과 경쟁심을 길러주었다. 아이들은 적극적인 모습을 보였고 더 많이 연습하고 싶어 했다. 아이들이 자신의 지적 욕구를 지나치게 확장했다면 강도 높은 연습으로 이끄는 자신감을 발달시키지 못했을 것이다.

세 번째 단계는 '연습을 놀이로 만들기'다. 체스는 게임이기 때문에 놀이에 적합하다. 라슬로는 아이들에게 가르치는 모든 분야에 대해 처음에는 놀이의 형태로 알려주었다. 아이들이 게임을 하는 동안 산만해지거나 자리에서 일어나거나 왔다 갔다 해도 벌을 주지 않았고, 아이들의 마음이 해결책을 찾도록 이리저리 흘러가도록 고무했다. 게임이 계속 재미있고 가볍게 여기도록 한 것은, 아이들이 나중에 더욱 진지하게 노력하도록 뒷받침해주는 열망과 자신감을 발달시키는 주요 발판이 되었다.

"놀이는 일의 반대가 아니다. 아이는 놀이와 일을 분리할 필요가 없지만 의미 있는 행위이기는 하다. 아이들에게 학습이 그저 게임을 넘어 즐거운 것이라는 사실을 보여주어야 한다."

폴가르 자매는 일과 놀이를 결합시켜 학습에 접근했다.

네 번째로, 라슬로는 체스가 좌절을 주는 경험이 아니라 유쾌한 경험이 되도록 긍정적인 강화를 만들어내는 데 주의를 기울였다. "실패, 고통, 두려움은 성과를 저해한다. 수많은 성공적인 실패들을 따르면 자칫 아이들에게 해로운 억제적 콤플렉스가 만들어질 수 있다."

심리학자들은 행동과학자들과 함께 연구하면서, 게임에서 승리하는 것 같은 긍정적인 경험이 행동을 반복하려는 열망을 만들어내고 다시 경험하게 한다는 사실에 대해 자세하게 알아내고자 했다. 강력한 적수에게 패배하거나 혼란을 겪거나 좌절하는 일부터 너무 쉬운 상대를 만나 승리의 만족감이 사그라드는 일까지, 부정적인 경험은 열정을 감소시켰다.

라슬로는 초기부터 조심스럽게 긍정적인 피드백을 주기적으로 주었다. 시작할 무렵에 그는 자매들보다는 강한 선수였고, 아이들에게 도전적이지만 게임의 재미를 발견하기에 충분한 시간을 가질 수 있도록 자신의 수를 조절했다. "우리는 아이들에게 늘 이기는 것은 아님을 확실히 해야 했다. 이따금 아이들이 이기게 해주었고, 아이들은 자신의 생각을 입증할 수 있다는 느낌을 받았다. 시작할 때 흥미를 일깨우는 것이 가장 중요하다. 우리는 아이들이 자기가 하는 일을 사랑하도록 해야 했다. 거의 집착하는 수준까지 말이다."

마지막으로 라슬로는 전반적으로 강압적인 학습에 맞섰다. 그가 보기에 자기훈련, 동기부여, 헌신은 아이들 안에서 나와야만 했다. "한 가지는 분명하다. 강압으로는 절대로 깊이 있는 교육학적 결과를 얻을 수 없다. 특히 높은 수준에서는 말이다. 가장 중요한 교육적 과제 중 하나는 독학으로 가르치는 것이다." 그의 과정에서 이 마지막 단계는 그의 딸들이 아버지의 능력을 앞지르면서 특히 중요했다. 스스로를 가르치고 자신의 학습을 조절하는 능력을 계발하도록 격려받지 않았더라면, 자매들은 체스 그랜드 마스터가 아니라 그냥 괜찮은 수준의 선수가 되었을 것이다.

이런 기본적인 규칙들에 더해 라슬로와 클라라는 딸들이 발전할 수 있는 모든 기회를 제공하고자 무척이나 노력했다. 이들은 20만 회 이상의 경기 기록을 작성했고, 찾을 수 있는 온갖 체스 책을 사들였으며, 딸들의 체스 교사를 모집했다. 아이들은 공부할 기회와 게임에서 실력을 증진시킬 기회가 전혀 부족하지 않았다. 벽에 체스 배치도가 걸려 있는 폴가르 가족의 집은 고대 게임의 연습에 바쳐진 성전이 되어갔다. 라슬로와 클라라에게, 집에서 자매들을 교육하고 자원들을 모으면서 아이들의 재능을 길러주는 일은 직업 이상이었다.

천재 만들기에서 드러난 울트라러닝 법칙

폴가르의 천재 아이 기르기 법칙에 더해, 나는 내가 지금까지 논의했던 울트라러닝의 법칙들 모두가 그들의 학습 방식에서도 나타나고 있다는 흥미로운 사실을 발견했다.

1. 메타 학습

폴가르는 인간이 체스를 어떻게 배우는지, 딸들이 어떤 환경에서 잘 자라는지 이해하는 데 모든 시간을 바쳤다. 그는 체스 배치도, 전략, 게임 목록을 어마어마하게 모았는데, 이는 인터넷이 널리 퍼지기 전인 그 시대에는 쉬운 일이 아니었다. 그는 아이들이 아직 어릴 때 그 게임에서 아이들을 가르칠 계획을 명확히 세웠다. 처음에는 체스 판 각 칸의 이름을 알려주고, 나중에는 말을 어떻게 움직이는지 알려주는 식이었다. 이런 점진적인 과정으로 아이들은 다른 인지 능력을 계발하기 전에 체스 게임을 택하게 되었다.

2. 집중하기

라슬로는 아이들에게 키워주어야 할 주요 특성으로 "단조로움을 다루는 능력, 흥미와 주목을 계속 유지하는 능력"을 생각했다. 자매들은 열다섯 살, 아홉 살, 여덟 살 때 두 차례 24시간 체스 마라톤에 참가했는데, 같은 기간 동안 100시간 경기를 완수해야 했다. 체스는 번뜩이는 영리함뿐만 아니라 인내심과 체력이 요구되는 게임이다. 집중력 훈련은 커다란 부분이었으며, 그는 아이들이 산만해지지 않고 정신을 집중하도록 독려했다.

3. 직접 하기

라슬로는 딸들이 네 살이 되었을 때 성인과 경기를 하도록 했고, 적수를 맞아 게임을 어떻게 해야 하는지 보여주었다. 자매들은 수없이 체스를 두었다. 이는 게임을 어떻게 잘할 수 있는지를 비롯해 시간의 압박이나 나이가 많고 위협적인 상대와 경기하는 심리적 불안감 같은 다양한 변수들을 다룰 수 있게 해주었다. 또한 평소 게임을 할 때도 체스 타이머를 사용하는 등 토너먼트 경기에 더 가까운 환경에서 연습했다.

4. 특화 학습

라슬로는 초기에는 체스 판의 칸 이름을 기억하는 데서 시작해서, 나중에는 말들의 움직임을 가르치는 등 다양한 방법으로 아이들에게 게임을 가르쳤다. 집 벽에 걸려 있는 체스 퍼즐들은 아이들의 과제가 되었다. 아이들은 다양한 전술적 배치를 풀고 독창적인 해결책을 도출해냈다. 블리츠(3~10분 정도로 시간을 제한하여 경기하는 것—옮긴이 주)나 눈가리개를 한 채 경기하는 것은 자매들이 더 빨리 생각하고, 그 게임을 머릿속으로 시뮬레이션하는 능력을 향상시켰다.

5. 인출

인출에 관해 라슬로는 이렇게 설명한다. "우리는 아이들에게 모든 것을 말해주지 않았습니다. 아이들이 뭔가를 말하도록 했죠!" 그는 체스의 '소크라테스 문답법'이라는 방식을 이용해 질문을 던지고 아이들이 대답하게 했다. 이는 기억과 이해를 확장시키는 올바른 방법이다. 또한 눈가리개 게임은 자매들의 강한 전략적 요소가 되었다. 체스 판을 보지 않고 연습함으로써 아이들은 머릿속에서 그 위치들을 따라가는 능력을 길렀다. 이는 주요 체스 배열을 인출할 뿐만 아니라 체스 판에서 상대편 말의 움직임을 시뮬레이션하는 능력을 연마하도록 해주었다.

6. 피드백

라슬로는 실제 상대와 하는 경기를 상당히 많이 주선했지만 "적합한 상대"를 조심스럽게 택했다. 적합한 상대란 "경기 능력이 비슷한 상대"를 말한다. 여기서 피드백은 조심스럽게 통제된 것이었다. 아이들이 도전하기에 충분하지만(그런 도전에 직면하기 위해 라슬로는 남성들의 토너먼트에서 경기해야 한다고 주장했다) 아직 능력이 일깨워지고 있는 시점에서 너무 큰 도전이 되지 않도록 말이다. 초기에는 긍정적인 피드백을 배양하는 일이 중요했다. 라슬로는 그 이상의 경기를 시뮬레이션할 수준을 확실하게 하기 위해 게임의 흐름을 조율할 준비가 되어 있었다.

7. 유지

라슬로는 자매들이 기억에서 체스 패턴을 기억해내고 경기 요소들을 더욱 자동적으로 하고 덜 잊도록 해서 게임의 속도를 높이는 데 집중했다. 체스 패턴을 기억하는 것은 게임을 성공적으로 운영하는 데 중요한 부분이다. 이는 분산 학습을 비롯해 블리츠나 눈가리개 게임 같은 특화 학습 모두에서 도움을 얻을 수 있다.

8. 직관

파인만 기법을 비춰보면 라슬로는 아이들이 체스에 대한 기사들을 따라 쓰도록 했다. "만일 누군가가 어떤 기사를 쓴다면 목표가 없는 경우 홀로 생각하거나 누군가와 그것에 대해 이야기를 하면서 훨씬 더 깊이 있게 그 문세를 고려한다." 또한 자매들은 문제에 대한 독창적인 해결책들을 도출하도록 격려받았다. 게임으로서의 체스가 아닌 목적 없는 비체계적 활동으로서의 놀이는 교육 전략의 일부였다. 흥미로운 답을 도출하고, 속임수와 새로운 시각에 대해 생각하게 되면서 자매들은 과거의 결과를 기억함으로써 얻을 수 있는 것 너머를 탐색하게 되었다.

9. 실험

폴가르 자매가 체스 능력에서 아버지를 앞서면서, 체스를 완전히 터득해나가는 자극원은 점점 더 아이들 내면에서 나오게 되었다. 아이들은 자신만의 스타일과 접근 방법을 만들어나갔다. 유디트는 트릭과 전술에 집중하는 걸 택했다. 그녀는 "시작 준비는 전체에서 전혀 중요하지 않다. 그래서 지금까지 내가 게임 중반부에 가장 강한 것 같다."고 말했다. 아이들의 다양한 선택은 체스를 통해 나타났다. 독창적인 기술이 으레 그렇듯이, 패턴을 완전히 터득하는 것은 물론 광범위한 가능성들 속에서 어떤 기술과 스타일을 기를지 선택한 것이다.

폴가르 자매는 (넓은 의미에서) 울트라러닝 개념을 체화했다. 라슬로는 이렇게 주장했다. "우리는 모든 분야에서 강도 높은 학습에 관한 개념을 전파했다." 폴가르 자매의 성공은 내가 만난 대부분의 울트라러너들과 같은 패턴을 따르고 있다. 학습에 대한 주요 법칙들과 같이 공격적이고 열정적인 독학 방식이다.

울트라러닝 환경 조성하기

부모로서, 교육자로서, 리더로서 울트라러닝 환경을 어떻게 조성할 수 있을까? 다른 사람들이 자신이 고안한 어려운 학습 프로젝트를 자신감 있게 해나갈 수 있도록 돕는 게 가능할까? 아이들이 공부해야 할 내용만이 아니라 스스로 배우는 방법을 가르쳐서 교실 밖에서도 스스로 학습하게 만들 수 있을까? 조직 내의 사람들이 더욱 공격적으로 학습하게 이끌어서, 자신의 역량과 잠재력을 발휘하게 할 수 있을까? 이 질문들은 우리가 아직 확실히 대답할 수 없는, 무척이나 흥미로운 것들이다.

학습에 관한 과학적 문헌들을 읽고 울트라러너들의 이야기를 들으면서 나는 학습에 관해 알려진 사실들이 이토록 많은데 여전히 가설과 추측이 얼마나 많은지 알게 되었다. 이 문제는 사회적 환경으로 나아가면 기하급수적으로 확대된다. 이제 이것은 더 이상 단순히 개인적 인지의 문제가 아니라 복잡하고 예기치 못한 방식으로 학습에 영향을 미치는 감정적·문화적·관계적 문제다.

이런 관점에서 나는 조심스럽게 가정에서, 학교에서, 직장에서 울트라러닝 프로젝트를 시작하도록 도와줄 환경을 어디서부터 조성할 수 있을지 제안하려고 한다. 여기서 내가 제안하는 것들은 규칙은 아니지만, 사람들에게 울트라러닝 정신을 포착할 수 있는 시작점이 될 수는 있을 것이다.

1. 영감을 불러일으키는 목표 세우기

스스로에게 영감을 불러일으키는 자신만의 학습 목표를 설계하라. 영감은 울트라러닝 과정에서 필수적인 시발점이다. 학습에 필요한 에너지와 인내심을 불러일으키려면 우리를 몰아치는 뭔가가 있어야 한다. 때로 그것은 새로운 기술을 터득하면 직업적 기회가 생겨나리라는 약속이 되기도 한다.

코딩 부트 캠프는 고소득 프로그래밍 직업이 시작되면서 생겨났는데, 학생들에게 고통스러울 정도의 일정을 소화하도록 몰아붙인다. 때로 일정이 주당 80시간에 이르기도 한다. 하지만 그 목표는 이런 투자를 정당화할 만큼 우리가 주목해야 할 부분이다. 말하자면 몇 주간의 과정을 거치면서 철저한 프로그램을 완수하면 실리콘밸리나 여타 IT 업종에서 고소득의 사다리로 올라갈 수 있다. 이 과정은 강도가 높지만 큰 동기를 끌어올린다.

울트라러닝에 관한 동기가 본질적인 흥미에서 나오고 증폭되는 경우도 있다. 나는 학교에서 컴퓨터과학을 공부하지 않은 탓에 뭔가를 놓치고 있다고 느껴져서 MIT 챌린지를 시작했다. 일반적으로 컴퓨터과학을 배울 때는 엄청나게 많은 노력을 체계적으로 들이진 않는다. 나는 그것이 가능하다는 생각이 드는 조사 결과와, 전체 과정을 행하는 시간을 단축할 수 있음을 알고 나서야 흥미에 불이 붙어 그 과제에 헌신할 수 있었다.

〈제퍼디!〉의 위업을 쌓은 로저 크레이그는 늘 퀴즈 쇼에 관심이 있었다. 유명한 텔레비전 쇼에 나갈 기회가 있다는 걸 알게 되었을 때 그 관심은 열정이 되었다. 에릭 배런의 경우 어린 시절의 비디오게임에 대한 사랑을 더 나은 증보판을 만들겠다는 노력으로 확장시켰다.

울트라러닝에 관한 자신의 자연스러운 흥미를 추구하는 일은 이미 존재하는 불꽃에 부채질을 해주는 일이다. 가장 이득이 될 것 같은 주제를 부과하는 일이 아니다. 일단 울트라러닝 프로젝트의 구조를 알게 되면 우리는 자신이 가장 흥미를 느끼고, 재미있고, 유용한 일이 될 만한 것을 생각할 수 있다. 트리스탄 드 몽벨로는 울트라러닝에 대한 아이디어에서 시작해서 나중에 대중 연설 프로젝트를 실행하기로 선택했다.

2. 경쟁을 조심하라

폴가르 자매의 사례는 초기의 자신감이 지속적인 헌신과 열정으로 이어질 수 있음을 시사한다. 학습에 에너지를 투자하기 위해서는 자신이 뭔가를 잘하고 있다고 느껴야 하는 것은 아니다. 결국 뭔가를 잘하게 되는 일이 학습이다. 오히려 자신이 그것을 잘할 수 있을 것이라고 느껴야 한다. 사람들은 뭔가를 못하면 흔히 팔자라고 생각한다. "난 수학 못해." "난 막대기 사람 말고는 그릴 줄 아는 게 없거든." "난 언어적 유전자가 없어." 타고난 능력에 실제로 차이가 존재하기는 하지만 이런 선언은 완전히 잘못된 것이다. 이들은 중요한 한 가지를 무시하고 있다. 바로 동기부여다.

자신에게 뭔가를 잘할 잠재력이 없다거나 얼마나 열심히 하든 늘 뒤처져 있을 거라고 믿는다면, 그런 생각들은 그 일을 열심히 할 동기를 빼앗아간다. 사람들의 능력에는 차이가 있긴 하지만 학습에 대해 어떻게 느끼느냐에 따라 그 차이가 더 심화될 수 있다. 자신이 뭔가를 하는데 엉망진창이라고 느끼면 그것을 변화시킬 동기마저 빼앗긴다.

우리가 자신을 비춰 보는 준거 집단은 강력한 영향력을 발휘할 수 있다. 나는 여기에서 흥미로운 점을 발견했다. 많은(전부가 아니다) 울트라러너가 무척이나 특수한 프로젝트에 조점을 맞춰 자신을 평범한 준거 집단과 비교하는 일이 일어나지 않도록 했다는 점이다.

사실 드 몽벨로도 대중 연설 대회에서 훌륭한 연사들과 자신을 비교했다. 이는 열등감을 만들어내기도 하는데, 드 몽벨로는 열등감을 느낄 때마다 자신이 경험이 너무 적은 상태에서 야심만만한 프로젝트를 하고 있기 때문이라고 생각했다. 그는 특수한 울트라러닝 프로젝트를 하는 대신 경험이 비슷한 경쟁자들과 경연했고, 이로써 자신의 부족함을 단순히 숙달되지 않아서라고 논리적으로 설명할 수 있었다.

이런 행위는 프로젝트의 경쟁력을 2가지 방식으로 나눈다. 어떤 일에 타고난 재능을 가지고 있어서 준거 집단보다 훨씬 더 잘해낸다면 강도 높게 연습하고 학습할 동기가 더 크게 일어날 것이다. 반면에 열심히 노력했지만 기대에 못 미치면 연습할 동기가 사라진다. 폴가르 자매는 그들의 이점을 경쟁 상대로 이용했다. 이들은 대단히 어린 나이에 훈련을 시작했기 때문에 동기를 강화할 조숙하고 경쟁적인 환경에 놓였다. 스타 선수가 될지 보장할 수 없었을 상황, 다시 말해 조금 늦게 시작했거나 학교에 들어갔더라면 아이들의 동기는 차츰 약화되었을 것이다.

준거 집단과의 은근한 비교에서 오는 동기부여의 영향력을 보며 나는 이중적인 접근법을 깨닫게 됐다. 만일 누군가에게 울트라러닝 정신을 고취시키고 싶은데, 그 사람이 타고난 재능이 있다면 아마도 경쟁이 좋은 방법일 것이다. 다른 사람들과 비교해서 자신이 잘하고 있는 것을 보면 더 발전하기 위해 몸바칠 것이다.

평범한 재능을 가졌거나 다른 사람들보다 뒤처진 사람, 다시 말해 경험이 없는 분야의 기술을 익혀야 하거나 나중에 새로운 기술을 익히기 시작한 경우는 그 프로젝트를 독특한 것으로 만들려는 노력을 해야 한다. 다른 사람들과 경쟁하면서가 아니라 자신의 과거 모습과 비교함으로써 발전 모습을 규정해야 격려를 받을 수 있기 때문이다. 때로 어떤 프로젝트는 독특한 것에서 시작될 수 있다. 이는 역효과를 내는 비교에서 벗어나, 이미 자신감이 확립된 경쟁력 있는 환경으로 옮겨 가게 한다. 예를 들어 게임을 만드는 것으로 프로그래밍을 배우기 시작했다면, 다른 사람들과 비교는 어렵지만 당신이 능숙하다고 느끼다 보면 어려운 코딩 분야도 곧 시작하게 될 것이다.

3. 학습을 우선순위에 두어라

학교 밖에서 학습은 대개 직업을 위한 부차적인 보완일 뿐 핵심적인 목표로 보이지 않는 경우가 많다. 조직은 훈련과 교육에 대해 겉으로는 지지하지만 대개는 워크숍이나 세미나를 열어 가만히 앉아 수동적으로 듣게 할 뿐이다. 그러나 울트라러닝은 직접적이고 강도 높은 연습을 함으로써 일종의 융합적 프로젝트 기회를 제공한다. 실제 목적을 달성하고 동시에 새로운 뭔가를 가르치도록 밀어붙이는 것이다.

프로젝트를 부과하는 일반적인 절차는 그 직무를 가장 잘하는 사람을 찾아서 그에게 업무를 맡기는 것이다. 그러나 학습을 촉진하는 접근 방식은 그 직무를 아직 못 하는 사람에게 프로젝트를 맡기라고 제안한다. 울트라러닝을 촉진하는 작업 환경은 직원들이 자신의 역량이 겨우 감당할 만한 수준의 프로젝트에 매달리게 한다. 즉 현재 능력을 뛰어넘는 프로젝트에 투신하게 한다.

순전히 가정이기는 하지만, 나는 이런 접근법이 2가지 이점이 있다고 생각한다. 먼저 이런 환경은 아직 해결 방법이 나오지 않은 문제에 대해 선례를 찾기보다는 직접 풀어보려고 시도하는 학습 문화를 조성한다. 두 번째로, 이런 환경은 사람들에게 평등하게 올라갈 수 있는 도전의 기회를 제공한다. 당신의 회사에서는 멘토링 기회와 고난이도의 프로젝트를 관리자들이 배정하는가? 그렇다면 아마도 회사는 뛰어난 성공을 이뤄낼 수많은 사람을 놓칠 것이다.

무엇보다 울트라러닝은 누구도 가지지 못한 기술이 존재하는 영역으로 당신을 안내할 것이다. 어떤 기술에 대해 이미 확립된 수준으로 올라가는 것도 중요하지만, 아무도 할 수 없는 뭔가를 할 때 학습은 진정으로 가치를 갖는다.

배움의 열망에는 끝이 없다

여러모로 이 책을 쓰는 일 역시 하나의 울트라러닝 프로젝트였다. 한 권의 책을 쓰기 위해 조사를 하는 작가란 특이하지 않지만, 모든 울트라러닝 프로젝트가 그 프로젝트 분야에 있는 사람들을 다루지는 않는다.

우리 집, 내 소굴에서 나는 수천 장의 기사 출력물들로 꽉꽉 찬 바인더 무더기 속에 앉아 있었다. 책상 선반에는 사람들이 공부하는 방식에 관한 질문이 담긴 가느다란 슬라이스들 위로 모호하고 절판된 논문들이 쌓여 있었다. 다양한 연구자들의 통화 녹음은 "피드백이 도움이 됩니까?"라든가 "사람들은 왜 까먹는 거죠?" 같은 단순한 질문이 얼마나 다양한 층위를 지니고 있는지 일깨워주었다. 나는 세계적인 지성, 기업가, 과학자들의 전기를 수없이 뒤지며 그들이 어떤 식으로 공부했는지 알아내고자 했다.

여러모로 이 책을 쓰는 과정은 그 주제 자체를 숙고하게 했다. 울트라러닝에 관한 책을 쓰는 울트라러닝 프로젝트였던 것이다. 나는 학습이라는 주제에 무척이나 끌렸고, 이 책에 관한 본격적인 자료 조사를 하기 전에 수많은 교과서, 기사, 전기들을 읽었지만 정말로 깊이 파고들기 시작한 것은 이 체계적인 프로젝트를 시작하고 나서였다.

연구 이상으로, 이 책은 내게 작가로서의 도전이었다. 글쓰기 경험이라고 해봐야 블로그 포스트를 작성하는 것이 전부였지, 책을 써본 적은 없었다. 한 권의 책에 관한 올바른 어조를 딱 찾아내는 것은 어려웠고, 블로그에 올리는 일상적인 일기와는 판이하게 달랐다.

나는 다른 사람들과 그들이 사용한 방법에 관한 이야기를 나누고자 하는 마음에서 출발했다. 나 자신의 경험을 다시 풀어놓고 싶어서가 아니다. 이는 초기에는 크나큰 도전이었다. 대부분의 전기와 출판된 이야기들은 학습 방식에 초점을 맞추고 있지 않다. 그 이야기의 중심 주제가 학습일지라도, 대부분의 전기는 어떤 사람이 어떤 일을 어떻게 했는지 자세하게 파고들지 않고 그저 재능에 경외를 보일 뿐이다. 조사를 해보면 500페이지짜리 전기에서 학습 방법에 관한 구체적인 내용은 고작 몇 문장 지나가듯 언급되어 있기 일쑤였다.

이런 도전에도 불구하고, 이 책은 내가 작가로서 새로운 기술을 개발할 수 있도록 했다. 나는 10년 동안 블로그 글을 쓴 것보다 훨씬 더 이런 방식으로 조사와 글쓰기 기술을 향상시켰다. 이 책의 방식이 나 자신을 위한 기술 향상 프로젝트를 만들어낸 셈이다. 내가 성공했는지 여부는 이제 독자들의 몫이다.

울트라러닝에 관한 책을 쓰는 울트라러닝 메타 프로젝트는 또한 몇 가지 중요한 생각을 하게 했다. 내 글쓰기 능력과 인지과학적 지식, 유명한 학습 방법에 관한 자료들은 어마어마하게 늘어났지만 여전히 배울 게 너무 많았다. 예를 들어 과학을 파다 보면 학습이라는 주제와는 아주 약간 연관 있는 논문, 이론, 개념, 실험들의 산에서 현기증을 느끼게 될 수 있다. 내가 읽은 전기들에 관해서라면, 내가 읽지 못한 전기도 수백 가지 있었다. 내가 마주쳤던 울트라러닝 이야기들에 관해서라면, 내가 조사하지 못한 울트라러닝 프로젝트들도 수십 가지 있었다. 학습이란 무지를 앎으로 바꾸는 일이라고 주장하는 건 엄청난 오류다. 지식은 확장되지만 무지 역시 마찬가지다. 어떤 주제에 관해 이해가 커질수록 답 없이 남겨진 의문들은 더 많아진다.

따라서 우리는 자신감과 깊은 겸손을 지녀야만 한다. 자신의 지식과 기술에 관한 진보가 가능하다는 믿음 없이는, 누구도 거기에 필요한 프로젝트에 착수할 수 없다. 이런 자신감은 자칫 오만함으로 비칠 수도 있다. 뭔가를 빠르고 강도 높게 배우려는 노력은, 그 주제가 사소한 것이라거나 모든 것을 배웠다고 하는 주장이 되기도 하기 때문이다. 따라서 이런 자신감은 반드시 겸손함과 함께 가야 한다.

이 책을 쓰는 일을 포함해 내가 했던 모든 프로젝트에서, 결론이란 프로젝트를 끝냈다는 것이 아니라 돌연 내가 얼마만큼 왔는지 알게 되는 일이었다. MIT 챌린지를 시작하기 전에는 컴퓨터과학 학사 학위의 가치가 무척이나 크리라고 상상했다. 하지만 그 도전을 끝낸 뒤에는 그동안 배웠던 주제 하나하나가 박사 학위 수준으로 연구할 만큼 그 주제의 가치가 얼마나 크게 불어날지, 그 주제를 완전히 이해하려면 시간이 얼마나 들지 알게 되었다.

언어를 대화 수준까지 끌어올리는 학습에 관한 경험 역시 앞으로 더 탐색해야 할 단어, 표현, 문화의 차이, 어려운 커뮤니케이션 상황들이 얼마나 많이 남아 있는지 깨닫게 해주었다. 프로젝트를 마치는 일은 학습을 끝내는 것이 아니라 앞으로 배워야 할 것들에 눈을 뜨는 것, 즉 가능성을 느끼는 일이다.

이것이 학습에 대해 내가 알아낸 가장 흥미로운 측면이다. 삶에서 추구하는 많은 일에는 일종의 포화 단계가 있다. 더 얻을수록 더 많은 것에 관한 열망이 줄어드는 것이다. 배고픈 사람은 단순히 음식을 많이 먹을 수 있다. 외로운 사람은 그저 친구를 많이 가질 수 있다. 그러나 호기심은 다르다. 더 많이 배울수록, 더 배우고 싶은 열망이 커진다. 더 잘해

나갈수록, 얼마나 더 잘할 수 있을지 알고 싶어진다. 당신이 이 책을 읽고 자신의 프로젝트를 해보고 싶어졌다면 더 바랄 나위가 없겠다. 그 프로젝트에 성공해야 한다는 말이 아니라 끝이 시작이 되길 바란다. 어떤 일이든 작은 균열 하나가 생겨남으로써 알 수 있는 것들이 있다. 그 틈을 들여다보면 상상할 수 있는 것보다 훨씬 더 많은 사실을 발견하게 될 것이다.

울트라러닝 프로젝트에 관한
추가 메모

MIT 챌린지

목표

컴퓨터과학에 관한 MIT 학사 과정에서 가르치는 내용을 MIT에서 제공하는 무료 수업 자료와 교과서를 사용해 배운다.

방법

기말고사를 모두 통과하고(다른 정보를 제공받지 않고 50점 이상을 획득한다) 프로그래밍 프로젝트를 완성한다.

기간

2011년 10월부터 2012년 9월까지

메모 및 논고

마지막 목표가 MIT 수준이 되는 것은 아님을 염두에 두도록 한다. 가능할 때면 언제든 다룰 수 있는 전체적인 교육과정과 평가 수준을 기준으로 삼아 정진한다. 그렇다 해도 실제 MIT 학생들이 처리하는 것과 같은 방식에서 출발해야 한다.

전체 학사 과정 수준에서 바뀐 부분들이 있다. MIT 오픈코스웨어는 그 시기에 나 스스로 채점할 수 있는 인문계열 학습은 제공하지 않았다. 따라서 나는 경제학 수업들과 교대로 들었다. 실험이 많은 수업들 역시 장비들에 접근할 수 없었고, 그래서 나는 내가 할 수 있는 지필 이론 수업으로 대체했다. MIT 학생들은 논문 프로젝트를 해야 하는데, 내게는 해당되지 않았다. 하지만 재미있게도 나는 프로젝트가 공식적으로 종료된 후에 컴퓨터와 스크래블 게임을 짧게 하는 컴퓨터 프로그램을 만들었다. 프로그래밍 프로젝트를 평가할 때, 나는 그것들이 작동하고 내가 원하는 기능을 수행하는지 혹은 시험을 다 완수할 수 있는지를 가지고 성공 여부를 판단했다.

기말고사에 관한 내 기준은 최소한 50점을 얻는 것이었다. 나는 늘 공식적인 채점 기준을 고수했다. 다단계 문제들에서 산술 계산이나 대수적인 실수들을 감점시키는 방법같이 간극이 있을 때는 스스로 판단했다. 나중의 단계는 잠재적인 편향을 다소 도입했다. 따라서 도전을 완수하고 나서 몇 년 있다가 엄격한 채점표(다중 질문에서는 하나만 실수가 있어도 전체 점수를 0점으로 처리한다. 추가 질문에서 결과가 부정확하면 이 또한 0점으로 처리한다)를 사용해 내 모든 시험을 재평가하기로 결심했다. 그 결과 이미 통과했던 33개 수업 중 여섯 과목이 엄격한 채점표 아래에서는 '불통'이 되었다. 나는 이 평가가 정확한 평가라고는 믿지 않으며, 따라서 이렇게 통과한 시험에 대한 최초의 평가를 변함없이 지지한다. 그래도 이는 내 주관적인 판단의 영향력이 얼마나 되는지를 보여주었다.

기말고사가 없었던 몇몇 과목들에서는 과제나 중간시험으로 평가가 이루어졌다. 하지만 과제를 완성하는 건 수업을 완성하기 위해 반드시 필요한 것은 아니며, 나는 많은 과제들을 학습 과정의 일부로 처리했다.

수업 목록이나 사용한 자료, 내 시험지 사본, MIT 챌린지에 관해 더 알고 싶다면 다음 사이트를 방문하라.

- www.scotthyoung.com/blog/mit-challenge/

영어 없이 1년 살기

목표
스페인어, 포르투갈어, 만다린어, 한국어를 배운다.

방법
스페인, 브라질, 중국, 한국(약 3개월씩)을 여행하면서 1년 동안 영어를 말하지 않는다. 이 프로젝트는 바살 자이스월(이 인물은 제6장에서 언급했다)을 따라서 실행했다.

기간

2013년 9월부터 2014년 8월까지

메모 및 논고

각 언어에서 도달할 숙련도를 측정하는 것은 까다로운 일이다. 여기에는 과대평가(수십 년 동안 집중 훈련을 요구하는 단계에서 완벽하게 능수능란한 수준이라고 여기는 것)와 과소평가의 2가지 위험이 있다. 여행을 다녀온 뒤에 어떤 사람이 내게 "택시 운전사에게 방향을 알려줄 수 있느냐."고 물었다. 그러나 이는 몇 달짜리가 아니고 단 몇 시간 연습하면 되는 일이다. 마음속에 이런 어려움들을 품고 우리가 도달해야 하는 수준을 추산해야 한다.

스페인어: 나와 친구는 3개월 후 유창함에 관한 베니 루이스의 기준인 B2 레벨에 도달하리라고 생각했다(모든 사람의 기준은 아니다). 이 수준에서는 억양, 문법 수준, 보다 공식적인 회화 능력이 분명 원어민 수준은 아니었음에도 우리는 스페인어로 몇 시간 동안 대화를 하는 것이 약간 어려웠을 뿐이다.

포르투갈어: 우리는 스페인어보다는 포르투갈어에 좀 더 약했는데, 상당히 비슷했음에도 그랬다. 두 언어는 같은 기반을 가지고 있어서 스페인어를 공부한 것보다는 훨씬 공부를 덜 했다. 우리는 친구를 사귀고 사교 생활을 했지만 그렇게 노력하지는 않았다.

만다린어: 이것은 우리 능력에서 첫 번째 큰 분기점이 되었다. 나는 정말이지 중국어를 배우고 싶었고, 여행 전에 스스로 익숙해지고자 단어 카

드 연습을 조금 했다. 친구는 나보다는 흥미가 덜했고, 더 힘들어했다. 마침내 나는 HSK 4급을 통과했으며(중국어 능력을 측정하는 6단계 시험에서 4등급), 스스로 만다린어를 제법 잘하는 편이라고 말할 수 있게 되었다. 물론 더 어려운 주제들에서는 한계가 있었다. 어휘가 영어와 완전히 달라서다. 친구는 중하위 수준에 그쳤다. 편안하게 말하고 성조를 사용할 수 있었지만 어휘력이 부족했다.

한국어: 한국어는 우리 둘 다 중하위 수준에 그쳤다. 대화를 하고 일상생활을 할 수 있는 수준이었지만 다룰 수 있는 주제는 극히 제한적이었다. 한국어가 어렵기도 했지만 네 번째로 새로운 언어를 배우다 보니 지치기도 했던 것이다.

어느 나라에 가든 도착하자마자 학습의 대부분이 이뤄지도록 목표를 세웠지만, 모든 언어를 사전에 약간 공부하기는 했다. 준비할 때는 대부분 핌슬러 오디오 테이프를 듣고 단어 카드 공부를 했다. 일반적으로 각 언어당 25~50시간 정도 들였는데, 중국어에는 대략 100시간 정도 더 시간을 들여 준비했다.

여기에 흥미를 느낀다면 홈페이지에서 각 프로젝트(각 나라에서 학습 과정을 보여주는 비디오테이프를 포함해)에 대해, 우리가 각 언어에 어느 수준까지 도달했는지 대략적으로 보여주는 대본 없는 인터뷰를 비롯해 우리가 사용했던 도구들을 더 볼 수 있다.

• www.scotthyoung.com/blog/the-year-without-english/

초상화 그리기 챌린지

목표

사람 얼굴을 사실적으로 그리는 능력을 향상시키기

방법

다양한 책과 수업을 통한 빠른 피드백, 기술들

기간

2016년 7월 한 달

메모 및 논고

한 달 동안 총 100시간의 연습을 하는 짧은 프로젝트였다. 빠르게 스케치를 하고, 스케치한 종이 위에 반투명한 참고 사진들을 겹쳐서 비교했다. 또한 비트루비안 스튜디오의 초상화 그리기 수업과《우뇌로 그리기》Drawing on the Right Side of the Brain에서 큰 도움을 받았다. 내가 그린 모든 그림, 스케치, 자화상은 프로젝트를 실행할 때 사용한 세밀한 논점과 함께 다음의 홈페이지에 게시물을 올렸다.

- www.scotthyoung.com/blog/myprojects/portrait-challenge/

그 밖의 도전들

이 책을 쓰는 시기에는 위의 3가지 도전이 내가 공개했던 주요 울트라 러닝 프로젝트였다. 하지만 나는 늘 새로운 것을 배우고 있으며, 이 역시 다음의 홈페이지에 게시할 것이다.

• www.scotthyoung.com/blog/my-projects/

ULTRALEARNING